LOKI E LA SOLITUDINE DI YMIR

di LEONARDO MASSI

Titolo | Loki e la solitudine di Ymir
Autore | Leonardo Massi

info@iterego.com

PRESENTAZIONE

Assaporerete la mitologia norrena-vichinga. Vi immergerete nel mondo degli dèi di Ásgarðr attraverso la via di Loki. Questo libro non accrescerà la vostra voglia di vivere, ma conoscerete gli dèi, i giganti, i nani. Conoscerete Kvasir il dio saggio, conoscerete l'ira devastante di Thor, conoscerete il dramma di Baldr, conoscerete i passi di Odinn il viandante monocolo. Qua voi troverete i racconti originali della mitologia norrena attraverso un'intelaiatura creata appositamente per far parlare un dio. È il dio Loki. Il dio considerato folle e che a sua volta considera gli altri dèi pazzi. La rivelazione di Loki. L'unico dio norreno a cui non è mai stato tributato un rito o un culto. Loki ci porta alle soglie del *Ragnarok*, alle soglie della fine del mondo. Quel che verrà dopo sarà un nuovo mondo, ma non sarà il nostro.

Lo scritto è accompagnato da un saggio introduttivo alla mitologia norrena. Da leggersi rigorosamente dopo l'opera. Un colloquio con Loki, non un monologo.

INDICE

INTRODUZIONE GENERALE

Il testo è un cammino attraverso i più importanti e noti racconti mitologici norreni. Intrecciati e rivisti all'interno di una visione unitaria che ne conserva intatti gli eventi nonché il linguaggio dei contesti letterari originali. Sono state semplificate le espressioni scaldiche, rese comprensibili le figure retoriche denominate kenneger tipiche dei poeti scandinavi; sono state apportate piccole aggiunte ai racconti originali al fine di ottenere una maggiore omogeneità nella narrazione. Si sono aggiunte le riflessioni di Loki che è la voce narrante di questo gomitolo di eventi. Riflessioni che ovviamente non hanno nessun riscontro nei testi antichi. Ma nella sostanza come nella forma le narrazioni mitologiche sono rimaste quanto più aderenti possibili alle prime attestazioni scritte dei miti nordici. Siccome creda che *Loki e la solitudine di Ymir* andrebbe letto senza prima leggere un'introduzione alla mitologia norrena, qua di seguito vi propongo tre premesse al testo, mentre una introduzione alla stessa mitologia nordica sarà proposta solo alla fine del racconto. Le premesse spiegano anche questo modo inusuale di procedere.

PREMESSA 1

Ogni raccolta di miti, presente o passata, tende a modificare i singoli racconti al loro interno. È la cornice che deforma le rappresentazioni che essa contiene. Le più importanti e antiche raccolte di miti norreni risalgono al XIII sec., epoca in cui il cosiddetto "periodo vichingo" era già volto al termine. In storiografia con periodo vichingo si intende un lasso di tempo caratterizzato dal forte impatto che il popolo vichingo ebbe sul contesto europeo. Lo vedremo in seguito nella "introduzione". Qua è però bene fare alcune premesse. Il termine "popolo" porta con sé un'aurea alquanto fumosa soprattutto se lo si rivolge al mondo antico. È come intravedere qualcosa nel mezzo della nebbia. È difficile designare i confini di un popolo. Sia al suo interno, sia soprattutto nei suoi "limiti". Il "confine" di un popolo è sempre sfumato. Designare l'appartenenza di un individuo ad un popolo, in maniera netta, è sempre difficile. Lo è ancor più a mano a mano che ci si avvicina ai suoi "confini", di qualunque natura essi siano (culturali, geografici ecc.).

Come sempre le raccolte sistematiche di racconti mitologici di un "popolo" in un determinato periodo storico (al netto dell'impossibilità di risalire ad un qualsivoglia nucleo originario che è sempre frutto dell'apporto di più elementi) sono raccolte e ordinazioni di miti che quelle stesse popolazioni non hanno mai avuto e forse non hanno mai cercato. Quando un qualche contesto comunitario tende a svanire o quando determinati gruppi umani per esigenze economiche o politiche hanno bisogno di ergere e/o affermare una loro unità, allora e solo allora si avverte il bisogno di ordinare una omogenea e caratterizzante mitologia fondante. Allora vi è il bisogno di compilare un tutto che abbia omogeneità. Allora vi è il bisogno di una base ideologica su cui tessere e collocare questa unità. È qua che la mitologia trova il suo motivo d'essere a livello comunitario e sociale. Ciò avviene in età moderna e contemporanea, ma avveniva anche e soprattutto in antichità. Virgilio fa il suo collage con l'Eneide, il clero egizio cuce le varie divinità sparse su un territorio soggetto o assoggettabile al medesimo potere politico guidato dal faraone; così come fanno gli ittiti e qualsivoglia altro "popolo" (o meglio dire, qualsiasi altra classe dirigente di un qualsiasi altro "popolo"). Si tratta di un immane lavoro sotto tanti punti di vista, non ultimo intellettuale. Un lavoro che poi rende intellegibile un insieme variegato di miti che spiegano molto la realtà circostante sia in senso eziologico che in senso escatologico. Il messaggio che la mitologia veicola è indirizzato sia ad un presente e determinato gruppo umano, sia ai gruppi umani futuri che guarderanno a quella "mitologia". Al tempo stesso è anche un lavoro che rompe, che spezza, che frantuma i vari miti locali. Li spezza dal loro localismo cercando di elevarli ad "assoluti" attraverso i collegamenti con i miti degli altri luoghi con cui si devono amalgamare. Questo avviene anche se non si opera nessuna azione di tessitura e di amalgama dei vari miti. Basta raccoglierli e metterli sotto lo stesso tetto, sotto lo stesso titolo. Ciò avviene in maniera naturale nelle teste di chi avrà a disposizione quelle raccolte mitologiche.

A volte però questo effetto è esplicitamente cercato (vedasi gli esempi precedenti) e ci si spinge ancora oltre attraverso un esplicito per quanto audace sincretismo religioso e mitologico. Il sincretismo è da un lato un potente mezzo sfruttato da gruppi umani che vanno ampliandosi, dall'altro è la distruzione senza possibilità di recupero di ciò che è stato. Questo avviene in quanto operare attraverso processi sincretistici, o anche solo analiticicompilatori, porta a reinventare il mito e a farlo vedere sotto una nuova prospettiva. Sotto una nuova luce. Oltretutto da un punto di vista scientifico, come ci ha insegnato l'antropologia moderna e la fisica quantistica, ogni volta che noi osserviamo qualcosa noi abbiamo già modificato quel qualcosa con tutte le conseguenze che ne derivano. Qualsiasi procedimento che ci avvicini al mito è un procedimento che reinventa quel racconto (mito = racconto in senso etimologico; "narrazione", "parola" dal greco *mythos*) alla luce di una nuova intelaiatura che necessariamente rompe il legame primigenio con un determinato luogo ancor prima che con un determinato ambiente. Sebbene le premesse culturali siano sempre il frutto di un influsso remoto e proveniente da più "miscugli"/"crogioli" culturali, questo successivo prendere i singoli miti per contestualizzarli in cornici più ampie necessariamente li trasforma in funzione di quelle stesse cornici.

I miti sono spesso in contrasto tra loro. In una fonte o in un luogo si dice qualcosa, dal luogo vicino o da un'altra fonte si dice il contrario. Ma quelle fonti convivono senza troppi problemi all'interno di una stessa mitologia, proprio perché quella stessa mitologia "generale" non esiste. Un luogo vive dei suoi miti, non ha la neccessità di unirsi a miti di altri luoghi. Sono i centri di potere o i centri culturali che all'opposto hanno questa necessità funzionale al potersi espandere in contesti territoriali sempre più ampi. *Territorio* qua va inteso in senso etimologico, ovvero inteso sia come derivato da "terra" che da "terrore". Si parla di territorio quando una terra passa sotto il controllo umano e dove quindi un determintao gruppo umano vi esercita il suo controllo. In questo racconto unitario dei vari miti norreni che vado a proporvi, non ho potuto conservare i contrasti troppo evidenti. Ho dovuto optare per una scelta piuttosto che per un'altra, ho dovuto cercar di spiegare un mito alla luce di un altro. Cosa che ribadisco non era né sentito come problema né tantomeno necessitante di soluzione all'interno della società norrena. Almeno per quanto ci è dato di sapere. In quel contesto il problema non è mai stato quello di omogeneizzare la "mitologia norrena". La sua natura composita non generava perplessità. Nessun problema riscontravano le persone che vivevano nei singoli luoghi di provenienza dei singoli miti.

Per quanto ogni spiegazione a posteriori sia ben fatta, sia ben condotta e per quanto possa essere suggestiva e affascinante, spiegare la genesi dei vari miti è processo che parte da una esigenza legata al presente che non è la stessa degli individui e delle comunità (o società, dipende dai casi) che hanno creato i singoli miti. Anche quando siamo ben informati sulla creazione di divinità "artificiali" che dovevano avere un chiaro e fondamentale ruolo di unione per popolazioni diverse che necessariamente dovevano convivere, come nel caso di Serapide nel contesto ellenistico dell'Egitto tolemaico, si tratta comunque sempre di uno studio che parte dalle esigenze dell'oggi e di cui credo non potremo mai afferrare completamente la reale esigenza inerente al momento di quando ciò avvenne. Questo non vuol dire che non possiamo fare congetture ragionevoli o probabili, come è nella nostra essenza di ricercatori di significato. "Sapere di non sapere" è un punto di partenza non di arrivo. Il passato ci è precluso, più del futuro; ne possiamo intravedere delle scintille ma esse non ci renderanno mai il fuoco di provenienza. Di questo forse dovremmo esserne anche grati. Come farebbe il nostro Loki il cui punto di vista non è umano ma atipicamente divino.

Su tale intreccio di miti norreni si sono impregnate le riflessioni e le visioni di Loki. Loki è la voce narrante di questo testo, colui che ci guida nei meandri del mito. Il dio che anche nei vari miti nordici compare in posizioni ambigue se non antitetiche. Una volta funge da aiuto agli dèi contro i giganti, altre volte cospira contro gli dèi, altre volte ancora compare come una specie di grottesco giullare. Nonostante ciò, o proprio per questo, nell'epilogo della mitologia norrena egli diviene lo strenuo antagonista del mondo divino che si erge su Ásgarðr. Le riflessioni di Loki interagiscono con quelle umane. Il punto di vista umano interagisce con la visione del dio Loki. Si tratta di segmenti narrativi che sono in genere ermeticamente distaccati dal discorso mitologico, a volte però vi fanno capolino con fugaci accenni. Queste incursioni nel mito sono necessarie per limare e far collidere una visione unitaria che altrimenti i vari miti norreni non avrebbero in maniera esplicita. È in funzione di questa omogeneità, a mio parere inerente a grandi linee nella stessa mitologia norrena (come mostrerò nell'*Introduzione alla Mitologia Norrena*), che una qualche interpretazione viene legittimata nella sua funzione di collante. Dal momento che Loki è il dio ambiguo per eccellenza, il burlone che burlone non è, colui che è tutto ed il contrario di tutto, si è preso questo dio, forse il più enigmatico non solo del panorama norreno-scandinavo, come colui che guida e che funge da filo conduttore di questo snocciolarsi di racconti vichinghi. I testi antichi sono stati quindi leggermente "piegati" a questa necessità di omogeneità. La "visione" di Loki fa da sfondo, traslata in campo filosofico, a tutta la narrazione qui prodotta. Sia la voce narrante che le relative riflessioni non hanno ovviamente nessun riscontro nei testi antichi. Ribadisco però che i racconti che qua troverete conservano intatti sia gli eventi racchiusi nella mitologia norrena, sia (per quanto possibile) il "crudo" linguaggio originario.

PREMESSA 3

Loki e la solitudine di Ymir non è un saggio quindi l'introduzione a parere mio è superflua. Anzi, forse è controindicata. Ciononostante vi proporrò una breve introduzione alla mitologia norrena. Cosa che devo fare sia per dovere "scientifico", sia per dar seguito alle richieste seguite ad un altro mio scritto, *La Genesi – Tiamat e il Signore del Sogno*. Quel testo era assai diverso da questo presente, come d'altronde diversa è la mitologia di riferimento (meglio ancora dire le *mitologie* di riferimento). In quella sede l'esigenza di una introduzione alla mitologia sumero-akkadica mi era stata fatta notare da molti lettori che pur avendo apprezzato lo scritto avrebbero però gradito una qualche esegesi dei testi vicino orientali. Memore di questa necessità propongo una breve introduzione ai testi originali della mitologia norrena qua utilizzati. Così come propongo un'infarinatura generale delle problematiche che la mitologia vichinga pone agli studiosi. Ritengo però che *Loki e la solitudine di Ymir* andrebbe letto prima della stessa introduzione. Solo dopo averlo letto si dovrebbe, per chi è interessato, cercare di capire l'esegesi e l'intelaiatura su cui tale mitologia norrena si erge. Ma questa è una mia opinione, chi lo desidera può ovviamente leggere per prima la summenzionata introduzione che troverà alla fine dello scritto.

Credo che cercare di interpretare, spiegare o chiarire il mito, attraverso i filtri della filologia, dell'archeologia, delle analisi antropologiche o di qualsiasi altra natura, per quanto interessante possa essere, faccia perdere il contatto vero con il significato profondo di quei miti. Benché ogni mitologia abbia anche e soprattutto una sua funzione sociale, ritengo che il mito affascini in primis per le sue tematiche prettamente individuali che fungono da poli gravitazionali per ogni singolo individuo. Singoli individui che se è pur vero che non sono mai sconnessi dal contesto, sembrano però quasi svanire se noi ci soffermassimo marcatamente solo e soltanto sul contesto sociale. Cosa che potrebbe anche essere la via più "giusta" da seguire per un'analisi propria del mito, ma non è ciò che cerco nell'opera che qua vi propongo. La narrazione mitologica che vi apprestate a leggere vuole all'opposto affermare e richiamare il ruolo dell'individuo all'interno della società. Ruolo che parte da un'affermazione individuale senza la quale il collegamento alla società perde di intensità. A prescindere da ogni personale considerazione sulla propria individualità e sulla propria relazione con il contesto di appartenenza (a riguaredo ognuno ha la sua "grigia" opinione), ciascuno di noi si rivolge pur sempre ad una qualche non precisamente identificabile "essenza" individuale. Ad un significato istintivo legato ad un qualche "nucleo" che caratterizza ogni essere umano. Nelle sue paure, nelle sue aspirazioni. La spiegazione del mito attraverso i vari filtri, a mio parere, fa perdere il contatto con il nucleo primigenio del mito medesimo che risiede non nelle versioni che ci sono state tramandate di quei racconti, ma in una forma-sostanza nascosta dentro di essi. Per questo non vorrei trattare qua né l'esegesi, né l'interpretazioni delle cause, né qualsiasi altra forma di interpretazione dei miti norreni. Seppur lo debba fare.

Tutte le mitologie traggono il loro motivo di esistere all'interno di un qualche gruppo umano, allo stesso tempo però si rivolgono a delle paure individuali che si cerca di controllare attraverso il rito sociale o attraverso una conoscenza sociale. In tal senso il mito è la razionalizzazione umana di problematiche sociali ed individuali che il confronto con la natura pone innanzi ad un essere umano. Per questo i miti si rivolgono a delle pulsioni umane del tutto individuali. Solo così l'individuo è attratto e poi fagocitato all'interno di quella determinata società. La mitologia norrena in tal senso è per me estremamente esplicativa. È chiara e lampante nel mettere in evidenza questo lato intimo dell'essere umano. In tal senso essa si pone non come la fotografia di un mondo passato attraverso la sua trasposizione mitica, quanto piuttosto l'essenza viva che ha pervaso e forgiato una determinata società che si è poi diffusa in contesti ben più ampi di quelli di partenza, e che in questi contesti si è trasformata ed ha anche concorso a trasformare i vari "mondi" incontrati. Mi riferisco come vedremo all'Europa dell'alto e della prima parte del basso Medioevo. Essendo un'essenza viva, questa mitologia è anche una rappresentazione moderna e contemporanea delle pulsioni umane.

Per meglio seguire questi miti ho posto a fine lettura un piccolo glossario finale relativo ai soli nomi delle principali divinità. Sia chiaro, nel glossario sono accennati soltanto i dati di una qualche carta di identità. Si tenga però presente come dicevo poco sopra che ogni attributo e ogni genealogia e parentela delle singole divinità dipendono da specifici "luoghi" e da specifici periodi. La raccolta dei miti in un racconto così "artificialmente" unitario porta necessariamente alla contrapposizione di varianti del mito che impongono un'opera di "tessitura" assieme alla scelta tra una variante ed un'altra. Motivo per cui questo glossario serve soltanto a grandi linee per questo presente lavoro, e non ha nessuna pretesa di essere esaustivo né tanto meno di illustrare tutte le problematiche attinenti.

Nemmeno l'introduzione toccherà tutte le varie tematiche affrontate nel testo. Quello che infatti credo prema al lettore sono le fondamenta scientifiche delle narrazioni mitologiche considerate, non le fondamenta e le premesse filosofiche ed epistemologiche delle riflessioni di Loki. Ribadisco che a mio parere è inutile leggere prima di questo scritto una introduzione alla mitologia norrena, ma sarebbe ancor più inutile un'introduzione che riguardi le riflessioni di Loki. Se però riguardo ad un'introduzione alla mitologia norrena ho un dovere "scientifico" da adempiere, riguardo alle riflessioni "esistenzialiste" di Loki non ho nessun dovere né scientifico né etico né di altra natura. Motivo per cui nemmeno accennerò ad una introduzione o premessa a riguardo.

In definitiva ritengo che un accenno di esegesi delle fonti letterarie qua usate sia doveroso seppur sconsigliato. Doveroso perché garantisce e salvaguarda l'attinenza al mito, sconsigliato perché rischia di allontanare il lettore dalla possibilità di cogliere un qualche senso primigenio dalla narrazione mitica. In virtù di ciò, e tenendo in considerazione quel dovere scientifico a cui facevo riferimento, e che molti mi hanno giustamente ricordato, ho cercato un compromesso che salvaguardasse entrambe le esigenze. Il compromesso è stato quello di aggiungere una piccola introduzione alla mitologia nordica soltanto però alla fine del racconto mitologico medesimo e non all'inizio come la natura di "introduzione" esigerebbe. Si tratterà di una piccola introduzione atta principalmente a fornire al lettore (se interessato) alcune coordinate esegetiche.

LOKI E LA SOLITUDINE DI YMIR

IO, LOKI

Io sono il Signore di tutto, io sono Loki. Tutto è un inganno, le libagioni che vi sfamano, la vittoria che vi inebria, la sofferenza che vi sveglia, l'acqua che vi disseta, la birra che vi appaga. Non meno della sete. Io sono il Signore dell'inganno. Io sono il Signore della mistificazione. Chi è il Signore di tutto? Io, Loki.

Io sono colui che genera caos e turbamento. Colui che dovete ringraziare per lo scompiglio che avviene improvviso nelle vostre vite. Colui che vi salva dal male eterno e perciò definito egli stesso male dagli altri dèi. Quegli dèi timorosi del caos che nella loro inquietudine tutto vogliono plasmare. Essi su tutto vogliono porre il loro ordine. Io sono il portatore di scompiglio. Io porrò fine a tutto mentre su tutto piscio come un cane randagio che non ha bisogno di delimitare un territorio che sa che non gli appartiene.

Sono incostante, mutevole. Dico una cosa e ne faccio un'altra. Dico un'altra cosa e mantengo la parola. Chi mai saprà di quel che dirò l'attinenza con quel che farò? Non gli dèi Asi impegnati a creare il loro necessario ordine, non gli irruenti giganti che con la selvaggia natura si fondano, non la magia degli dèi Vani. Non voi. Chi conosce il luogo d'approdo del mio agire? Nemmeno io lo conosco. Io qua incatenato in questa caverna buia, io inizio a conoscere i luoghi intermedi, gli spazi destinati a soccombere. Di tutto ciò io rido perché tutto ciò mi piace. Io rido della mia paura, perché essa è bella!

Ma voi siete esseri umani. Che cosa sei tu? Tu sei un essere umano. Sei il moto di una foglia che cade dall'albero immane Yggadrasil. Dal frassino che i nove mondi sorregge. Ti guardi intorno spaesato. *Razionalizzi* questo precipizio senza fine cercando di rendertelo comprensibile. Nel cadere tu cerchi di render comprensibile te stesso. Ma non vuoi cadere. Per questo cerchi di appoggiarti a qualcosa che non puoi afferrare. Voi esseri umani cercate di dar risposte a domande che non sapete porre. A domande che non sapete formulare. Create la vostra illusione e per questo ci sfioriamo durante i nostri cammini. Mi venite a far visita e attendete che io venga a visitare voi. Voi vivete nell'illusione e nell'inganno. Non illudetevi di essere voi a creare gli dèi, sono gli dèi che vi hanno creato!

Io, Loki, vi parlo attraverso il vostro linguaggio e attraverso la sua struttura. Attraverso la vostra logica io vi mostro il mondo in cui voi siete. Il mondo che vi terrorizza sia perché esso è, sia perché esso non è. Il mondo che non è mondo. Dove ciò che *è* non diventa parte del tutto, ma niente. Non è quello che vi dice il Gran Saggio 42, non è quello che volete sentirvi dire. Del mio parlare attraverso voi ciò che resta è solo l'eco di quel che chiamate paradosso. In voi questo vi è. L'insondabile coacervo di un per voi incoerente, irragionevole, insensato apparire nel mondo. La pietra che i costruttori hanno scartato è divenuta testata d'angolo.

Non potete sussistere contemplando intorno a voi un mondo caotico e indistinto, un mondo dove regna il caos. Ciò vi angoscia. Come di una stanza bianca, lucente, vuota, chiusa per l'eternità senza nessuno che la guardi. Voi ne avete un insostenibile terrore. Ne avete una paura incontenibile, una paura sconfinata! Il caos originario. Il primordiale. Tutto è un inganno. Né ordine, né senso delle cose, né senso nelle cose. Solo caos pervaso dal suo Signore Loki. Io ne sono il Signore giacché io ne sono il servo.

Il caos senza logica vi spaventa in modo insostenibile. Come il nulla più totale ed eterno. Come il cambiamento perenne che nulla conserva. Come l'oblio senza fine e senza scopo. Come l'eterno ritorno nel medesimo luogo. Come l'assenza

28

perenne di cambiamento. Come l'eternità che procede senza mai tornare indietro. Tutto ciò vi getta nel più profondo e oscuro sgomento. Tutto ciò vi smembra. L'oblio, il nulla, l'eterno, l'immutabile, il mutamento. Tutto ciò vi smembra! Vi smembra in miriadi di frammenti che se ne scappano l'uno dall'altro. Io tengo insieme quei frammenti!

Io, Loki, a volte ho aiutato gli dèi nelle loro imprese, altre volte li ho contrastati e ostacolati. Altre volte ancora sono rimasto indifferente alle loro gesta. Loro dicono che un così volubile atteggiamento fa parte della mia natura demoniaca. Dicono che sia sintomo manifesto della mia pazzia. Dicono che sia malvagio. Io dico: di chi tra voi umani non è propria questa tale natura? Chi non ha aiutato a spingere e poi contrastato nella medesima direzione? Chi non ha supportato qualcuno salvo poi scalfire il suo piedistallo? Chi non ha ritenuto un'impresa buona salvo poi vederne il male?

Io salvo gli dèi da loro stessi. Li salvo dalla noia che è il male eterno e loro mi accusano di essere folle. A me che sono il Signore dell'inganno gli Asi definiscono pazzo. La pazzia è soltanto sapienza non compresa, saggezza non detta. La sapienza è soltanto incomprensione che finge di farsi comprensione. La sapienza è la follia di chi comprende per non comprendere. Di chi cerca di ingannare sé stesso.

Non è la pazzia, non è l'essere folle ciò che mi differenzia dagli dèi miei simili. Gli dèi Asi sono ammalati. Essi sono pazzi, soffrono e cercano la loro cura. La differenza che c'è tra me e tutti gli altri Asi è che io che sono il Signore dell'inganno so bene di ingannarmi. So bene di essere pazzo e non cerco una cura per la mia follia. Io non mi inganno per un motivo, io lo faccio e basta! Agisco e mi inganno. Mi inganno perché so chiaramente cosa voglio, so cosa voglio perché mi inganno. Non è un circolo vizioso, ma per voi esseri umani è un circolo vizioso. Non è quello che voi chiamate paradosso, ma per voi esseri umani è un paradosso. Io non sono un essere umano, non posso conoscere il mondo di un essere umano come un essere umano lo conosce. Così come voi non potete comprendere il mondo degli dèi come un dio lo comprende. Io sono un dio e vedo come un dio, non come un essere umano. Sebbene non possa comprendere fino in fondo cosa sia per voi un paradosso questo io che sono il Signore dell'inganno vedo e conosco. Io vedo che il paradosso a voi esseri umani infastidisce perché voi chiamate paradosso due elementi che si urtano nella stessa *realtà*. Due azioni che per voi non possono coesistere nella stessa *realtà*, nella vostra *realtà*. Eppure entrambi i fatti sono per voi accettabili. Ma non insieme! Quello è il vostro mondo, ma non è il mondo divino. Quel che voi chiamate *realtà* è nella mia visione solo *inganno* e quel che chiamate *paradosso* è nella mia visione solo *realtà*.

Una cosa io vi dico, una cosa su cui dovreste prestare la massima attenzione. Su cui dovreste darmi la massima fiducia se vi preme la vita. E a genti come voi la vita preme eccome. Questo è bene per l'essere. Allora fidatevi di quel che vi dico: non vi fidate mai di me.

Volete un precetto da seguire, questo io so. Rivolgetevi verso Ásgarðr non verso Loki. Cosa vi aspettate dal Signore dell'inganno? Un precetto da abbracciare, logico e razionale come quelli che la vostra mente esige? Non rubare? Sacrifica agli dèi? Questi sono i precetti che vi instillano le altre divinità di Ásgarðr in cerca di ordine. Loro impongono l'ordine e voi ne seguite la scia. Così siete stati forgiati. Ma di ciò che si crea nulla si conosce. Solo attraverso la paura e l'estasi si conosce.

Io non sono l'ordine che le vostre menti cercano. Io le vostre menti le frantumo per poi tenerle insieme per poi frantumarle ancora. Senza un fine. Rido nel vederle frantumate quando voi provate ad afferrare l'essenza di dove siete immersi, quando provate ad assaggiare l'essenza di voi stessi. L'essenza dell'incontro degli avvenimenti che vi materializzano e che materializzate.

Con voi la banalità di un paradosso getta scompiglio. Con voi il paradosso produce inganno e spaesamento. È per questo che vi sto parlando ora che ho le braccia e le gambe incatenate a queste rocce. Come farete a fidarvi di qualcuno che vi dice di non fidarsi di lui? Forse dovrete fare l'opposto di quel che io vi dirò? Eppure se farete così vi sarete fidati del consiglio di chi vi diceva di non fidarsi di lui. Stolti. Allora fidatevi e seguite pedissequi ciò che io vi dico di fare. Ma chi è più sciocco di chi si fida di qualcuno o di qualcosa che gli dice di non fidarsi di lui? Folli! Dissennati! Mentecatti! Qualsiasi cosa deciderete di fare la vostra decisione sarà sempre quella di fidarsi di me. In un modo o in un altro voi vi fiderete di me sebbene il vostro agire prenderà direzioni opposte. Nulla è più finto di una scelta. Ma non lo dite ad Odinn che per la sua scelta deve combattermi ostinatamente. Sebbene egli non vorrebbe.

Le scelte, che stolte illusioni. Dovete riflettere prima di agire, perché questo fa un essere umano che sia degno. E voi siete degli esseri umani! Eppure qualsiasi vostra decisione è destinata a fallire. Qualsiasi vostra azione che seguirà a quella scelta sarà in errore con la vostra logica. Ma sebbene la scelta sia stolta o illogica, essa non inficia l'azione. La vostra azione non dipende dalla vostra scelta. La vostra azione è soltanto all'interno di quel vostro paradosso in cui ora voi siete. Tenetevi la vostra logica e lasciate ciò che definite paradosso e illogico a chi ha il potere di affrontarlo. Non perdete tempo in queste facezie. Agite! Trovate la vostra parvenza, trovate la vostra libertà nell'agire. Agite. Solo così vivrete. Se ciò vi interessa.

Voi avete bisogno di sentirvi come una ramatura incagliata nel legno che vuole percepirsi parte del tronco di un albero. Voi avete bisogno di un legame con questo mondo che vi circonda. Qualsiasi esso sia. Un legame che vi faccia intravedere l'illusione di un ordine. E anche se si trattasse di un ordine passeggero, un ordine che muti in un batter d'occhio di oca selvatica o di falco predatore, questo rimarrebbe per voi motivo di legame a *questa* realtà, a *questo* mondo. Credenze moderne, credenze antiche. Aspirazioni comuni, piaceri individuali.

Legami, qualsiasi forma essi abbiano. Per voi che vivete in quel batter d'occhio di falco, quella parvenza di ordine è sufficiente a darvi un minimo di appagamento. È sufficiente ad attaccarvi a questa illusione. Chi di voi non trova appagamento perde l'illusione di equilibrio, rischia di perdersi nel poco spazio a lui concesso.

Dovete faticare per cadere nel baratro e dovete poi faticare per non caderci. Solo a costo di gran fatica toccherete il caos. E dopo tutti questi sforzi da ciò cosa ne otterrete voi esseri umani? Voi ne rimarrete così terrorizzati che qualsiasi effimera parvenza di ordine diventerà la vostra più bramata ancora di salvezza. La vostra sola bramosia verso cui tendere per tutto il resto della vostra vita. *Dimentica* diventerà il vostro imperativo, *ricorda* diventerà la vostra più grande sofferenza e la vostra più grande illusione.

Voi non pregate Loki. Loki non se ne cura. Voi vivete nel verbo di Loki. Voi pregate Odinn. Voi pregate colui che vi traccia una via da seguire durante la vostra vita e che vi dà la speranza di una forma ordinata di esistenza dopo la morte. Qualunque essa sia. Io non vi darò nulla se non l'illusione che vi sto dando ora. Così Odinn costruisce il suo mondo. Ognuno per il suo mondo.

Un mondo, un inganno. Chi governa il mondo se non il Signore dell'inganno?

È vero, io sono qua legato. Sì, Odinn mi tiene qua legato in questo meandro oscuro. Ma l'illusione più grande è quella che pervade sé stessi. Odinn non cerca l'illusione. Odinn inganna ma non vuole essere ingannato. Lui vuole dominare il caos, vuole creare ordine e intelligibilità in ciò che *è*. Tuttavia Odinn già conosce il futuro e come tutti quelli che già conoscono il proprio futuro è destinato ad una vita triste e insignificante, qualunque cosa possa fare.

Io sono la fiamma primordiale che sulle vostre sventure danza e vi fa danzare. Io sono la fiamma primordiale che danza sugli eventi. Voi siete i monumenti, voi siete i momenti. Tu sei tutti gli eventi che ti hanno attraversato. Tu sei tutti gli eventi e ogni tipo di evento che ti ha attraversato. Tu sei ogni singola interazione che è avvenuta tramite te. Tu sei la memoria che ti compone e che entra in contatto con te. Tu sei la parte di idea che ti attraversa e che tu crei. Tu sei un pelo della pelliccia del lupo. Tu sei l'effimero uomo libero che forma un esercito tra i molti eserciti. Da un esercito all'altro senza saperlo tu passi. Tu sei la memoria della materia che ti compone e che attraversa gli eventi. Tu sei la memoria di ciò che sei. La memoria che agisce. Tu sei lo scrigno nascosto degli eventi che si sono compenetrati. Tu non sei un dio. Tu sei *io*. Io sono ogni singola interazione che è avvenuta tramite me. Io sono gli eventi che ho attraversato e che attraverso me sono passati ed entrati in contatto. Io sono una possibilità, l'unica possibilità tra le infinite possibilità che avvengono. Tu sei colui che tocca e che può essere toccato.

GINNUNGAGAP - GENESI DI CIÒ CHE È

Volete sapere come è nato il mondo? Chissà cosa voi immaginate, piccoli esseri umani che nulla potete se non guardare me. A me che sono il Signore dell'inganno. Così nacque il mondo: niente magia, niente incantesimi, solo ghiaccio che si scioglie al calore. Solo spostamento nello spazio di umidità. Così nacque il mondo. Visto che sono qua in catene, io questo vi racconto.

Nulla c'era. Non c'era sabbia, né mare, né onde gelide, non c'era la terra in basso né il cielo in alto. Non vi era erba in nessun luogo. Nulla. Solo nulla c'era. Solo un nulla profondo che non poteva essere limitato perché nulla c'era. Un baratro profondissimo e illimitato perché questo c'era nel nulla che è e nello stesso tempo non è. Questo baratro senza inizio e senza fine è Ginnungagap. Ginnungagap era il vuoto primordiale. Ginnungagap il baratro primordiale, il non essere da cui si è generato l'essere. Ginnungagap l'abisso primordiale che non è e da cui si è generato ciò che è. Ginnungagap il baratro immane degli abissi in cui il nulla era contenuto dal nulla, perché nulla c'era.

In questo baratro primigenio, in Ginnungagap si creò la dimora del freddo, dell'umidità e del buio. Questo luogo si chiama Niflheimr. In Niflheimr si trova un pozzo gelido, detto Hvergelmir. Da questo pozzo gelido nel mezzo di Niflheimr molti fiumi cosmici hanno origine. Sono fiumi impetuosi, come la vita che vuole essere. Questi fiumi si chiamano Elivágar. Ma dove vi è freddo, vi è anche il caldo. Nel Ginnungagap, nella parte opposta al Niflheimr, si creò un altro mondo, una regione calda. Questo luogo torrido e rovente, lucente e luminoso, si chiama Muspell. Nessuno vi può resistere se non vi è nato. Così il baratro del vuoto, l'abisso primordiale, era divenuto nella parte settentrionale avvolto nell'oscurità, bagnato dalla pioggia e battuto dal vento gelido del Niflheimr; nella parte meridionale, invece, era caldo, torrido, ardente e illuminato dalle scintille roventi provenienti da Muspell.

Gli Elivágar che fluivano da Hvergelmir, il freddo pozzo profondo al centro di Niflheimr, corsero impetuosi e con il loro movimento forgiarono il tempo e lo spazio di quel cosmo remoto che cosmo non era. I fiumi primordiali giunsero così lontani dalla loro sorgente che il veleno che li accompagnava in superficie si indurì e divenne ghiaccio. Questi pezzi di ghiaccio si muovevano sulla superficie dei fiumi Elivágar come delle scorie, come dei residui inutili, come degli scarti del loro fluire. Tutto ciò avvenne mentre i fiumi primordiali scorrevano impetuosi e incessanti, del tutto indifferenti ai detriti di ghiaccio formatisi sulla loro superficie a causa della grande lontananza dal pozzo immane. Lontano scorrevano e scorrono quei fiumi, ma i blocchi di scorie di ghiaccio trovarono dove fermarsi senza che i fiumi minimamente se ne curarono. Non potevano essi percepire l'esistenza di ciò che non potevano percepire. Così là dove queste scorie di ghiaccio si erano fermate si formò dal veleno una pioggerella che cadde su Ginnungagap, e questa pioggerella lontana dal sorgere dei fiumi Elivágar, lontana dallo scorrere dei fiumi, si congelò stratificandosi in brina. La brina. Tanto erano arrivati lontano i fiumi primordiali.

Avvenne. La brina gelida formatasi da ciò che proveniva da settentrione e da Niflheimr incontrò un vento leggero ma caldo proveniente da sud, dal caldo e torrido Muspell. Allora la brina iniziò a sciogliersi e cominciò a gocciolare. Da quelle gocce ebbe origine la vita. E il primo essere vivente originatosi dal gocciolare della brina a contatto con il vento caldo fu Ymir, il gigante che i giganti dei ghiacci chiamano Aurgelmir. Questo è il loro progenitore. Ymir fu il progenitore di tutta la sua stirpe.

Era solo Ymir, né Ymir sapeva cosa fosse la solitudine. Fu il primo essere vivente a produrre rumore, e per questo egli era il mormorio. Il mormorio che tutto pervase e che tutto pervade. Non sapeva cosa fosse la compagnia ma nella sua solitudine egli generò. Non sapeva cosa fosse il sonno ma egli si addormentò. Nessuno sa quel che Ymir sapeva, nemmeno il più saggio tra gli dèi e tra gli indovini. Nessuno sa cosa Ymir sentiva se non il suo stesso mormorio. Ma quello che si sa è che Ymir fu vinto dal sonno che egli non conosceva. Dormì Ymir e nel suo dormire entrò nel sogno. E nel suo dormire egli sudò. Sudore fuoriusciva dalla sua pelle. Le sue mani sudavano. Dal sudore che egli stillò da sotto una mano nacquero dei nuovi esseri viventi. Quell'umidità stillata dalla sua mano prese la forma di un uomo e di una donna. Ma non sono gli uomini e le donne che voi siete, né quelli che voi conoscete. L'umidità stillata dal suo corpo questo produsse e formò così la sua progenie.

Nella sua solitudine Ymir generò. Voi pensate che la solitudine pervade soltanto gli esseri umani? Voi ne siete pervasi come i giganti e come gli dèi che vi hanno creato, perché è la solitudine di Ymir che ha generato!

Nella sua solitudine, nel cosmo vuoto che le gocce creavano nel nulla, Ymir il gigante continuò a generare. Chi conosce se fu atto di scelta o se ciò avvenne senza scelta? Nessuno conosce se non Ymir medesimo che nella sua solitudine non sapeva cosa volesse dire conoscere. Un suo piede generò con l'altro suo piede un figlio dalle sei teste, il gigante Þrúðgelmir. Anche Þrúðgelmir rumoreggiava con potenza nel silenzio che vi era. E anche lui ebbe una progenie.

Continuavano intanto i fiumi Elivágar a scorrere impetuosi e indifferenti al mondo in formazione, la brina nel Ginnungagap continuava a gocciolare. Dalle gocce di brina nacque anche la mucca Auðhumla. Dalle mammelle di Auðhumla scorrevano quattro fiumi di latte che Ymir vide e che volle portare alla bocca. Così Ymir scoprì la soddisfazione nel mangiare e si sfamò. Ymir beveva dalle mammelle della mucca nata dalla stessa brina gocciolante da cui egli stesso era nato. Il latte fuoriusciva copioso dalla mucca. Quattro fiumi dalle sue mammelle si dipanavano e questo era il nutrimento di Ymir.

Ma dopo Ymir anche la mucca sentì fame e per sfamarsi Auðhumla leccò delle pietre salate e ghiacciate. Perché Auðhumla leccò le pietre salate e ghiacciate? Perché la mucca che nel cosmo pascolava, ebbe fame. Così il primo giorno ella leccò le pietre salate e ghiacciate e da quelle pietre, verso sera, i capelli di un uomo spuntarono. Il secondo giorno ella ebbe di nuovo fame e leccò le stesse pietre ghiacciate e salate, quando venne sera dalle pietre uscì l'intera testa di un uomo. Il terzo giorno la mucca ebbe fame, così leccò di nuovo le stesse pietre. Questa volta un'intera persona uscì dalle pietre. Fu il primo uomo sulla terra nato dalle pietre e dall'umidità della mucca Auðhumla. Ma non sono gli uomini e le donne che voi siete, né quelli che voi conoscete.

Questo uomo in un mondo senza uomini si chiamò Buri. Buri era bello, alto e forte. Buri generò un figlio che si chiamò Borr. E Borr si unì a Bestla, figlia del gigante Bolþörned. Essi ebbero così tre figli: Vili chiamato anche Hœnir, Vè chiamato anche Lodhurr e Odinn colui che si chiama anche Wotan e che avrebbe guidato il nuovo ordine imposto dagli dèi. Questi sono i primi tra gli dèi, ed essi furono tre. Ma i primordiali giganti loro antenati e padri, i primi generatisi da Ymir, continuavano a riprodursi a loro volta. Anche Þrúðgelmir generò Bergelmir che cresceva in mezzo ad altri giganti. E da tutti questi giganti si creò la stirpe dei giganti del ghiaccio.

Avvenne che gli dèi figli dei giganti indomiti maturarono l'intenzione di cambiare quel mondo a loro così caotico. Iniziarono a guardare il mondo e lo trovarono caotico, invivibile. Ma in esso videro la possibilità di un nuovo ordine. Un nuovo ordine più congeniale a loro che chiedevano qualcosa a quella materia su cui vivevano. Al contrario dei giganti. I giganti che vi regnavano non avevano idea di un ordine differente dalla loro essenza che li portava a fondersi con quella natura istintiva. Essi regnavano in quel mondo caotico agli dèi che da loro discendevano. Nella loro natura istintiva i giganti non contemplavano la possibilità di un differente ordine, non contemplavano la possibilità di una scelta né la visione della possibilità. Nella loro natura primigenia essi serbavano solo l'azione di ciò che deve essere senza contemplazione. Nessuna possibilità di un ordine diverso. Ma gli dèi loro figli, un ordine diverso lo contemplavano eccome. Non c'era · da parlare quando le parole sono incomprensibili e gli sguardi fiammeggianti. Così avvenne. Gli dèi attaccarono i giganti loro progenitori. Un nuovo ordine cosmico essi richiedevano. Uccisero Ymir e nel suo sangue con furore uccisero quasi tutta la sua stirpe. Affondarono le mani nel sangue dei loro progenitori. Con furia essi attaccarono i loro ascendenti, ciechi furono nel perseguire la loro chiara e lucente visione di un mondo nuovo. Un mondo da plasmare con il loro volere. Aggredirono con foga, colpirono con furia gli altri esseri primordiali che popolavano il cosmo primigenio. Questo fecero Odinn, Vili e Vè. Ma uno dei giganti discendenti da Ymir, Bergelmir figlio di þrúðgelmir, riuscì a scappare. Con la sua famiglia si allontanò su una barca e lontano fu sospinto. In Jötunheim egli approdò. Nella terra dei mostri diede vita ad una nuova progenie di giganti del ghiaccio. Da loro nacque anche Fárbauti, mio padre. Ma io, Loki, già esistevo.

I tre dèi vincitori iniziarono così a plasmare ciò che già esisteva. E lo plasmarono secondo il loro volere e la loro necessità. Cercarono di imporre l'ordine sul caos. Il loro ordine su quella materia che giaceva attorno a loro inerme dopo la devastazione della divina furia devastatrice. Così presero il corpo di Ymir, lo smembrarono e lo ordinarono creando il mondo che oggi si calpesta. Sollevarono il corpo dall'acqua e lo posero sopra l'abisso che separa il mondo del fuoco dal mondo del ghiaccio. Questo fecero gli dèi vincitori, Odinn, Hœnir e Vè chiamato anche Lodhurr. Là posero il corpo di Ymir. Là il gigante progenitore della sua stirpe e primo tra gli esseri viventi formatisi dalla brina fu smembrato, con il suo corpo fu plasmato il mondo. Dalla sua carne fu fatta la terra e quando la luce forte da mezzogiorno arrivò alle pareti di pietra, allora la terra germogliò di porro verde. Dal suo sangue fu creato il mare, dalle sue ossa le montagne. Dai denti anteriori, dai molari e dalle schegge di ossa frutto dell'ira dei figli di Borr che su Ymir si era abbattuta fino ad ucciderlo, da qua furono create le pietre e i massi. Dai capelli dell'antico gigante furono creati gli alberi e i boschi. Col cranio di Ymir fu fatta la volta celeste. In tal maniera i figli di Borr foggiarono la terra di mezzo e il suo cosmo.

Alcune scintille provenienti dal torrido Muspell ebbero un posto nel cielo e esse originarono gli astri. Ad alcuni di questi astri, gli dèi possenti e vincitori assegnarono una sede stabile, ad altri una rotta da percorrere. Così ebbe inizio anche il calcolo del tempo del nuovo mondo.

Da mezzogiorno il sole, compagno della luna, stese la mano destra verso l'orlo del cielo; il sole non sapeva dove era la sua corte, le stelle non sapevano dov'era la loro dimora, la luna non sapeva qual era il suo potere. Andarono allora gli dèi tutti alle sedie del giudizio, e su questo deliberarono: alla notte e alle fasi lunari imposero il nome e così le fasi lunari esistettero. Al mattino diedero un nome e lo stesso fecero per il mezzogiorno, per il pomeriggio e per la sera. Così iniziò il conto del tempo e degli anni di quel nuovo mondo.

Si incontrarono gli Asi sulla piana di Idhi, innalzarono altari e alti templi; focolari accesero, ricchezze crearono, tenaglie forgiarono. Ingegnarono utensili.

Ma la carne di Ymir continuò a generare vita anche quando fu plasmata dagli dèi per il nuovo cosmo. Dalla carne del gigante morto si formarono dei vermi. Nella terra essi si formarono, là dove la carne era morta e inerme si generarono questi vermi che apparvero poi in superficie. Gli dèi li videro e per loro volontà questi vermi ebbero l'aspetto e l'intelletto degli esseri umani, ma non degli uomini che voi conoscete. Questi vermi dall'aspetto e dall'intelletto umano divennero i nani, e nelle pietre ebbero la loro dimora. Allora come oggi queste creature ctonie vivono sotto terra e là forgiano e là abitano. Quattro di loro però furono presi, questi erano Austri, Vestri, Norðri e Suðri, e questi quattro nani furono posti agli angoli della terra a sorreggere la volta celeste. Anche ora essi stanno là, a sorreggere il firmamento, a sorreggere la cupola che tutto contiene, a sorvegliare i limiti della terra e il profondo cielo.

Inesauribile e furente lo spirito creativo che pervadeva gli dèi. Inestinguibile e inappagabile la loro brama di costruzione del nuovo mondo. Il nuovo ordine cosmico. Gli dèi instancabili lavoravano. Come vasai che usano l'argilla per creare vasi, essi si posero all'opera con la materia inerme dell'essere che avevano intorno. Presero l'oceano e l'avvinsero attorno alla terra come un anello. L'oceano è profondo e pericoloso. Ricordatevelo voi uomini perché difficile esso è per voi da attraversare, pericoloso financo per gli dèi da sondare nei suoi fondali abissali.

Poi essi volsero i loro sguardi al limite della terra, sulle spiagge che si affacciano al mare. Colà gli dèi decisero che era il luogo per dare dimora ai giganti. In quel paese dove le sopravvissute ancestrali creature già si erano rifugiate dallo sterminio allora in atto. In quel paese che è l'estremo recinto del mondo, dove le forze indomite primordiali stanno. Útgarðr fu chiamato quell'estremo recinto del mondo, quel luogo assai freddo e oscuro. Útgarðr, il recinto esterno, è anche detto Jötunheimr, il paese dei giganti.

Poi nel loro furore creativo gli dèi instancabili presero le sopracciglia dal corpo di Ymir e con esse fecero un possente recinto al centro del mondo, questo fu chiamato Miðgarðr, il recinto di mezzo.

Per ultimo gli dèi presero il cervello del gigante Ymir, colui che fu il primo essere a potersi definire vivente senza sapere cosa vivere fosse, e lo gettarono in aria. Da esso si formarono tutte le nubi del cielo. Così tutte le tempestose nubi furono create.

Questo è il mondo. E in questo mondo un frassino si erge maestoso, è Yggdrasill. Ha il tronco lambito da limpide acque ed è il pilastro che sorregge e forma i nove mondi nominati dagli dèi. Le sue radici sprofondano nei più infimi dei mondi che sono, i suoi rami propendono verso gli strati più alti e supremi del cielo. Yggdrasil, il grande albero che tutto il cosmo forma. Ben più di quello che i primi tre dèi credettero è Yggdrasill. Dalle foglie dei suoi immensi rami proviene la rugiada che piove sulle valli. Sempre si erge verde sopra la sorgente di Urdhr. Da quel luogo non videro gli dèi che qualcosa di più grande di Ymir, di più energico della sua progenie, di più vigoroso di Borr e di più potente di loro stessi, che pur l'avevano plasmato nelle sue parti, proprio da là proveniva un potere accecante. Da là vennero. Da quel posto sono venute tre donne, tre donne di grande saggezza. Da quello spazio che si estende sotto l'albero esse vennero. Ha nome Urdhr l'una, Verdhandi l'altra e Skuld quella che è terza. Esse sono le prime delle norne e dimorano presso la fonte del destino con la cui acqua bagnano continuamente le foglie di Yggdrasil. Norne si chiamano coloro che determinano la necessità. Ma anche loro nacquero. Esse presero una tavola di legno e sopra i suoi bitorzoluti nodi incisero rune. Urdhr, Verdhandi e Skuld decisero il destino, scelsero la vita per i viventi nati, le sorti per gli uomini.

Ma gli dèi credevano che non ci fosse potere più grande del loro. Di loro che i primi esseri viventi loro avi avevano ucciso e che con essi avevano plasmato il mondo. Odinn su tutti fu colui che rimpianse di non essersi accorto di quel potere più grande di ogni altro visibile ai suoi occhi. Contro quel potere dedicò nel tempo ogni suo sforzo senza mai sconfiggerlo. Non poteva vedere Wotan quel potere, così come non poteva padroneggiarlo quando pur senza toccarlo né vederlo intese che esso esisteva. Ma Odinn era l'unico ad avvertirlo. Gli altri dèi erano soddisfatti. Non avvertivano nulla e nel non sapere essi erano soddisfatti. Appagati. Così gli dèi se ne stettero nella loro corte a giocare al gioco degli scacchi. Senza sapere che altri giocavano con le loro mosse future e con le mosse degli altri esseri. Soddisfatti del loro lavoro giocavano a scacchi nella loro corte divina. Erano ricchi e dell'oro nessuno sentiva la mancanza. Ma essi ignoravano forze a loro invisibili e oscure. Forze da loro create e che da esse ora erano mossi. Tra tutti solo Odinn il loro capo le avvertiva seppur la vista non gli era di aiuto.

Un giorno i tre dèi discendenti da Borr e Bestla andarono sulla riva del mare. Camminando lungo la riva Hœnir trovò due tronchi d'albero. Due tronchi d'albero inerti e senza destino, l'uno vicino all'altro. In essi vi era una ramatura, incagliata in quel legno, in quel legno incagliato sulla riva di un oceano di Miðgarðr. Su quella terra di mezzo che Hœnir stesso aveva creato con i suoi fratelli e che aveva predisposto per gli uomini che ancora non esistevano. Vè paragonò quel legno, quei due tronchi attorcigliati, quelle ramature dei due tronchi posti l'uno vicino all'altro, a due esseri umani abbracciati, avvinghiati nell'atto di procreare. Ma quelle legnose figure dalle sembianze umane erano prive di destino. Odinn gli diede il respiro e con esso la vita. Hœnir gli donò allora la coscienza, mentre Lodhurr gli donò il colorito, la vista, l'udito e la parola. Molti doni fecero gli dèi ai due tronchi avvinghiati ed essi divennero due esseri umani. Gli dèi diedero un nome all'uno e un nome all'altro: l'uomo prese il nome di Askr, la donna prese il nome di Embla. Ben presto la loro discendenza popolò Miðgarðr. Da loro discese tutta la razza umana che ebbe in Miðgarðr la propria dimora. Questi sono gli uomini e le donne che voi conoscete perché voi siete.

Andarono allora gli dèi alle sedie del giudizio e su questo deliberarono: se un qualche tributo avessero gli dèi dovuto pagare o se avessero tutti gli dèi diritto ai sacrifici che gli uomini dovevano dedicare a loro. Fu stabilito che io, Loki, non ero meritevole di sacrifici. A me appellarono come colui che non è meritevole di sacrifici. E gli uomini che pur tanto devono a me, a me non sacrificarono. Io non chiesi ne chiedo sacrifici, io chiedo ben altro e voi lo sapete.

Su altro ancora le divinità deliberarono, ma non tutte erano d'accordo con le decisioni prese. E così, divisioni si insediarono tra gli dèi. Con lo scorrere del tempo le divinità generarono altre divinità ed esse si ampliarono in numero. Con lo scorrere del tempo le divinità prendendo differenti decisioni si cristallizzarono in due gruppi diversi che crescevano sempre più in numero. Con il tempo gli dèi si divisero in Asi e Vani. Gli attriti divennero cicatrici insanabili e gli Asi e i Vani si dettero battaglia. Tra gli dèi Asi vi era Odinn il supremo, ma senza i suoi fratelli. Vi erano poi Thorr l'iroso e possente, Heimdallr il guardiano, Víðarr il silenzioso e il forte, Bragi il guerriero e tanti altri ancora ve ne erano. Tra i Vani, divinità feconde e conoscitrici di magia, molti vi erano: vi era Njörðr il potente e il saggio, Lýtir il pesante, Óðr l'invasato e molti altri ancora vi erano.

Furiosa fu la battaglia tra gli dèi. Cruento fu lo scontro, rossa divenne la terra. Saettava Odinn e dava colpi nella mischia, Thorr combatteva gonfio d'ira e non un attimo indugiava nel suo furore. Questo scontro tra dèi fu il primo al mondo. Si sentiva di Heimdallr il celato fragore in battaglia, sotto l'albero sacro avvezzo all'aria tersa del cielo. Fu infranto il riparo di legno della città degli Asi, dove minacciosi poterono i Vani porre il loro piede. Ma nessuno poteva prevalere nella guerra divina, se non la sola morte. Così la guerra funesta venne ad una conclusione senza né vinti né vincitori. Ci furono scambi di ostaggi tra gli Asi e i Vani affinché la pace tra loro fosse mantenuta. Gli Asi però ottennero il dominio e in Ásaheimr essi eressero Ásgarðr, il recinto al centro del mondo da cui ancora oggi dominano il mondo. Qua ad Ásgarðr essi avevano rifugio con le loro famiglie dagli attacchi dei giganti loro nemici. Mentre la stirpe divina dei Vani prese dimora in Vanaheimr e là ancora oggi si dedica indisturbata alla magia e ai riti di fecondità. Il loro potere non si riversa nel dominio e lontano dal centro essi stanno. Ma stanno indisturbati.

Gli Asi dominavano da Ásgarðr sotto la guida di Odinn, detto anche Alföðr, il padre di tutti, degli dèi e degli uomini. Ma a Odinn questo non bastava. La lotta infinita con l'inafferrabile potere che non comprendeva egli voleva vincere. Un potere che avvertiva ma che non riusciva a vedere. Così un occhio sacrificò per poter bere un sorso del liquido che scaturisce dalla fonte del gigante Mímir. Per l'infinita sapienza egli sacrificò un occhio e rimase tra la vita e la morte per nove giorni. L'infinita sapienza in cambio di un occhio del dio che tutto plasmò. Questo sacrificò Odinn per avere potere sulle cose che saranno. Ma questo, non era possibile

…

Tante sono le storie che si possono raccontare, di quello che è stato, della prole degli dèi e di ciò che esiste. Molte di queste storie vi racconterò se mi farete compagnia in questa mia lunga prigionia. Se voi credete di poter avere scelta.

CARME DI HYMIR

Gli dèi non aspettano le libagioni. Gli dèi si procurano la selvaggina. Gli dèi ottengono, non supplicano. Al massimo essi chiedono. E non chiedono a voi. Ma vivono come voi. Folate di vento che attraversano l'aria. Presenti nell'aria turbata, nell'aria che vibra. Io lo so, perché io vivo tra gli Asi; perché io sono un dio.

Gli dèi vogliono ordine là dove ordine non c'è. Ma non vogliono un ordine qualsiasi, essi vogliono il loro ordine. Ognuno vuole il suo ordine. E l'ordine lo si forgia scrutando in ciò che esiste per tenderlo al proprio volere. La natura è indomita come i giganti, è volubile come l'oceano, è effimera come il vento. Cosa sono io? Un dio che non può soggiacere all'ordine. Un dio storpio dell'ordine, un buffone nella dimora degli dèi che fa piangere quando gli dèi vorrebbero ridere, che fa ridere quando essi vorrebbero piangere. Che asseconda l'ordine per poi sovvertirlo. Che collabora alla creazione dell'ordine mentre in solitudine ride a squarciagola al solo pensiero di poterlo distruggere.

Gli dèi si comportano come uccelli prima di un temporale. Sono prevedibili e nemmeno lo sanno. Avvertono una necessità e l'appagano plasmando ciò che vedono intorno a loro. Al contrario dei giganti che fondono la loro necessità con la selvaggia natura, essi distruggono e plasmano quella caotica natura che a loro deve essere soggetta. Inesorabili distruggono e modificano. Scuotendo le viscere degli esseri primordiali, forgiando e disciplinando ciò da cui essi stessi discendono. Così essi modificano quella materia a loro confusa e in cui essi sono. Come voi. Come voi essi chiedono e poi pretendono che si faccia seguendo le loro richieste. E un nuovo ordine prende forma. Pretendono e ottengono. Pretendono perché essi hanno necessità, ottengono perché essi non hanno. Così come quando chiesero all'antico gigante Hymir qualcosa di suo e che loro non avevano.

Ciò successe una volta, molto tempo fa. Quando gli dèi che tendono al loro volere ciò che li circonda andarono a caccia nel bosco. Là essi catturarono selvaggina. Tra gli immensi abeti essi cacciarono volpi, cervi, cinghiali. Essi cacciarono orsi dagli artigli grossi come navi e dagli occhi scuri come il cielo attorno alle stelle. Dura la caccia, soddisfacente la presa, esaltante il momento. Prima di mangiare però gli sopraggiunse una gran sete, ma la sete e la voglia di bere era già in loro prima di mettersi a mangiare. Tuttavia emerse allora e prima di mangiare gli fu ricordata. Una brezza leggera instillò agli dèi Asi una gran voglia di bere. Improvvisa ed imprevista. Chi conosce il perché? Forse il più saggio conosce il perché, ma il più saggio non vi è più, esistono solo i saggi. Allora gli dèi Asi scossero la sorte. Vibrarono i rametti sacrificali e gli dèi scrutarono nel destino. Cosa videro? Videro l'abbondanza di Ægir. Videro che presso Ægir vi era abbondanza di ogni bene. E da lui volle andare Thorr, il potente tra gli dèi Asi.

Da Hlér, l'abitatore dell'isola di Hlér, dal gigante mare detto anche Ægir, che ha nome anche di Gymir, da colui che è stato istruito dal dio Bragi sulla poesia e sulle antiche storie nonostante fosse discendente di una stirpe più antica di quella del suo divino istruttore; da lui, dal gigante mare Ægir, andò Thorr il forte tra gli dèi che danno battaglia. Da Ægir vi era abbondanza, abbondanza di ogni cosa gli dèi cercassero. Ma non della birra che essi volevano.

Ægir, l'abitatore di montagna là sedeva, immenso come il mare. Felice come un bambino il gigante sedeva e batteva i piedi. Egli somigliava proprio a colui che rimescola la birra. Ma birra non aveva.

Birra non c'era nella dimora di Ægir. Thorr, figlio di Odinn duro lo fissò negli occhi. Duro e rissoso egli è, e così, con irriverenza minacciosa si espresse fissando il gigante Ægir:

"Gli Asi ti chiedono di preparare la bevanda, e per gli dèi tu preparerai la bevanda! Per il banchetto divino tu preparerai la birra!"

Ægir come un bambino indispettito batté i piedi un'ultima volta e poi si irrigidì. Portò stizza per quelle parole pronunciate davanti a lui, come fossero rune poste davanti alla sua casa e che non volevano lasciare il passo a colui che era il padrone di quella stessa dimora. Come un bambino stizzito guardò davanti a sé e mosse la mente verso la vendetta, non solo contro Thorr ma contro gli dèi tutti che da prepotenti a lui imponevano richieste. A lui, a Ægir il mare. Così, con queste parole, rispose al dio Thorr:

"Tu che sei il marito di Sif, il possessore di Mjǫllnir, portami il paiolo affinché io per tutti voi dèi possa fare la birra che vi disseta. Il calderone idoneo io voglio. La birra che fermenta dal mosto io vi farò con il paiolo, la caldaia adatta a fare la birra per gli dèi Asi portami. Tu, Thorr, vuoi la birra, allora portami ciò che mi occorre e che io voglio! Io voglio il calderone per fare la birra agli dèi di battaglia."

Thorr riportò la risposta agli dèi Asi che in Ásgarðr hanno la loro fortezza. Ma non furono in grado i molti ed illustri dèi di trovare il paiolo. Cercarono dappertutto ma in nessun luogo essi lo trovarono. Dalle loro dimore in Ásgarðr essi con lo sguardo si misero alla ricerca del paiolo con cui si sarebbe fatta la birra degli dèi. Lontano scrutarono, vicino guardarono, ma nessun calderone adatto essi trovarono. E la sete non se ne andava.

Questo avvenne fino a quando Týr confidò a Thorr detto Hlorridhi ciò che lui sapeva e che gli altri dèi non sapevano. Týr, valoroso tra gli dèi Asi, la cui mano fu mozzata dalle fauci tremende di Fenrir, Týr il cui nome viene riportato con le rune nelle spade dei guerrieri più valorosi tra gli uomini, Týr questo consiglio benevolo solo a Thorr diede:

"A Oriente degli Elivágar, al limite del cielo abita mio padre, il saggio e irascibile gigante Hymir. Io che sono suo figlio crebbi nella sua dimora e nella sua corte vidi ciò che noi stiamo cercando. Egli possiede un calderone profondo un miglio. È il gran recipiente che noi cerchiamo. Il paiolo per mescolare la birra per gli dèi dimora là, presso mio padre, il gigante Hymir."

Thorr lo fissò altero e collerico come sempre, ma questa volta un dubbio in lui albergava e così Thorr disse:

"Sai tu, Týr che decidi la vittoria in battaglia, tu che sei saggio e che convochi assemblee assennate, sai tu se otterremo il calderone da mettere sul fuoco che ha in tuo padre Hymir il suo possessore?"

Sicuro come un imponente faggio Týr rispose:

"Certo che lo otterremo, amico, se agiremo con astuzia da questo frangente a quel momento. È un'impresa degna di grandi divinità, solo il più forte tra gli dèi può portarla a termine. Con accortezza e destrezza noi dobbiamo muoverci. Agiamo con astuzia e noi otterremo il calderone con cui Ægir farà la birra agli dèi."

Thorr partì dalla sua dimora, dalla dimora più grande tra gli dèi di Ásgarðr partì. Da Þrúðheimr, dal Paese della Forza egli partì. Con Týr il coraggioso condivideva il suo carro tuonante trainato dai capri divini. Andarono avanti per un lungo giorno sul carro trainato dai capri dalle corna imponenti, per un lungo giorno si allontanarono dalla dimora degli dèi di Ásgarðr. Nel cielo viaggiarono per un giorno intero, fino a quando giunsero da Egill il contadino. La dimora di Egill il gigante era un sicuro riparo per Thorr. Così ad Egill e ai suoi figli Þjálfi e Röskva, Thorr affidò i suoi capri dalle possenti e imponenti corna. Poi Thorr assieme a Týr si diresse verso la casa del gigante Hymir padre di Týr.

Hymir della stirpe dei giganti primordiali. Hymir l'irascibile e l'assonnato. Hymir la selvaggia e primitiva creatura padrona di una mandria di buoi dal pellame nero come la notte.

Thorr e Týr proseguirono il cammino e di fronte alla casa del padre di Týr arrivarono. Colà una figura invisa a Týr sopraggiunse. Era sua nonna. Furono accolti dal suo sguardo ostile riprodotto novecento volte dalle sue novecento teste. In questo modo torvo furono accolti. Ma a fianco ad essa arrivò anche un'altra figura dall'aspetto gradevole, con lunghe e chiare sopracciglia, contornata da ricchi ornamenti d'oro. La sua accoglienza fu diversa perché in ella grande fu la gioia nel vedere il figlio di ritorno sulla soglia di casa. Era la madre di Týr, Týr il monco coraggioso. La femminile figura arrivò che aveva già in mano una coppa di birra, la porse a suo figlio Týr, poi disse alle due divinità sue ospiti:

"Voi siete divinità dotate di gran coraggio e siete anche piene di senno, per questo voi siete giunte alla dimora di Hymir e per questo voi non vi opporrete a ciò che voglio fare. Avete coraggio, ciò nonostante voglio entrambi nascondervi nella corte sotto i paioli, tra le caldaie, perché il coraggio a volte non sopperisce al senno. Ma il senno è utile al coraggio, come il coraggio è utile al senno. Spesso il mio sposo è propenso alla collera. Hymir è saggio ma è anche collerico. Spesso il padrone di questa dimora si è mostrato ostile con gli ospiti."

Hymir l'antico, il primitivo e rude gigante. Tornò nella sua casa di ritorno dalla caccia. Spregevole nell'aspetto varcò la soglia della sua dimora. Hymir il feroce, tardi era solito far ritorno alla sua dimora. E quel giorno l'abitudine non fu turbata. Altro turbò l'abitudine del gigante. Ritornò come sempre, con il suo aspetto brutale e primigenio. Il bosco sulle sue guance era gelato, il tintinnio del duro ghiaccio batteva forte e risuonava stridulo tra i meandri antichi del volto feroce. La sua sposa gli si fece incontro e disse:

"Salute a te Hymir, stai lieto nella tua casa, tuo figlio che da così tanto tempo questa dimora attendeva proprio oggi è giunto qua dopo un lungo cammino. Assieme a lui è giunto il più temuto nemico dei giganti, l'avversario di Hrodhr, l'amico degli uomini, Veorr è il suo nome. L'ospitalità è padrona di casa quando entra un viandante, essa detta legge al pari del proprietario della dimora. Nella nostra casa essi stanno. Guarda come stanno in fondo alla sala quelle due divinità, laggiù riparate tra i paioli dietro a quella colonna."

In pezzi si frantumò la colonna sotto lo sguardo iroso di Hymir. La colonna che dava riparo a Thorr lo sterminatore di giganti si fracassò sotto il peso dell'astio del signore di quel luogo. Divisa in due fu la trave maestra sotto cui riparavano Thorr e Týr, e tra i calderoni otto ne caddero spezzandosi. Soltanto un paiolo, con gran maestria forgiato, rimase intatto tra quelli caduti. Assolutamente intatto.

Thorr il potente tra gli dèi, Týr il coraggioso e l'assennato tra gli Asi, entrambi si fecero avanti mentre l'antico gigante con gli occhi seguiva il suo avversario. Veorr, lo sterminatore di giganti. Niente di buono promise a Hymir la vista di chi era solito muovere al pianto le donne dei giganti. Vedere Thorr lo sterminatore della sua razza sopraggiungere nell'atrio della sua dimora non era di certo segno propizio per il primitivo essere. Ma l'ospitalità è il primo dovere di colui che ha una casa e così Hymir ordinò di afferrare tre dei suoi tori, ordinò di accorciarli della loro testa e poi di cucinarli. Thorr da solo mangiò due dei tori di Hymir, e al grigio Hymir parve che il pasto di Hlorridhi fosse stato abbondante. Così considerò adempiuto il suo dovere. Quindi Hymir parlò:

"Noi abbiamo oggi mangiato in abbondanza, ma la prossima sera noi tre dovremo ognuno con caccia o pesca trovarci il sostentamento!"

In quella casa di gigante Thorr e Týr passarono la notte come ospiti. Týr ospite in quella che era stata la sua dimora, nella casa dove egli nacque. Egli era senza una mano e ospite in quella che sarebbe stata casa sua se non se ne fosse andato. Solo un dio coraggioso tra i coraggiosi poteva dormire tranquillo colà. E devo dire che Týr è davvero un dio coraggioso, sebbene sia anche stolto per quanto prode. Il mattino dopo Hymir si apprestava ad uscire in mare per la pesca quando Thorr l'arrogante disse che sarebbe andato volentieri con il gigante. Male predispose Hymir la richiesta di Thorr. Hymir guardò torvo Thorr e disse:

"Non credo che avrò grande aiuto da parte tua, dedicati alla caccia nei boschi Veorr!"

Thorr ribollì di rabbia; ribolliva ma si trattenne. Con le sole parole insistette nel richiedere di poter andare con il gigante. Lui che non è avvezzo a chiedere e ancora meno a richiedere. Allora Hymir così gli parlò ancora:

"Credo che proverai molto freddo se io remo al largo come è di mia abitudine, né ho intenzione di cambiare la mia abitudine!"

A stento si trattenne ancora il dio Thorr la cui veemenza è nota tanto in Ásgarðr quanto in Miðgarðr. Dentro di sé ribolliva di collera e avrebbe voluto colpire il gigante con il martello Mjöllnir per l'affronto delle sue parole. Ma non si abbandonò all'ira. Pensò che in un successivo momento ed in un diverso luogo avrebbe messo alla prova la sua forza e quella del gigante. Altrove. In ciò è la differenza tra un dio e un gigante. Così Thorr figlio di Odinn con inusuale temperanza mosse le sue parole di sfida. Così rispose Thorr:

"Posso spingermi così lontano dalla riva che non sono certo su chi fra noi due proporrebbe per primo di tornare indietro."

Hymir non volentieri acconsentì a portare nella sua barca Thorr il nemico dei giganti per andare a pesca. Ma ciò avvenne. Così Thorr chiese a Hymir delle esche per poter pescare. Il gigante ancora una volta rispose astioso:

"Volgiti alle mandrie per cercare le esche se l'animo hai saldo! Mi immagino che per te sterminatore di giganti sarà facile tirar fuori esca da un toro! Allora fai da solo invece di chiedere come un vitello che se ne sta dietro alla mucca, fai da solo se sei capace come dovresti!"

Il dio quindi andò nel bosco deciso e silente. Senza proferir parola afferrò il toro più grande che proprio a lui in quel momento si parò innanzi. Era Himinhrjótr, il toro più grande della mandria di Hymir. Thorr afferrò entrambe le corna del nero toro e gli strappò la testa dal resto del corpo. Poi Thorr andò da Hymir, entrò nella barca di Hymir che già era stata spinta in acqua e si disse pronto a inoltrarsi nel vasto mare. Il gigante osservò Thorr, Veorr amico degli uomini, osservò ciò che egli aveva in mano e disse:

"Le tue azioni possessore di Mjǫllnir sono di gran lunga più impressionanti del tuo quieto sedere mentre come un dio vorace ti sazi a tavola."

E così nel mare si addentrarono insieme i due avversari, il dio proveniente da Ásgarðr e il primordiale gigante. Remarono i due possenti esseri fino a quando Hymir disse che proprio là potevano fermarsi. Quello era il posto dove era solito pescare.

Ma altre erano le intenzioni di Thorr che a poppa si era sistemato e che innanzi ancora spingeva la barca contro il parere del gigante. Allora il restio gigante disse:

"Troppo avanti ci stiamo spingendo, noi entriamo nella dimora del serpe di Miðgarðr signore dei confini del mondo."

Ma il signore dei capri, il possente Thorr, comandò che il *vacillante destriero* che cavalca le acque fosse portato ancora più a largo, e così si fece nonostante il gigante esprimeva la sua scarsa voglia di remare ancora. E non maggiore era nel gigante la voglia di accondiscendere il dio del tuono. In verità era questo che Thorr voleva, spingersi fino a poter incontrare ancora la serpe immane che stringe come un anello la terra di mezzo Miðgarðr. Voleva andare fin là per potersi riprendere la rivincita dopo la gran beffa subita durante la sua spedizione presso Útgarða-Loki. Così spinse l'imbarcazione fino al dove che ritenne più opportuno. Infastidendo Hymir. Quando la barca si acquietò, proprio in quel punto e a malavoglia iniziò a pescare il gigante proprietario della barca. Nonostante il malumore e usando un solo e unico amo, Hymir il primigenio tirò su due balene in un colpo solo! Ma ciò non impressionò il dio del tuono. A poppa il dio Thorr, fermo e risoluto, con abile fare preparava la sua lenza. La testa del toro come un'esca appese all'amo, gli aprì la bocca e la gettò con maestria fuori bordo. Nelle acque salate dello sterminato mare sprofondava la testa del nero toro Himinhrjótr. Abile era lui nel tenere la lenza mentre la testa del nero toro Himinhrjótr scendeva negli abissi marini.

Il serpe che giace in fondo all'oceano e che stringe come un anello l'intera terra tutta, abboccò all'esca. Quel serpe è mio figlio! Lo generai con la gigantessa Angrboða in Jötuheimr ed egli fu il secondogenito. Abboccò e ingoiò l'esca quel mio mostruoso figlio, ma subito si accorse di essere stato ingannato. Così l'immane serpe di Miðgarðr oppose tutta la sua potenza. Ma Thorr strinse con vigore la lenza, fissò i piedi come radici di un imponente frassino impalato nel fondo degli oceani e che svetta nell'alto dei cieli, raccolse tutta la sua potenza divina e tirò su il serpe che cinge l'intera terra tutta. Uno spettacolo terrificante! Gli occhi di Thorr che dall'alto fissavano l'immane mostro, lo sguardo di Miðgarðsormr, la serpe che avvolge Miðgarðr, che dal basso sputava veleno verso colui che Odinn considera il salvatore degli uomini e degli dèi. Persino Hymir, l'antico gigante che in barca pesca balene con un solo amo, in preda al terrore sbiancò in volto.

Tirò su con audacia Thorr l'animoso, tirò su il serpe che stilla veleno e che crebbe nei fondali dell'oceano fino a circondare l'intera terra di mezzo. Lo tirò sulla fiancata della barca, afferrò il martello e colpì con il martello l'orrenda testa del fratello del lupo. Il colpo di Mjöllnir fu tremendo, senza pari. Ulularono i lupi nemici delle renne, le rocce scoscese gemettero e tutta l'antica terra ne fu scossa. Tutta l'antica terra! Il serpente mio figlio fu stordito dal furente colpo. E mentre Thorr si preparava a colpire l'orrenda creatura con un secondo e fatale colpo, Hymir mosso da orrore per quella situazione impensabile, proprio mentre Veorr stringeva con vigore il martello raccogliendo e richiamando a sé tutta la potenza divina che già aveva stordito la serpe cingente la terra di mezzo, proprio allora Hymir afferrò un coltello e ancora bianco in volto ma lesto recise la lenza lasciando che il serpe di Miðgarðr, il mostro immane, sprofondasse in fondo all'oceano. Là dove, quando egli era ancora piccolo era stato scaraventato dal dio Alföðr, dopo che gli dèi Asi avevano consultato le profezie nefaste della mia genealogia. Là. Nei fondali oceanici, proprio là dove gli dèi pensavano che avrebbe cessato la sua esistenza. Là invece l'immonda creatura crebbe così a dismisura che quasi arrivò a cingere l'intera terra di Miðgarðr. In quegli stessi abissi marini tornava ora la creatura dopo l'immane colpo di Thorr, solo grazie a Hymir essa si inabissò nei fondali oceanici senza ricevere un secondo colpo. Quella terrificante serpe è mio figlio, il figlio di Loki. Può un padre parlare di come suo figlio sia stato colpito da così tanta violenza? Loki sì!

C'è chi dice che Thorr scagliò contro la serpe il suo martello Mjǫllnir e che colpendola gli staccò di netto la testa che poi è sprofondata nell'abisso marino. C'è chi invece dice che ciò non avvenne giacché il serpe di Miðgarðr privo di sensi era già molto sprofondato nell'abisso quando Thorr era ormai pronto a sferrare il secondo mortale colpo e che quindi la serpe sia ancora viva e giaccia stordita nei fondali oceanici. Io, Loki, padre della serpe, credo che sia ancora viva e che giaccia in fondo all'oceano dove si sta ancora riprendendo dal terribile colpo. Ma ancora viva! Io Loki credo che Miðgarðsormr giace in fondo al mare dove rimarrà fino al momento in cui avverrà il crepuscolo degli dèi. La battaglia finale. A cui egli parteciperà!

Ma per certo nessuno sa. Quel che si sa è che in quel dunque Thorr s'adirò per il gesto di Hymir che aveva impedito di dare il secondo e più funesto colpo alla serpe quand'ella era con la testa fuori dall'acqua. Gli dèi vogliono quella serpe morta. L'avrebbero voluta morta fin dalla sua giovane età e non si sarebbero aspettati che quella che sarebbe dovuta essere la sua tomba sarebbe invece diventata la sua dimora.

Mentre Thorr s'adirò con Hymir, Hymir s'adirò per ciò che aveva visto e che mai avrebbe creduto poter essere. Mai il gigante avrebbe immaginato che proprio lui, e con la sua stessa barca, avrebbe condotto dalla serpe colui che l'avrebbe voluta annientare. Non era immaginabile! Entrambi adirati e di malumore remarono per tornare verso la casa del gigante. Di pessimo umore erano entrambi, ognuno per il motivo opposto dell'altro. Tra i due però era il gigante quello più esasperato che sedeva sulla barca, sulla sua barca. Mentre remava per tornare indietro Hymir non disse una parola. Ma una volta in prossimità della riva egli disse con pessima predisposizione:

"Farai con me metà del lavoro che normalmente faccio per intero. Scegli: o porti le balene nella mia casa che ti ha ospitato oppure porterai a riva e fisserai questa mia *capra che pascola i mari* e che a pesca ci ha condotti!"

Thorr non replicò. Risoluto e duro come di sua indole, sollevò la barca con tutto il suo contenuto e la portò fino alla fattoria del gigante Hymir attraversando la conca del monte scosceso. Ciò però non placò l'astio di Hymir. Ciò non tramutò il rancore di Hymir in benevolenza. Anzi, a riva la sua acredine si accrebbe ancor più con il calcare una terra nota. Il viaggio aveva lasciato di malumore Hymir già di inclinazione solito alla rissa. Così anche se Hymir non poteva negare che Thorr avesse remato con gran vigore, asseriva però che non fosse forte e sulla forza del braccio imbastì un'accesa discussione con il signore del martello Mjǫllnir. Hymir si ostinava a negare la straordinaria forza del dio Thorr. Thorr anch'egli astioso fremeva nel volto e nelle mani, impaziente egli vibrava tutto per dimostrare la sua forza al gigante Hymir che due balene aveva pescato quando lui aveva affondato l'immane mostro di Miðgarðr. Allora Hymir risoluto disse che vi era un solo modo per Thorr di provare la sua potenza e vedere se essa fosse davvero straordinaria: doveva esser capace di ridurre in pezzi il suo calice. Thorr doveva infrangere l'interezza del calice di Hymir. Non passò un battito di ciglia di corvo dalla fine delle parole del gigante che Thorr già stringeva in mano il calice nella sua temibile possanza. Veorr scagliò il calice contro una colonna, ma fu la colonna ad andare in mille pezzi. Seduto era Thorr quando il calice intatto gli riportarono, e da seduto lo scagliò ancora contro diverse colonne. Il calice però rimaneva intatto mentre le colonne si frantumavano una ad una.

Allora la madre di Týr bisbigliando disse all'amico del caro suo figlio un segreto così nascosto che solo lei conosceva:

"Nulla infrangerà il calice del mio sposo, solo il cranio del gigante padrone di questa casa manderà in pezzi il calice dall'ottima tempra. Duro è il calice, ma la testa di un gigante appesantito dal cibo è più dura di ogni bicchiere!"

Così il signore dei capri e sterminatore di giganti, afferrò ancora una volta il calice. Lo strinse con forza, si alzò in piedi, alto e possente, raccolse a sé tutta la sua potenza e infine scagliò il calice contro la testa di Hymir. Il calice rotondo andò in pezzi mentre intatta rimase la testa del padre di Týr. Allora Hymir disse:

"So che ho perduto un grande oggetto di valore ora che vedo il mio calice preferito in frantumi. No, non potrò più dire, mai più, birra eccoti pronta! Voi volete la birra. Voi siete venuti da me per sottrarmi la gran caldaia. È questo che voi volete: il paiolo per mescolare la birra! Per prendermelo dovrete provarmi la vostra forza. Se volete uscire dalla mia corte con il gran paiolo per la birra che io ho e che agli dèi Asi manca, voi dovrete mostrarmi ancora la vostra forza! Voi volete portarvi via il calderone per fare la birra, ma siete in grado di farlo? Voi dovrete provare di riuscire a portarvi dietro appresso il calderone per mescolare la birra! Io vi guardo, vediamo se riuscirete a trarlo con voi! Dimostratemelo!”

Provò Týr il coraggioso, provò a smuovere il paiolo, ma esso rimase impassibile davanti al dio. Riprovò Týr davanti a suo padre. Ritentò l’impresa di sollevare l’immane calderone, ma per la seconda volta esso rimase impassibile al volere del dio monco. Allora provò Thorr. Lo poso di Sif e padre di Modhi, afferrò per il bordo il calderone e il paiolo nulla poté se non seguire il percorso tracciato dal dio del tuono. Thorr s’avviò verso l’atrio, giù dalla sala. Uscì trascinando con sé il paiolo. Una volta fuori dalla dimora di Hymir, il potente dio mise il paiolo sul suo capo. Era questo così grande che i manici tintinnavano ai calcagni di Thorr. E così i due amici si allontanarono dalla casa di Hymir con il calderone.

Ma Hymir ribolliva di rabbia, aveva dato rifugio allo sterminatore di giganti. Suo figlio lo aveva fatto entrare in casa sua, suo figlio era amico dello sterminatore della razza a cui Hymir medesimo apparteneva. Thorr aveva umiliato il suo ospite nel vogare, aveva deciso lui la direzione della sua barca che si dirigeva a pesca; Thorr aveva colpito il gran mostro cingente la terra di Miðgarðr, e lui, Hymir stesso, l'aveva condotto dalla serpe; Thorr aveva frantumato il suo calice preferito e se ne era andato con il suo paiolo per mescere la birra. L'odio montava assieme al furore e con schiere di giganti e esseri terrificanti partì dietro ai due Asi che con il gran calderone si erano allontanati.

Dopo un bel po' di strada Thorr si voltò indietro. Tutto ad un tratto il figlio di Odinn si voltò verso la strada percorsa. Da Oriente il possessore di Mjöllnir vide arrivare Hymir con schiere di giganti e mostri. Nella schiera furente vi erano mostri dalle tante teste e giganti con in pugno la clava. Ad essi si aggiungevano giganti e mostri che dalle loro dimore di pietra uscivano irosi e vogliosi dello scontro. Schiere di giganti in armi e di mostri dalle molte teste erano dietro a Thorr e Týr, tutti furenti ed agguerriti.

Thorr fissò quelle schiere che si facevano avanti minacciose, appoggiò il calderone a terra e afferrò Mjǫllnir desideroso e gioioso di uccidere. Arrivarono i giganti e arrivarono gli esseri dalle molte teste. Il fracassare delle ossa pervase l'aere; crani fracassati, mascelle spezzate, frammenti di ossa che volavano nell'aria. Thorr brandiva il martello! Tutti colpì a morte, non un solo gigante tornò quella sera nella sua dimora. Non in una sola dimora la gioia di una sposa fece da contraltare ai lamenti delle molte vedove.

Una volta che la mattanza fu completata Thorr e Týr ripresero il loro cammino. Senza dire una parola Thorr e Týr giunsero dal gigante contadino Egill che aveva in custodia i due capri addetti a trainare il carro divino del dio del tuono. Da Egill si sedettero i due dèi e si riposarono fino a quando con il sopraggiungere della sera essi sentirono fame. Allora Thorr decise di preparare la cena e così procedette: afferrò i suoi due capri, con un colpo netto li uccise, uccise il primo e uccise il secondo. Poi li scuoiò, scuoiò il primo e scuoiò il secondo. Entrambi i suoi capri erano morti e scuoiati. Poi li mise in una pentola e li cucinò. Quando tutto fu pronto invitò Egill e tutta la sua famiglia a mangiare assieme a lui e Týr. Invitò Egill e tutta la sua famiglia a mangiare i capri che essi avevano per lui custodito. Si sedette Egill alla tavola imbastita da Thorr, si sedettero i suoi figli Þjálfi e Röskova. Il pasto fu abbondante e i capri anche da morti si manifestarono non meno utili che da vivi. Poi Thorr nella dimora di Egill stese per terra le pelli dei due capri e disse a coloro che con lui avevano banchettato di gettare sopra quelle pelli le ossa dei capri rimaste dalla copiosa cena. Tutti eseguirono ciò che Thorr chiedeva, senza domandare essi lo fecero. Si dice però tra gli uomini così come si dice tra gli dèi che Þjálfi prese un osso dalla coscia di un capro e che lo incise per estrarne il prelibato midollo.

Il giorno dopo quando ancora il sole non era sorto e la terra non era ancora inondata dalla sua luce, Thorr si alzò, prese il martello Mjǫllnir e lo fece roteare consacrando le pelli con sopra le ossa. Così avvenne che gli animali ripresero vita. I due capri si alzarono in piedi sollevando le grandi corna, pronti per il viaggio di ritorno verso Ásgarðr.

Partirono quindi Hlorridhi e Týr verso la loro dimora, ma non fecero molta strada che le due divinità furono costrette a fermarsi. Anzi di strada ne fecero ben poca! Già nei pressi della dimora di Egill uno dei capri cadde a terra mezzo tramortito. Quell'animale da tiro si era azzoppato a una delle gambe posteriori. Thorr prima si rabbuiò, poi esplose di collera. Vedere Thorr infuriarsi è scena terribile per tutti, ma io, Loki, ho sempre tratto grande divertimento da quelle visioni. Thorr volse lo sguardo verso la dimora di Egill. L'ira del dio del tuono sembrava essere implacabile mentre minacciava di uccidere tutti i suoi ospiti. E le parole di Thorr non sono mai vane. Sbiancarono gli ospiti e tra tutti Egill, il padrone della casa che aveva ospitato il furente dio del tuono. Non meno attoniti erano Þjálfi e Röskova. Spaventati come cerbiatti in fuga essi erano sotto lo sguardo di Thorr. Thorr afferrò il martello con tanta forza che le sue stesse nocche divennero bianche, allora Egill disse a Thorr che avrebbe esaudito ogni suo desiderio per aver salva la vita sua e dei suoi figli. Sotto lo sguardo terribile di Thorr essi tutti sentirono le sue parole:

"Voglio da oggi in poi, per sempre, come miei servitori i figli di Egill! Voglio Þjálfi e Röskova! Solo così avranno salva la vita e appagheranno il danno da me subito!"

Ed è da allora che Þjálfi e Röskova lo seguono come fedeli servitori. Entrambi i suoi figli Egill perse per l'azzoppamento di un capro di Thorr. Questo si dice. Ma la verità è che io Loki, maestro di inganni, buffone di corte e tessitore di tranelli, io fui la causa dell'azzoppamento del capro e dell'asservimento dei due figli del gigante Egill. Thorr è possente ma non è altrettanto astuto. Non ho mangiato carne di capra, né tantomeno ho guadagnato servitori, sono intervenuto solo per il fatto che mi andava di farlo. Il volere degli dèi muove dalla necessità, io sono un dio ma non mi muove nessuna necessità. Almeno non quella che muove gli dèi e gli uomini. Io, Loki, Signore dell'inganno sono soggetto soltanto alla mia incostanza. È la mia volubilità che mi tiene lontano dalla vostra necessità. Dove voi vedete paradossi io vedo chiarezza e dove voi vedete chiarezza io vedo solo brevi folate di vento. Questa è la sola cosa che merita di sussistere giacché è la sola cosa che sussiste. Il caos cosmico. L'imprevisto dalla necessità. L'esistente imprevisto che rompe una non esistente necessità. Solo gli stolti vedono la necessità, solo gli stolti hanno bisogno della necessità, solo gli stolti sono rassicurati dalla necessità.

È così che Thorr se ne tornò ad Ásgarðr dagli dèi Asi suoi pari: con un capro zoppo, due servi e il tanto agognato calderone per la birra. Al convegno degli dèi, pieno di vigore, egli andò portando con sé il paiolo che era stato di Hymir. Agli dèi suoi amici lo consegnò. Ed essi lo portarono a Ægir. Da quel momento ogni inverno Ægir prepara la birra per i banchetti degli dèi. Innumerevoli banchetti si sono succeduti, ma tra tutti il banchetto più spettacolare fu di certo il primo.

I DADI E GLI SCACCHI

Io sono il Signore dell'inganno. Io sono colui che mente non per ottenere, colui che mente al sol fine di ingannare. Le mie parole sono mutevoli, ma il senso che da esse deriva muta ancor più.

Dovete stare attenti voi esseri umani che cercate di ascoltarmi. Molte cose di quel che vi sto narrando non le capirete, altre crederete di capirle ma non le comprenderete come un dio le comprende. Un uomo conosce una realtà, il dio conosce un'altra realtà. Il lancio di un dado non è solo apparentemente casuale, come gli uomini sostengono, nel mondo degli dèi primordiali esso è davvero casuale. È in questo che risiede il timore profondo degli dèi. È per questa inquietudine che gli dèi hanno combattuto e combattono. È per questa inquietudine che essi hanno eretto il loro cosmo. Il cosmo in cui voi ora siete.

No, gli dèi non giocano a dadi. Sono spaventati dai dadi. Gli dèi Asi preferiscono giocare a scacchi. E ora, nelle lunghe notti invernali, sotto i tetti che proteggono gli esseri umani dal freddo buio, anche gli esseri umani hanno iniziato a giocare a scacchi per meglio somigliare agli dèi. Io agirò prima che ciò avvenga.

Quello che una divinità vuole, è essere sicura riguardo a ciò che accadrà. Tutte. Il loro obiettivo è avere il dominio totale sul loro mondo. Per questo sono destinate a fallire, perché tra loro vive Loki. Loro pensano che è nel creare attraverso un nome ogni singolo aspetto del loro mondo che si renderanno capaci di conoscere quel che accadrà. Questo l'aiuta a plasmare il mondo, ma plasmare non è padroneggiare. Non è la stessa cosa.

Gli dèi giocano a scacchi per cullare l'illusione di dominio totale. Una divinità potrebbe vantarsi di conoscere esattamente ciò che succederà dopo ogni movimento di un pezzo sulla scacchiera. Non fa differenza che sia un'edera, un toro, un fante, un pedone o una torre. Ogni divinità ambisce a conoscere la scacchiera, per questo la crea. Culla la vana illusione che di quello che ha creato, lei saprà tutto. Crea la scacchiera, crea i pezzi che si muoveranno su essa, crea le regole. Eppure il suo dominio è *destinato* a soccombere.

Ogni divinità ritiene che sia solo una questione di sapienza. Ritengono questo. Ritengono che se due divinità dalla grande sapienza giocassero a scacchi l'una contro l'altra, la partita non avrebbe un termine. Ancor prima di iniziare a giocare esse sono convinte che quella partita durerà in eterno. Così come se giocassero due indovini. Non c'è inganno, non c'è astuzia né falsità in questa loro convinzione. Gli dèi sono convinti di conoscere tutto di quegli scacchi, di quei pezzi che sulla scacchiera le divinità medesime muovono secondo le regole del gioco. Ma loro non sanno di quel che sarà. Vogliono porre le loro regole tramite cui tutto ciò che è, agirà. Creano per imporre un ordine sul creato. Bramano affinché quell'ordine da loro creato rimanga immutato. Questa la loro più grande aspirazione. Questa sarà la loro più grande delusione. Una vana illusione.

Nel mondo in cui gli déi erano nati il caos li intimoriva. Timorosi come giovani cerbiatti nell'oscura foresta essi si guardavano attorno. Furtivi come serpi nel nido di un'aquila essi si muovevano. Il movimento primordiale li sospingeva, così essi si scontrarono e così essi lottarono in quel mondo per loro terrificante. Nel lottare con furore essi esorcizzarono le loro paure. Il furore come antidoto al timore. Lottarono selvaggiamente, costruirono incessantemente. Imposero il loro ordine. Crearono in maniera tale che la loro creazione fosse sospinta e si muovesse secondo le loro leggi. Aspiravano ardentemente a che le loro leggi fossero inalterabili. Essi agognavano che la loro necessità fosse la sola via nel mondo da loro creato. Bramavano l'immutabilità della loro necessità. Ma la loro furia nascondeva solo il timore del caos. Del luogo che non era luogo ma che doveva diventare luogo.

Non al gioco dei dadi vollero giocare, non al caos incontrollabile vollero soggiacere. Così crearono un nuovo mondo. Crearono la scacchiera. Crearono i pezzi da gioco plasmando ciò che già era. Su quella scacchiera crearono le loro regole tramite cui tutto ciò che è avrebbe agito. Ma nella loro scacchiera gli uomini da loro creati hanno iniziato anch'essi ad aver terrore del gioco dei dadi, seppur in quel mondo il lancio dei dadi non fosse casuale come lo era nel mondo dove gli dèi erano nati. Ma nel mondo degli uomini, sì! Gli dèi non vedono la casualità del mondo degli uomini, ma gli uomini sì! Gli uomini vedono la casualità del loro mondo! E ne sono terrorizzati. Ancor più degli dèi essi sono terrorizzati dal caos e dalla casualità. Là dove gli dèi provavano timore, gli uomini provano terrore. Anch'essi rifuggono da quel che loro vedono come caos. E anch'essi a ciò cercano di porre rimedio. Essi sono la sovrastruttura nata da una semplificazione che rende ancor più complessa l'intelaiatura della compenetrazione dei mondi. Voi siete ciò, la sovrastruttura nata da una semplificazione che rende ancor più complessa l'intelaiatura della compenetrazione dei mondi. Anche gli esseri umani ora hanno iniziato a giocare a scacchi per meglio somigliare agli dèi e uscire dalla terrifica aleatorietà dell'essere. Ma Loki si annoia.

Gli dèi credono di essere sapienti, ma sono stolti. Non giocano a dadi, eppure gli dèi guardano gli umani da loro creati mentre giocano a dadi. Nel mondo da loro creato pensano di sapere esattamente quello che succederà ai dadi. Così come io mi vanto di distruggere le loro feste e diffondere sofferenza nelle loro vite, parimenti gli Asi si vantano di sapere di ogni lancio il numero che comparirà sul dado. Dovrebbero ringraziarmi, ma se ne guardano bene dal farlo. Per gli dèi i pezzi da loro creati si muoveranno sempre così come sono stati creati, così come sono stati predisposti a muoversi secondo la concatenazione degli eventi da loro fissata. Attraverso un'infinita e *sistemica* concatenazione di eventi che ha il suo inizio là dove e là quando gli dèi la crearono. Così il dado sul nodoso tavolo in frassino del colore bruno come il crepuscolo e pallido come l'ultimo alito spirato, cadrà. Sul tavolo che loro stessi hanno creato, esso cadrà. Però gli dèi non vedono come gli esseri umani da loro creati. Gli dèi non vedono la casualità delle vicende umane, ma gli uomini la vedono!

Gli dèi ritengono che l'ordine da loro creato a costo di immani sforzi sia l'ordine che rimarrà eterno. L'ordine che loro conoscono. Questo ritengono gli dèi Asi. A questo aspirano gli dèi che in Ásgarðr hanno dimora. Nulla gli ha insegnato il gigante Ymir. Ma Ymir ha instillato in loro la voglia di alterare e creare gli eventi con un atto di volontà iniziale che solo a colui che compie quell'atto appartiene. Che solo a loro ritengono debba appartenere. Come foglie di una betulla che germoglia attraverso l'acqua, l'aria e la luce, così essi credono di far germogliare gli eventi nel loro mondo. Soffiando aria, bagnando la terra, illuminando la betulla. Essi si ritengono foglie che da sole si sono recise dal frassino Yggadrasil e che appartengono a nessun albero. Questo ritengono di essere. Sono solo foglie che stanno cadendo. Ormai secche e morenti. Eppure è soltanto la loro morte ciò che realmente appartiene loro. È la loro morte ciò che è realmente loro, il loro atto più puro. Forse in questo voi siete uguali.

Voi esseri umani siete il moto di una foglia che cade dall'albero. Ondeggiate nel vacuo precipizio barcamenandovi qua e là tra l'essere evanescente e l'essere greve. *Razionalizzate* questo precipizio senza fondo e vi appoggiate ai vostri sensi per darvi delle risposte a domande che non sapete porre. A domande che non sapete formulare. Vi create la vostra illusione e per questo mi venite a far visita. Voi questo già lo sapete.

Gli dèi non si considerano legati ad altra realtà che non sia la loro medesima. La maggior parte degli dèi non ha avuto intenzione di attraversare mondi, di viaggiare. Heimdallr ha viaggiato e ha donato l'ordine sociale agli esseri umani; Thorr ha viaggiato e ha combattuto i giganti. Pochi altri di noi hanno viaggiato e nessuno lo ha fatto come Odinn. Solo Odinn ne ha saputo riconoscere l'importanza. A modo suo. Come Kvasir ha viaggiato. Al contrario di Kvasir non ha viaggiato per dare ma ha viaggiato per vedere. Con il suo bordone ha viaggiato come un essere girovago. Da ramingo quale lui è egli si è incamminato, egli ha saltato da un ramo all'altro del frassino.

Gli altri dèi non vedono che il loro bisogno. Fanno germogliare le foglie dei rami solo per i propri esclusivi vantaggi. Non sanno che quelle foglie vivranno anche e ancor più per sé stesse. Non sanno che quelle foglie guardando vedranno un loro mondo, non il mondo degli dèi. Il creato è più grande del creatore.

Gli dèi non si considerano avvinghiati agli altri esseri. Non agli esseri che loro considerano inferiori e che loro stessi hanno creato, non agli esseri da cui discendono e che loro stessi hanno distrutto o sconfitto in battaglia. Come se il gigante Ymir avesse avuto la pretesa di sapere che cosa sarebbe successo o stava succedendo ad ogni parte nata da lui. Come se il gigante Ymir avesse avuto la pretesa o la consapevolezza di cosa sarebbe successo ad ogni sua parte da lui generatasi e che ciò fosse per ogni momento compreso e non compreso. E ciò per il motivo che quella parte apparteneva a lui. Come se egli si fosse vantato con sé stesso di conoscere cosa sarebbe successo ad ogni singolo frammento che da lui prendeva forma e vita; quando forse nemmeno sapeva e nemmeno sa cosa sia un frammento e cosa fosse il conoscere. Quando l'Io non poteva conoscere. Né avrebbe saputo padroneggiare il tempo del verbo. Quando non sapeva nemmeno cosa fosse un dado. No, Ymir non aveva questa pretesa. Né la cercava. Né sapeva tantomeno cosa fosse questa pretesa. Sono gli dèi inquieti nati da lui che hanno ambito a questa conoscenza preordinante, sono loro che hanno questa pretesa. E così gli dèi si vantano di sapere cosa succederà agli uomini quando non sanno nemmeno cosa vedono gli esseri umani mentre giocano a dadi e mentre stanno nel mondo che gli dèi stessi hanno creato. Quando nessuno sa cosa esiste. Vana pretesa quella di controllare ciò che non si conosce e che non si può conoscere.

IL BANCHETTO DI ÆGIR E LE INVETTIVE DI LOKI

Gli dèi sono esseri ammalati. Non sanno di essere i pazienti che soffrono per un male che non ha cura se non l'illusione. Pensano che la loro cura sia l'ordine e questo essi vogliono. Ordine nel caos primordiale. Soffrono perché essi vogliono, ma vivono perché essi vogliono!

La birra. Questo volevano gli dèi e questo Thorr e Týr ottennero per gli dèi Asi e per sé stessi. Nella stanza della festa degli dèi, la birra arrivò con il paiolo che Thorr strappò ad Hymir. Hymir, il gigante rimasto senza birra e senza vita.

Ægir preparò la grande stanza della sua dimora con tutto ciò che gli dèi necessitavano. Nella dimora di Ægir regnava l'abbondanza, Ægir con la grande caldaia preparò la birra per gli dèi. Ora tutto egli aveva per il banchetto degli dèi Asi.

Gli dèi pensano che la voglia di birra nasca da loro, ma sono loro che nascono dalla loro stessa voglia. Io, Loki, non conosco come il più saggio conosce. In un caso o nell'altro ciò non è importante, niente è importante. Ymir era solo ed ora siamo in tanti. Pezzetti di Ymir che si sbranano a vicenda per nutrirsi della stessa materia di cui è fatto sia chi sbrana sia chi viene sbranato. È il movimento che rompe la solitudine dell'essere. E il folle sarei io? Loki?

Ad ogni modo il banchetto era predisposto, tutto aveva Ægir per l'appagamento degli dèi. E tutti gli dèi Asi si recarono da Ægir. Arrivò Odinn che tutto il presente conosce. Arrivò la sua sposa Frigg madre di Baldr; arrivò Bragi, il figlio di Odinn, che con la sua lingua incisa da rune aveva istruito nell'arte della poesia proprio il padrone di casa, il gigante Ægir. Arrivò la sposa di Bragi, la dea Iðunn che custodisce le mele della eterna giovinezza. Arrivò anche l'antico ostaggio degli dèi Vani, colui che è stato accolto tra gli Asi con il nome di Njörðr e che governa il vento, il mare e il fuoco. Njörðr colui che voi uomini invocate prima dei vostri timidi passi verso la pancia del mare. Non venne da solo il dio originato tra i Vani, con lui c'era anche la sua sposa, la gigantessa Skaði che ad Ásgarðr venne per vendicare l'uccisione del padre e che invece vi trovò marito. Vi erano altre due divinità dei Vani che ora si fanno annoverare nel numero degli Asi: esse sono la progenie di Njörðr. Si tratta di due suoi figli, un maschio e una femmina. Il fratello Freyr, sposo della figlia di Ægir che la birra sa preparare, e la sorella Freyja colei che insegnò la magia dei Vani agli Asi. Poi c'era Týr colui che aveva preso parte all'impresa di recuperare il grande paiolo. Týr il monco, colui che ebbe coraggio e che sacrificò una mano per la salvezza degli dèi. Mio figlio, il lupo Fenrir, amputò la sua mano quando ormai l'avevano già legato. Farsi legare dagli dèi deve essere un vizio di famiglia. Così come l'attesa del proprio riscatto, il grande evento finale che tutto distruggerà e che a tutto darà inizio.

Al gran banchetto di Ægir c'era poi Víðarr, figlio di Odinn, così come Sif, la moglie di Thorr. Non c'era Thorr, unico grande assente tra gli Asi, impegnato a percorrere i sentieri delle regioni orientali, là nel grande Oriente. Ma c'erano tutti gli altri dèi Asi e in gran numero c'erano anche gli Elfi. C'erano anche Byggvir e Beyla, i servitori di Freyr. E tra tutti c'era anche colui che gli altri dèi non avrebbero voluto che ci fosse. C'ero io, Loki, il seminatore di scompiglio.

Nella casa del gigante Ægir tutto sembrava prodigioso (magnifico, meraviglioso). Non c'era bisogno del fuoco tanta era la luce emessa dallo splendore di così tanto oro. La birra era invitante a tal punto che si porgeva da sé. Solerti e dotati di gran cura erano i servitori del gigante che in quella casa e in quel banchetto servivano gli dèi Asi. Fimafengr ed Eldir erano i nomi dei solerti servitori di Ægir. Una pace solenne regnava in quel luogo e in quel tempo. Ma io, con la coppa di birra in mano guardavo tutto come infastidito. Mi infastidiva tanta perfezione e tanta pace. E mi infastidivano ancor più i commenti delle divinità che esaltavano tutto ciò che avevano intorno. Esaltavano il luogo, esaltavano il sapore della birra, esaltavano la solerzia e l'abilità dei servitori. Quei sottomessi servi che accondiscendevano ogni richiesta di queste agiate divinità. Gli dèi Asi erano appagati, essi stavano comodi e tranquilli nella dimora di Ægir. Bevevano e si complimentavano l'uno con l'altro. Ogni complimento, ogni sorriso che tra loro si scambiavano produceva in me solo fastidio. Ma in fondo il mio era solo un fastidio lontano. Non nuovo, non insolito. Uno di quei fastidi a cui ci si può fare anche l'abitudine. E nel calore del luogo, nello splendore dell'oro, nell'intenso aroma della birra, cominciai a sentire un tepore primaverile anche sotto l'ombra delle travi della dimora di Ægir il gigante. Quella calura e tutta quella quiete intorno mi stavano come assopendo.

Tutto ad un tratto però cominciò a soffiare un venticello leggero, una brezza marina fresca come l'aria delle grandi montagne. Chissà, se non ci fosse stata questa brezza Fimafengr sarebbe ancora vivo. Quella brezza mi svegliò quasi ad un tratto e quando aprii gli occhi con tutti i miei sensi allerti vidi lo sguardo soddisfatto del servitore di Ægir. Vidi lo sguardo compiaciuto e compiacente di Fimafengr mentre gli dèi si complimentavano con lui del modo con cui serviva. Si complimentavano della bellezza e della pace di quella casa sotto la gestione sua e di Eldir. Ero riuscito a vedere quello sguardo servilmente devoto solo per un momento, mentre Fimafengr si girava porgendo birra ad un convitato. Lo vidi solo di sfuggita. Forse proprio per questo mi sembrò che quel servo avesse il viso contrassegnato dalla bellezza e dalla dignità di un elfo. Ma tutto era quiete, e quella quiete unita allo sguardo di quel servitore mi faceva sentire strano. Così volli rivedere quello sguardo e volli frantumare quella quiete al solo scopo di osservare se Fimafengr sarebbe rimasto impassibile all'imprevisto che io porto con me. Versai allora la birra sul pavimento, nella casa di Ægir che accoglieva il banchetto degli dèi. Proprio davanti a me io versai la birra a terra. Il servitore di Ægir non poté fare a meno che venire al mio cospetto. Avevo ancora la coppa in mano, ma con il fondo rivolto verso l'alto e la birra cosparsa ai miei piedi quando Fimafengr mi si avvicinò. Pensai che nonostante la quiete sia a me fastidiosa, avrei preferito mille volte rivedere quello sguardo dignitoso del servitore piuttosto che frantumare la quiete di quel luogo. Pensate! Che blasfemia! Io che avrei preferito vedere qualcosa piuttosto che frantumare la quiete. La quiete che come l'ordine si contrappone al caos ed è a me così fastidiosa. Avevo solo intenzione di rivedere lo sguardo dignitoso del servitore così come lo avevo visto poco prima, non di ucciderlo. Ma sulla strada verso il caos questo non era possibile.

Qualcuno nella sala sussurrò: "Cosa vorrà fare Loki il pazzo?" E a quelle parole, di fronte a quella birra ai miei piedi, il servitore Fimafengr con il viso improvvisamente bianco mi guardò fisso. Era diventato come una statua fatta di ghiaccio. Quel suo sguardo dignitoso di fronte ai complimenti che gli dèi Asi riversavano ad un servitore, era ora diventato uno sguardo impietrito di fronte a qualcosa che poteva terrorizzarlo. Questo era un servo perfetto. Non aveva la dignità di un elfo, non aveva il portamento fiero di un nano; la sua era solo la dignità di un servo e come un servo che ogni dio avrebbe voluto si comportava. E allora mi venne una invidia, un odio feroce per Ægir che aveva un così perfetto servo in una così perfetta dimora mentre teneva un così perfetto banchetto per gli dèi. Volevo fargli un affronto di cui si fosse vergognato in mezzo a tutti quei commensali che lodavano lui, la sua dimora e i suoi servi. Avrei voluto legare Ægir ad un albero mentre come il padrone di casa della sua dimora avrei continuato a far banchettare gli dèi a mio piacimento. Proprio là nella sua abitazione. Senza il suo consenso. Il consenso di un gigante legato al frassino Yggdrasill che guardava me, il dio Loki, comportarsi a suo piacimento nella sua bella dimora e con i suoi servizievoli servi. Volevo umiliarlo in casa sua di fronte a tutti quegli dèi e ed elfi che lo stavano lodando a ragione. Questa idea che prima non mi era passata per la testa, in quel momento mi colpì come un fulmine scagliato dal cielo. Come uno scombussolamento proveniente dalle proprie viscere. E avevo di fronte a me quel suo servo così lodato da tutti. Era là, impietrito. Quel suo servo che dietro una facciata di dignità era pervaso in realtà da timore così come un vero e proprio servo deve essere. La sua vista mi suscitò un odio indicibile. Scatenò in me la voglia irrefrenabile di abbatterlo, di abbattere quel servizievole e solerte servo. Così lo colpii in maniera violenta a tal punto che cadde a terra tramortito. Morto. Colui che pochi attimi prima tante lodi aveva ricevuto, un attimo dopo stava là morto stecchito. La sua testa tramortita passò dall'alto delle udibili lodi al basso del pavimento sporco della birra da me versata e che così piacevole agli dèi essa era. Questo avvenne a colui che tale birra porgeva con solerzia. Firmafengr era a terra, immobile. Inerme come aveva sempre vissuto e come aveva sempre dovuto vivere. Che visione favolosa!

Ma gli dèi dell'ordine non ebbero la mia stessa visione. Dopo una breve esitazione, la sorpresa si mutò in rabbia. Gli dèi Asi scossero gli scudi. Inveirono contro di me. Tutti! Mentre io provavo uno strano piacere nel vedere quel servitore a terra, morto. Mi iniziavano a inebriare un poco quelle grida che si alzavano contro di me. Inveirono gli dèi, alte erano le proteste e con la loro voce mi bandirono dal banchetto. Mi cacciarono fuori dalla dimora di Ægir senza che nemmeno sentii la collera o l'approvazione del gigante padrone di casa. Gli dèi Asi che erano nella casa di Ægir avevano apprezzato ed esaltato tutto di quella dimora, del suo padrone e dei suoi servi. Eppure ora che decisione in quella casa andava presa, nessuno di loro consultò il tanto lodato artefice della birra che gli dèi medesimi apprezzavano. Nessuno di loro consultò l'altro servo rimasto ancora in vita, il lodato ma posto in disparte Eldir. Gli dèi Asi presero decisione nella casa che non era loro, senza curarsi del parere del signore di quella dimora. Con le loro parole prima mi spinsero fuori dalla abitazione del gigante, poi mi spinsero nel mezzo della boscaglia che fuori dalla casa di Ægir ondeggiava sotto lo spirar del vento.

E poi cosa fecero i grandi e indignati dèi? Quante parole spesero per commemorare il servizievole servo ucciso? Nessuna. Essi tornarono a bere birra nel confortevole tepore della dimora di Ægir.Una lucente indifferenza che rivaleggiava solo con lo splendore dell'oro della casa del gigante. Ecco quanto valevi Fimafengr per coloro che da vivo tanto ti lodavano. Hai avuto più pensieri veri da me in quei pochi attimi prima che ti uccidessi che per l'intero banchetto nonostante tutte le parole a te rivolte dagli dèi che soggiornano in Ásgarðr. Ma un pensiero vero non è più importante di mille parole false.

Una volta ritrovatomi nella boscaglia però mi sentii insoddisfatto. Inappagato. Così volli ritornare al banchetto. Non era l'interesse di sapere quel che ora facessero gli dèi e gli elfi, non era l'interesse di rivedere il servo morto e quello vivo, né tantomeno il desiderio di riassaggiare la birra di Ægir, era solo la voglia di ritornare che mi spingeva. Un venticello leggero dentro la dimora mi aveva scosso e preparato allo scompiglio, il vento impetuoso di tempesta fuori dalla dimora mi sospingeva ora alla porta della casa di Ægir. Il vento che là fuori scuoteva le cime dei tanti abeti e dei rari olmi, quel vento mi voleva dentro la corte del gigante Ægir, tra le grandi divinità pacatamente intente a sorseggiare birra.

Ritornai indietro. Arrivai all'ingresso della casa di Ægir. Là vidi Eldir fuori dalla dimora, fuori dal gran portone che portava nella grande sala del banchetto. Proprio sulla soglia di casa stava l'altro lodato e pedissequo servo. Era pensieroso Eldir. Forse egli stava pensando che la sua solerzia fosse più utile fuori dalla dimora che dentro nel luogo del banchetto. Forse la morte del suo compagno Fimafengr aveva stemperato i complimenti degli dèi anche nei suoi confronti. Forse meditava sul fatto che in fin dei conti la morte è sempre una colpa individuale che macchia anche un solerte servizio. Non so per certo cosa stesse pensando in quel frangente e nemmeno me ne curai. Erano cose che interessavano a quel servo, non a me. Io avevo un solo interesse che mi muoveva: l'agire. Così davanti al portone che Eldir dall'esterno presidiava, con tali parole io gli parlai:

"Dimmi zelante servitore, compagno di Fimafengr che ho poc'anzi ucciso preso da rabbia. Dimmi tu che avresti potuto essere al posto di Fimafengr e che solo per non essermi stato vicino non sei nel mondo degli inferi a spingere verso l'alto le margherite. Dimmi di questo che andrò chedendoti o solerte servitore. Il baccano è indistinto fuori dalla porta di Ægir. Indistinte sono le voci di coloro che parlano all'interno. Di' un po' Eldir, dimmi senza procedere un passo oltre nella mia direzione e senza procedere un passo oltre nella direzione dell'interno della dimora che tu servi con tanto zelo, di che cosa là dentro discorrono gli dèi vittoriosi tra la luce della birra e lo splendore del mobilio? Forse commemorano Fimafengr ricordando le gesta o la solerzia nel servire? Dimmi Eldir, dimmi di cosa discutono gli dèi nella casa in cui tu servi e nella casa in cui è stato appena ucciso il servo tuo amico."

Eldir cupo rispose:

"Seduti parlano delle loro armi. Chi parla di lance, chi di spade, chi di archi, chi di asce ed altro ancora. Parlano di guerre lontane e di scontri recenti. Gli dèi vittoriosi parlano di come sono pronti a combattere.

Ognuno loda qualche dote di sé e con altre parole loda qualcun'altro degli altri dèi. Cosicché le lodi girano per tutta la sala e a turno toccano ciascuno dei convitati. Ma nessuno né tra gli Asi né tra gli elfi ha detto una sola lode accostata al tuo nome. A dire il vero nessun dio o elfo ha pronunciato una sola parola in tuo favore."

Ciò avrebbe dovuto disincentivarmi dal mio proposito di rivedere in quell'ora di banchetto la magnifica sala di Ægir? Ciò avrebbe dovuto allontanarmi dal mio proposito di far mio quel banchetto di divinità bellicose e vittoriose? Ebbi invece tutto più chiaro sul da farsi. Nulla di nuovo, nulla di insolito; solo molto più chiaro. Un'improvvisa chiarezza mi si pose innanzi. Io, il Signore dell'inganno che ambisco al caos, che ambisco alla cecità assoluta, mi inebriai della limpida visione. Che giornata insolita essa fu. Qual meraviglia. Mi fu inebriante quel momento di sfuggevole e passeggera percezione della realtà. Quel momento contingente. E così inebriato parlai al servo Eldir. Gli parlai chiaramente e limpidamente come mi imponeva l'istantanea visione che mi si era fatta innanzi in quel momento. Dissi al servo Eldir, compagno di colui che avevo appena ucciso:

"Entriamo dunque nella casa che tu servi, entriamo nelle corti di Ægir e guardiamoci questo banchetto di divinità vittoriose. È morto un prode servo poc'anzi, un servo che tutti lodavano ma che ora nessuno loda. Lodano sé stessi e lodano i loro vicini di banchetto. È occasione propizia. Lasciamo entrare astio, lasciamo entrare liti e godiamoci l'evento. Che io possa portare agli dèi Asi lo scompiglio, che io possa essere il solco su cui astio e liti possano scorrere copiose. Che possa aiutare il gigante che mescola il nettare e crea la birra, che possa mescere anch'io il malessere nella birra con cui si abbeverano gli dèi. Che possa seminare discordia e mescolare il malanimo nel loro idromele."

Eldir da bravo servo cercò di dissuadermi. Però non c'era nessuno a lodarlo sull'uscio della magnifica porta, forse è per questo che ciò mi diede meno fastidio. Per questo è ancora in vita. Eldir il servo del gigante al servizio degli dèi Asi, così mi parlò senza nominare il mio nome:

"Sappi che se tu entri nella dimora di Ægir e che se nella sala del grande banchetto vorrai andare a sedere e bere birra, sappi che se tu quando sarai colà verserai insinuazioni e oltraggi sugli dèi inclini al bene, allora sappi che su te medesimo quegli dèi di vittoria asciugheranno quegli oltraggi e quelle parole sconsiderate."

Non distinguo tra un dio e un servo, così come non distinguo tra una regina e una meretrice; ma so discernere l'insolenza dal rispetto. Il contesto cambia la predisposizione a tali atteggiamenti. Così risposi all'insolente servo Eldir che rimase vivo rispetto all'ossequioso e riverente servo Fimafengr:

"E tu sappi, Eldir, che se è proprio necessario scambiarci parole sferzanti, diverrò ricco di loquela e annullerò il tuo stupido parlare al cospetto di colui che non puoi fronteggiare. Ma in verità non sei tu quello che vorrei seminare con i miei intenti che per gli dèi sono malvagi. In questo grande evento ho già spezzato un servo, ciò mi ha accontentato e con altri vorrei confrontarmi. Ciononostante se non vuoi entrare con me al banchetto degli dèi e assecondarmi in ciò che farò, ti lascio la scelta: puoi spostarti e farmi passare o finire esanime e senza più un nome per il tuo corpo che farà da piedistallo al mio ritorno trionfante nella casa di Ægir che accoglie il convivio degli dèi di Ásgarðr."

Sbiancò il solerte Eldir e si spostò di lato senza aggiungere altre inutili parole. E io, Loki, il signore della discordia, entrai nella corte. Entrai nella sala gremita e vociante come un'onda di silenzio attraversa l'oceano lasciando dietro di sé solo altro silenzio. Man mano che i presenti al banchetto videro chi stava entrando, essi ammutolirono tutti. Non si parlava più di armi e di battaglie, ora tra gli dèi Asi scendeva dappertutto il silenzio. Un silenzio carico di attesa.

Quel silenzio, quell'ammutolirsi degli dèi al mio passaggio già mi inebriava ben più della birra che Fimafengr e Eldir avevano fino ad allora portato ai convitati. E con la luce negli occhi così mi rivolsi a quella silenziosa assemblea divina.

"Ero là fuori, ma ho avuto sete ed ora con la gola secca vengo in questa corte. Io, Loki, da voi conosciuto anche come Loptr, io che sono l'aria che serve alla vita per prosperare, io che cammino nell'acqua così come nell'aria, io dopo una lunga marcia vengo a questa corte gremita da dèi vittoriosi e splendenti per chiedere proprio a voi Asi un sacro sorso di nettare. Così come si conviene dare ad un viandante che assetato arriva alla porta di una pregevole dimora dove si tiene un degno banchetto. Ma perché ve ne state così in silenzio? Eppure da fuori non era il silenzio ciò che si udiva provenire da questa adunata di Asi. Forse siete tanto tronfi da non poter più parlare? Siete troppo gonfi di birra o troppo pieni di superbia? La birra rende loquaci fino a far cadere ogni parola, così come la superbia. Continuate a banchettare in questo splendido banchetto e non badate ad un solo singolo vostro pari. Sceglietemi un posto affinché possa sedere al vostro banchetto. Lasciate che il qua presente viandante, stanco ed assetato, possa riposare ed abbeverarsi. Ma se questo non è costume degli Asi e l'agire in tal maniera è per voi ormai reputato contrario alle vostre usanze, allora mettetemi pure alla porta voi divinità che tante cose potete."

Rido e mi esalto ancora per quell'evidente e chiara insolenza camuffata da umiltà. Che meravigliosa arrogante entrata in scena. Chi poteva prendere la parola tra tutte quelle divinità se non colui che aveva istruito nell'arte poetica il padrone di casa Ægir? Parlò Bragi dalla lunga e folta barba, mentre Ægir ancora una volta se ne stava in silenzio a mescere la birra. Parlò dunque Bragi, il dio della poesia che solo Odinn può superare in maestria. Bragi guerriero eccelso. Lui tra tutti prese la parola rompendo il silenzio inverecondo. Lui che forse è tra tutti il più intelligente tra gli Asi andava di certo offeso per primo.

"Gli Asi non sceglieranno mai per te un posto dove tu possa sedere e godere del tepore del loro banchetto, perché gli Asi sanno a chi fra tutti debba toccare il sorso incantato.”

Ma Bragi è il figlio di Odinn, il rispetto al padre è sempre sinonimo di saggezza. Così ad Odinn suo padre mi rivolsi come ad un fratello di armi; io che come Odinn sa bene, sono una fiamma primordiale che giace accanto a lui. E d’altronde per colui che ha un occhio solo e che non può essere ingannato, ma che non può nemmeno godere del piacere, per colui che ha bevuto il prezioso liquido che scaturisce dalla fonte del gigante Mímir, per colui che sa ciò che sarà, rifiutarmi qualcosa è molto più che difficile. Come fa colui che incarna la molteplicità dell’essere e che partecipa contemporaneamente ad ogni manifestazione della vita negare ad una sua assetata rivelazione primordiale il diritto di bere? Io non conosco il futuro. Loki non vuole conoscere il futuro, ma conosce l’inganno. E così parlai cercando tra gli Asi proprio Odinn, il padre di Bragi.

“Ricordati Odinn che noi due al principio dei tempi mischiammo il nostro sangue. Eravamo soli e parlavamo l’uno con l’altro Odinn, ricordi cosa dicevi? Dicevi che birra non avresti mai consumato se insieme a me non l’avresti presa.”

Odinn con il suo unico occhio guardò me, poi guardò Vidharr il suo figlio più forte dopo Thorr, il figlio avuto con la gigantessa Gríðr. Poi guardò di nuovo me:

"Alzati dunque Vidharr, figlio mio, e fai sedere al nostro banchetto il padre del lupo Fenrir. Ma tu Loki nella corte di Ægir non rivolgerti a noi con ingiurie."

Con un sorriso beffardo e spontaneo mi avvicinai al posto tenuto poc'anzi dal dio Vidharr, mentre il dio silenzioso si alzò per lasciarmi sedere là dove il suo vitale calore aveva precedentemente scaldato la sacra panca. Lo fece senza dir nulla, come da abitudine per un dio silenzioso. Una volta alzatosi Vidharr mescé da bere per me, e mi porse la coppa con la birra. Ma prima di bere avevo una gran sete di parlare, così affogai quella voglia. Con queste parole:

"Con questa coppa, datami da voi con tanta benevolenza io voglio proporre un brindisi. Salute agli Asi! Salute alle Asinne! Salute a tutti voi divinità eccelse! Salute a tutti, tranne uno. Tranne quella divinità che siede laggiù in fondo su quella panca. Ora faccio un brindisi alle divinità eccelse, per te Bragi proporrò un brindisi successivamente.

Perché anche per voi divinità di secondo piano è giusto che si brindi.”

Bragi il poeta fu colto in una fessura del suo io. Il poeta e il guerriero vanno di pari braccio e l’uno vuole sempre il riconoscimento dell’altro, altrimenti ad entrambe le manifestazioni dello stesso essere manca qualcosa. Ma Bragi dall'intelligenza eccelsa così mi rispose cercando di riportare la quiete là dove la quiete sembrava ancora possibile:

“Tra i miei averi sceglierò per te un cavallo e una spada, poi Bragi ti darà anche un bracciale; ma tu ora che sei tra gli Asi proprio agli Asi non mostrare livore. Lascia l’astio fuori dalla porta della dimora di Ægir e in questa corte contro di te non provocare la collera degli dèi.”

Come si fa a essere più stolti di colui che pretende proprio questo da chi ambisce al caos? Dimmi Bragi: dov'era rifuggita la tua eccelsa intelligenza sotto l'incalzare del timore? Con le loro suppliche avevo già il dominio dell’assemblea, e così dissi:

“Mi prometti di darmi un destriero tra i tuoi destrieri e un bracciale tra i tuoi bracciali quando di questi e di quelli tu ne sei e ne sarai sempre povero. Come povero Bragi tu sei di coraggio durante la battaglia. Tu ricerchi destrieri e bracciali come ricerchi il coraggio durante la mischia furiosa. Non promettere cose che non hai e che non troverai. Degli Asi e degli elfi che sono qua dentro a bere birra in questo divino banchetto, sei tu il più circospetto in battaglia. Sei tu il più cauto, ma la tua cautela è mista a paura. Tutti gli Asi sanno che non solo sei il più timoroso durante lo scontro ma che sei tu il più pavido nel lancio delle frecce. Se solo tu potessi scagliare utili frecce in battaglia come scagli inutili parole ai banchetti, i tuoi compagni d'armi, gli Asi vincitori, avrebbero maggiore stima di te."

Bragi che l'orgoglio rende debole disse:

"Io so che se ora da fuori venissi al cospetto della corte di Ægir, la tua testa porterei nella mia mano come offerta agli Asi e come dono ad Ægir per il riparo del suo tetto. Sarebbe il minimo dovuto per le tue menzogne."

Così replicai con atteggiamento irriverente:

"Abile sei quando siedi. Ma non devi far così, Bragi, piccolo fronzolo da panca. Non parlar troppo, non usare quelle inutili parole da valorosi dei banchetti e da pavidi degli scontri. Battiti, se l'ira ti accende. Un valoroso non ci penserebbe due volte."

Mentre in Bragi il calore divampava intervenne Iðunn, sua moglie, con propositi di pace:

"Ti prego, Bragi, pensa ai tuoi figli di sangue e a quelli adottivi, e contro Loki non rivolgere ingiurie qua nella corte di Ægir."

Dissi, io, Loki, a Iðunn moglie di Bragi:

"Sta zitta, tu, Iðunn! Donna di poco conto! Dico che fra tutte, tu sei la più vogliosa di uomini. Fra le tue braccia, ben lavate, hai stretto calorosamente l'uccisore di tuo fratello! La lussuria ti divora. Parli lusinghiera della corte di Ægir perché brami di aprire le cosce al grande gigante proprietario della dimora. Così come le hai aperte a tanti altri. La fessura del tuo ventre non hai resistito a offrire nemmeno a colui che ha ucciso il figlio di tua madre e di tuo padre."

Disse Iðunn con ardore:

"Io non ho offeso Loki, non ho parole di ingiurie nei suoi confronti come può testimoniare la grande sala di Ægir. Io acquieto gli esseri eccitati dalla birra. Mio marito furente io calmo perché non voglio che presi d'ira veniate con le armi allo scontro. Dove soccomberesti come un giullare inopportuno."

Intervenne Gefjun con un atteggiamento umano per eccellenza ben più che divino per nascita:

"Perché voi due che siete entrambi Asi dovete venire qua dentro nella dimora di Ægir a scambiarvi aspre parole? Ognuno sa che Loptr, il dio Loki, è un burlone e che tra tutti predilige scherzare con gli dèi Asi suoi pari."

Dissi io, Loki:

"Sta' zitta, Gefjon! C'è bisogno che racconti come intrattenesti Gylfi che tanto fu soddisfatto da ricompensarti con tanta terra quanta quattro buoi avrebbero potuto arare in un giorno e in una notte? Debbo ricordare all'assemblea qua raccolta di come pensando a quella ricompensa già ben prima avesti avuto quattro figli da un gigante? Debbo ricordare quei quattro figli che poi trasformasti nei quattro buoi tanto utili a riscuotere il prezzo del soddisfacimento di Gylfi? Il prezzo del lavoro della tua calda fodera? Tra te e una meretrici l'unica differenza è solo il prezzo! Ma non sempre costi sì cara. Ora racconterò di come ti sedusse quel giovane biondo mortale, con un solo piccolo gioiello ti sedusse, ed in cambio di un così piccolo gioiello tu vogliosa con le cosce lo avvinghiasti."

Quella era ora una festa! Quello un banchetto! Il dubbio scorreva con la birra e il caos serpeggiava. Ma il dio che sacrificò un occhio per una conoscenza chiara, il dio che più di tutti vuole ordine nel mondo e che gli altri dèi guardano con riverenza e ossequio, aprì bocca. Così Odinn rivolse a me le sue parole:

"Sei davvero pazzo Loki. La tua mente è malata se su di te attiri l'ira di Gefjon. Come puoi tu volerti attirare l'ira di Gefjon? L'ira di colei che quasi quanto me conosce bene le sorti di tutti gli esseri che sono."

L'ira stava divampando nella corte di Ægir dove nessuno si curava di Ægir. Divampava e infiammava tutto come solo il grande fuoco del sud avrebbe incenerito quella grande e bella dimora. Il caos stava bussando alla porta, la discordia si era mischiata alla birra e diffusa nella sala del banchetto. Così risposi ad Odinn, il dio più saggio e mutevole tra tutti quanti, il dio che viene pregato come il più giusto, il dio che sceglie la vittoria tra i guerrieri valorosi:

"Sta' zitto Odinn, perché anche tu Odinn sei potente nell'inganno e come me dovresti essere messo alla porta dalle altre divinità. Tu che come i Vani sei esperto nell'arte magica, che sei mutevole nel tuo essere e che come un viandante ti sposti da un luogo ad un altro. Ti trasformi sfilandoti dalla comprensione di chi ti guarda ma che tu illudi. Voi tutti Asi siete illusi da colui che chiamate Odinn e che chiamate anche Óski, ovvero colui che appaga i desideri. Come si fa ad appagare i desideri se non con l'inganno? Dio vittorioso che elargisci la vittoria in dono ai tuoi devoti con giusta misura. Così tra gli uomini si dice che tu sei. Tra gli uomini a cui imponi la tua venerazione. Ma voi tutti sapete, Asi, che diverso è stato spesso il volere di Odinn. Tu decidi chi vince le battaglie tra gli uomini ma tra tutte le divinità, dopo Bragi, sei quello che meno sa chi è il più valoroso e che meno conosce chi è il più meritevole di vittoria. Confondi la viltà con il valore e il coraggio. Spesso hai concesso vittoria a uomini vili solo perché a te si sono inginocchiati."

Disse Odinn il conoscitore di futuro, furente come colui che non conosce il futuro:

"Tu osi parlare di fronte a me su come si misura il valore di un uomo? Proprio tu sai se ho concesso a uomini vili la vittoria? Proprio tu sapresti distinguere tra uomini vili e uomini valorosi e distribuire tra loro la vittoria seguendo quel tal giudizio? Proprio tu che otto inverni passasti sotto terra come una vacca da mungere e che come una femmina proprio là hai generato dei figli? E penso che da invertiti sia questo!"

Apoteosi di ira e discordia, quel banchetto era ormai diventato il mio tripudio. Se vuoi incendiare qualcosa, prima lascia incendiare te stesso giacché dal fuoco si attacca il fuoco. Se non ardi il fuoco non si attaccherà al tronco dell'albero accanto. Mi lasciai perdere nelle verità nascoste. Come seminatore di discordia avevo seminato, come fuoco adesso dovevo ardere. Così di fronte agli Asi riuniti disse l'infuocato Loki al capo degli dèi:

"Nella notte dei tempi dissero di te che avevi fatto incantesimi in Samsey e che agghindato come le veggenti sul tamburo magico battevi le tue effeminate mani. In veste di maga hai viaggiato tra i popoli, viandante tu eri, ma come una donna! E penso che da invertiti sia questo!"

Intervenne rapida Frigg, sagge per una divinità furono le sue parole:

"I vostri fatti mai dovreste narrare in presenza degli uomini! Quel che voi due Asi compiste al principio dei tempi stia alla larga dalle antiche storie degli uomini!"

Frigg fu saggia, perché tanto aveva da nascondere. Non dagli uomini ma da suo marito Odinn, che tutto sa ma che non tutto vuol sentirsi dire. Così io, Loki, gli rivolsi la parola:

"Sta' zitta Frigg! Tu sei l'ultima a dire agli dèi di cosa raccontare o fare agli uomini, tu che di uomini sei sempre stata vogliosa! Hai più sete di uomini tu, che sete di birra le divinità qua presenti. Come quando tu, donna di Vidhrir, hai accolto nelle tue braccia e scaldato con la tua vagina i tuoi cognati Vé e Vili quando tuo marito Odinn era bandito lontano dalla sua dimora!"

Disse Frigg infuocata, colei che è la sposa di Odinn:

"Sai tu Loki che se qua dentro nelle corti di Ægir io avessi il mio figlio adorato Baldr, tu essere malefico non sfuggiresti ai figli degli Asi ma da essi verresti sfidato e messo a tacere!"

Fiamma da fiamma divampa, finché tutto è arso. Fuoco s'accende da fuoco. Non potevo tacere ne stare zitto. Io, la fiamma da cui tutto parte. Il lupo accovacciato difficilmente azzanna una coscia di cinghiale così come l'uomo che dorme difficilmente afferra la vittoria. Io ero in quel dunque ben desto.

"Tu vuoi proprio Frigg che io tiri fuori altre parole che nel fuoriuscire predicano sventura! Quindi questo io ti dico, io ti dico quale sarà il mio più grande vanto. Io ti dico di cosa sarò la causa: tu non potrai vedere Baldr tornare a cavallo verso le sale della tua dimora! Tu lo cercherai laddove i vivi non vogliono andare!"

A queste parole il furore degli Asi salì ai rami più alti di Ygadrissil, salì alto nel cielo. Anche gli ultimi indugi furono rotti e le bassezze sgorgarono dalle nostre bocche con la furia della tempesta e con l'amarezza delle donne che accolgono i corpi dei loro uomini caduti in battaglia. Con tale moto e con tale predisposizione parlò Freya:

"Sei davvero pazzo Loki a raccontare le tue odiose e malvagie intenzioni. Frigg credo che già conosca i destini di molti tra gli Asi e gli elfi, anche se lei stessa non ne parla. Ciò che avverrà sarà accettato per quel che sarà, ma attento Loki perché ciò che vorremmo fare nelle intenzioni è una brocca d'acqua che cambia forma assai spesso e di certo delle proprie intenzioni nessuno di noi dovrebbe esser bramoso di parlare. Noi che siamo dèi e non uomini. E tra tutti tu che di tali future gesta dovresti tacere, qua nella sala di Ægir te ne fai vanto. Come un bambino che reclama stoltamente la sua attenzione."

116

Dissi:

"Sta' zitta Freya! Io ti conosco in tutto e per tutto. Conosco ogni dove tu sei passata! Credi forse di essere l'unica divinità pura perché appartenente alla stirpe dei Vani sebbene nata tra gli Asi? No, non lo sei! Non parlare per abbindolarci con la tua arte magica, perché di altro c'è bisogno che si conosca e che ci si ricordi. Non delle intenzioni future ma degli atti passati. Lontano dagli occhi di tuo padre hai concesso tutto a ogni divinità e ad elfo che lussurioso ti ha guardato. Fra Asi ed elfi che sono qua dentro uno per uno li hai portati a giacere con te. Uno per uno hanno goduto del letto da te scaldato!"

Disse Freya:

"Falsa è la tua lingua! Credo che ancora una volta niente di buono sia in serbo per te. Dalle tue falsità, dal tuo essere malvagio, cosa hai mai ottenuto in cambio? Contro di te gli Asi come le Asinne sono accesi d'ira; pervaso di malumore farai ritorno alla tua dimora."

Dissi gagliardo:

"Osi ancora parlare tu, Freya! Tu sei una maga che non merita nemmeno di sedere qua tra gli Asi! Tu sei una maga intrisa di molta sventura. Ora sei tu che

vuoi parlare di quel che sarà per tacere di quel che è
già stato, ma lo sanno tutti questo che io ora dirò!
Quando libidinosa a letto con tuo fratello gli dèi ti
colsero, allora tu, Freya, scoreggiasti! Perché dunque
ora vuoi parlare oltre? Scoreggia come è tuo solito
nei momenti di ardore!"

Intervenne Njörðr, padre di Freya, discendente della
stirpe dei Vani che da ostaggio fu accolto tra gli Asi
e che proprio tra loro crebbe di importanza. Ma
anche tra gli Asi egli mantenne le usanze dei Vani.
Anche nel suo nuovo luogo mantenne le usanze dei
Vani ritenute luride dagli Asi. Tra gli Asi le usanze
altrui le si possono sopportare, ma non condividere o
accettare. Men che meno quelle dei Vani. Così disse
Njörðr il capostipite della famiglia dei Vani che
crebbe tra gli Asi:

"Non mi sembra gran cosa se le donne si scelgono
un uomo, un amante o ambedue le cose. Accusi con
pretesa di scandalo le Asinne che si scelgono un
uomo, un amante; accusi le Asinne di scegliersi
colui o coloro con cui esse vogliono giacere. Che le
tue parole siano vere o meno, in ogni caso, non mi
sembra che in ciò ci sia gran scandalo. Ci deve
essere stupore in ciò? Ci deve essere stupore per tali
eventi? Io dirò ora cosa stupisce: stupisce che uno
dio invertito, uno degli Asi invertito, entri qua

118

dentro nella casa di colui che prepara la birra per gli dèi, durante un grande banchetto divino! Questo è ciò che stupisce. Un dio degli Asi che è addirittura giunto a partorire figli tanto era invertito. Un dio degli Asi che ha partorito figli!"

Facile colpire un padre che non sia primordiale sul proprio figlio, facile colpire una divinità che proviene da un altro luogo, facile farlo quando tutto divampa tra la discordia. Nel mio regno tutti pagano pegno.

"Sta' zitto tu, Njörðr! Ti accolgono gli Asi tra gli Asi, ma non sei un Ase e tutti lo sanno. Sei stato dall'Oriente mandato agli dèi come ostaggio. Un ostaggio buttato via come sterco da una stalla. Nella notte dei tempi le figlie del gigante Hymir ti tennero come un vaso da notte e a loro bisogno ti pisciarono in bocca! Non sei stato capace di tenerti in moglie la figlia del gigante Þjazi abitatore di montagna. La dea Skaði non sei riuscito a tenere come moglie e non per la nostalgia del mare, ma perché troppo grande in te era la paura degli ululati dei lupi. Tu divinità vile e timorosa. Dio inutile e sacrificabile come ostaggio, orinatoio delle figlie dei giganti! Tu inutile ostaggio, tu inutile oggetto su cui le figlie dei giganti hanno fatto quello che volevano, tu parli di scandali e di ciò che dovrebbe essere scandaloso o meno?"

Disse Njörðr:

"Io ti dico cosa mi è di conforto in una terra lontana senza vedere i volti degli dèi che vidi da piccolo: mio figlio! Venni dall'Oriente lontano come ostaggio mandato dagli dèi ad altri dèi, e qua nella mia nuova dimora ebbi un figlio, Freyr, mai odiato da nessuno degli Asi, ma anzi ritenuto un riparo per gli dèi Asi."

Dissi:

"Basta, Njörðr! In cosa consiste il tuo vanto? Da chi avesti quel figlio dopo che la dea Skaði ti lasciò per un più nobile matrimonio? Dopo che la dea Skaði ti lasciò per qualcun'altro che al contrario tuo non teme l'ululare dei lupi? Tu hai avuto questo figlio dall'incestuosa unione con la tua stessa sorella. A tanto arriva l'ignoranza dei Vani a cui gli Asi non hanno potuto porre rimedio. Incesto nella casa degli dèi! Hai sposato la tua stessa sorella e vieni a vantarti del frutto di tale rapporto incestuoso?"

Nella bolgia divina prese la parola Týr:

"Freyr è il migliore tra tutti gli abili cavalieri che dormono nelle case degli dèi, ciò non lo dice la sua provenienza ma lo dicono le sue gesta. Freyr il giusto e il misericordioso. Non muove al pianto la fanciulla, non importuna la donna sposata e libera chiunque dalle sue catene. Chi mai potrà negare tutto questo?”

Per me il solo vedere Týr era già motivo di vanto, così dissi:

“Sta’ zitto, Týr! Non voglio perder tempo e parole con te, già tanta è stata la soddisfazione di quando mio figlio, il lupo Fenrir, ti strappò la mano destra!”

Týr:

“Io ho perso una mano, ma tu hai perso tuo figlio Fenrir. È penoso per entrambi il ricordare entrambe le sventure. Né tanto meno è ora contento il lupo Fenrir che incatenato e privato della libertà e dei piaceri che essa comporta deve attendere l’estremo giudizio invece di andare libero a caccia.”

Loki:

“Sta’ zitto Týr! Giacché non solo la mancanza di una mano devi a me e alla mia progenie. Non è quello stato l’unico affronto che hai subito! Altro c’è da rammentarti. Bene sai cosa accadde alla tua donna, che presa da me proprio da me ebbe un figlio. E tu misero, non hai mai avuto né un braccio di stoffa né un solo soldo per l’affronto subito!”

Disse Freyr:

"Vedo il lupo, tuo figlio Fenrir, accovacciato come un cane mansueto davanti alla foce del fiume, e là rimarrà fino a quando gli dèi non cadranno alla fine dei tempi e del mondo. Se non taci fra poco anche tu sarai in catene nel luogo buio e più solo, tu che sei l'artefice di disgrazie."

Minacciare me, Loki detto Loptr, che nulla ha da perdere ma solo da guadagnare da ogni sventura che possa accadere. Che cosa da stolti. Freyr, il vanto di suo padre in terra straniera, il riparo degli dèi, è soltanto un grande stolto. Così replicai alle sue minacce che nessun effetto sortirono in me:

"Per avere la figlia di Gymir, la tua amata Gerðr, hai dovuto in cambio dare oro. Ma ciò non bastava. Affinché ella venisse a te, hai dovuto anche cedere la tua spada a colui che in tuo favore doveva parlarle. Pur di ottenere che Skínir la corteggiasse per te e che le sue parole mielose ti avvolgessero in nuove e più gagliarde sembianze, hai dovuto cedere la tua spada magica. La tua vista non era sufficiente a darle un motivo per venire da te, né era sufficiente l'oro che tu gli avevi dato. Come uno stolto hai dato via la tua spada in cambio di una nuova sembianza agli occhi di Gerðr, una nuova sembianza che solo

Skínir poteva creare per te. E ora, tu che ti vanti di essere il riparo degli dèi, ora dimmi, tu che Skírnir sotto pagamento della tua spada ti ha definito condottiero degli dèi: con cosa combatterai quando gli dèi saranno minacciati? Questo io ti dico: quando i figli di Muspell cavalcheranno per Myrkvidhr tu nemmeno saprai, misero come sei, con cosa combattere."

Il fido servitore di Freyr intervenne nel divampare di collera del padrone, e così parlò in difesa del suo signore:

"Sappi che se io appartenessi alla stirpe di Freyr e avessi al pari suo una sede così splendente e abbondante in tutto, io ti strapperei il midollo dalle ossa per poi pestarlo e usarlo come uno straccio da serva. Ti ridurrei in briciole portatore di parole ingiuriose e di fatti sventurati."

Nemmeno conoscevo questo servo che piccato per le offese rivolte al suo padrone la parola mi stava rivolgendo con tanto ardore. Servo ben più basso di Fimafengr e di Eldir, per questo non sapeva nemmeno temere chi avrebbe dovuto temere. I suoi paragoni e le sue minacce si rifacevano ai soli strumenti di un servo di infimo valore qual era. E

così a questa bassa figura mi rivolsi con queste
parole:

"Chi è questo essere dappoco che ora agita la coda e
che cerca di afferrare un po' di cibo avanzato dalla
mensa degli Asi? Chi è questo infimo servo, questo
servo di così poco valore che solo di scrocco può
sopravvivere? Alle orecchie di Freyr starai sempre
attaccato, alle sue labbra ti attaccherai, pulirai il suo
giaciglio e dormirai per terra. Pigolerai e
piagnucolerai come un piccolo animaletto alla mola
del tuo signore. La macina del mulino spesso
durante il tuo inutile piagnucolare si bloccherà a
causa della tua scarsa spinta e allora dovrai macinare
il grano con più rudimentali arnesi, se qualcuno avrà
la pazienza di insegnarlo ad uno stolto come te.
Torna a pigolare sotto la macina, servo scroccone e
stolto. E quando il tuo signore sarà stanco di un
leccapiedi di così scarso valore, io ti darò una
minuscolo moneta di ferro così come si fa con
coloro che vecchi e senza dimora si aggirano in
cerca di un qualche piccolo conforto."

Così seppi il suo nome, sebbene poco mi importava.
Ma nell'offendere qualcuno chiamandolo per nome
sta la soddisfazione. Con il nome ogni offesa diviene
più grande e ogni essere che non è capace di portarlo

diviene più piccolo. Lui si chiamava Byggvir, come seppi da queste parole:

"Byggvir mi chiamo, e veloce nel fare e nell'apprendere dicono di me gli dèi tutti così come lo dicono gli uomini. Qui sono fiero di occuparmi della birra degli dèi, di essere tra gli dèi e i figli di Odinn che bevono tutti la stessa birra."

Povera piccola nullità:

"Sta' zitto, Byggvir! Della tua eccelsa stupidità fai vergognare tutti gli Asi che ora ti odono per quello stolto che sei e che ora si vergognano di vederti tra loro. Sei un servo piccolo e stolto che non ha nemmeno mai saputo reperire il cibo tra gli uomini, né tanto meno gli uomini meno coraggiosi poterono trovarti tra la paglia delle loro case mentre gli uomini prodi combattevano fuori. Torna a pigolare come un pulcino tra i pulcini e lascia che gli Asi parlino con gli Asi."

Ora intervenne il guardiano del cielo, colui che scruta al di là del recinto sacro, il guardiano degli dèi, Heimdallr:

"Sei ebbro Loki, smetti di bere. Smetti di colmare il tuo poco buon senso con la birra. Il bere smodato conduce ognuno a non sapere più quello che ciancia. E tu non lo hai nemmeno mai saputo."

Come era lontano dal vero quel dio che potrebbe schiudere la porta all'indeterminato e al caos. Mentre invece ha come unico suo fine il servire gli dèi e il loro ordine. Da lui! Da lui che dal cui viaggio sulla terra ebbero origine tutte le stirpi degli uomini che voi siete, da lui ben altro che il pedissequo ossequio agli dèi ci si sarebbe aspettati. Con lui anch'io parlai stizzito, con colui che vorrei come mio alleato e che invece è tra i miei più acerrimi nemici.

"Sta' zitto, Heimdallr! Tu che hai vista acuta e udito fino e che siedi al limite del cielo per scrutare al di là, sai bene che la tua intelligenza non è altrettanto acuta. Altrimenti un compito così gravoso non avresti mai preso. Tu che sei il guardiano dei cicli e che vegli sulla loro corretta successione. Sta' zitto giacché soltanto uno stolto può pensare di fare ciò che tu fai. Tu che vegli al sol fine di impedire alle forze del male di irrompere nel mondo degli dèi e degli uomini ritardando l'inevitabile. Tu che al principio dei tempi avesti predisposto un vivere ordinato e determinato, un vivere del tutto odioso! Tu avrai sempre un sonno inappagato e una schiena molle mentre svolgi il tuo ridicolo ruolo di guardiano degli dèi! Nove madri, le figlie di Ægir ti hanno dovuto far nascere, giacché la stupidità di una non era sufficiente a partorire colui che avrebbe svolto il gravoso compito di guardiano degli dèi. Di quegli dèi che hanno chiamato Heimdallr nella dimora di suo nonno, nella casa natale delle sue madri, qui lo hanno chiamato come ospite degli Asi che lui protegge. Nella sua casa materna viene come ospite di estranei. A quelle stesse mura che ti hanno vistito nascere e crescere tu ti rechi su invito di chi nemmeno le vide da lontano. Così molle tu sei da permettere ciò. E in cambio tu dai protezione a coloro che impongono birra nelle sale di Ægir. Un mondo determinato tu vuoi e per questo attento all'ordine dei cicli tu sei, ma l'unica cosa determinata che esiste nel mondo è la tua colossale stupidità. La stupidità di colui che fa da guardiano alla sua stessa prigione. L'utile idiota degli dèi Asi."

Qual è il dubbio più grande se non il dubbio sull'ordine costruito dagli dèi? Il dubbio se l'ordine degli dèi è ciò che davvero gli esseri cercano. Cosa più di questo può creare scompiglio nel novero di coloro che sono? E così intervenne anche Skaði, diretta e minacciosa come colei che sa di essere indifendibile. Con queste parole si rivolse a me colei dalla quale precedentemente salvai gli dèi Asi:

"In quest'ora sei di buono umore Loki. Nel mezzo del caos tu sei a tuo agio tra lo scompiglio e la discordia che semini. Felice conduci quel che rimane di questo banchetto divino. Ricorda il piacere che in questa dimora hai avuto grazie alle tue parole, perché non a lungo godrai di questo tuo felice momento e non a lungo potrai ancora giocare con la tua libertà. Su un picco roccioso sarai legato dagli dèi, con le budella di fuori rimarrai legato e la brina ti farà visita."

Per Skaði proferii parole bellissime e di una bassezza smisurata:

"Sappi che quando legato ad un picco roccioso sarò con le budella di fuori, tu ricorderai sempre quello che ancora non sai e che ora io ti dico: io fui il primo ed io fui l'ultimo a dare la morte a tuo padre Þiazi. Ricorda Skaði che con il volere delle divinità che qua con te siedono e bevono birra, io assieme a loro uccisi tuo padre. Io, Loki, ero tra loro, tra gli dèi Asi, quando mettemmo le mani su Þiazi tuo padre per dargli la morte. Io fui il primo e io fui l'ultimo quando mettemmo le mani su Þiazi per dar la morte a tuo padre."

Skaði, glaciale come una montagna di ghiaccio mi pronunciò gelide e meravigliose parole che ancora serbo in ricordo:

"Sappi tu, Loki, che se primo ed ultimo tu fosti a dar morte quando metteste le mani su Þiazi, che dalle mie sacre dimore e dal mio sacro suolo sempre verranno a te freddi pensieri."

Il piacere della sorpresa degli altri mi sormontava, così con altre sprezzanti parole incendiai ancora quella montagna di ghiaccio:

"Più gentile nel parlare eri con Loki, quando mi invitasti nel tuo letto, diletta Skaði moglie di Bragi. È bene dirle certe cose se dobbiamo raccontare del tutto le nostre vergogne."

Tanto astio mi incanta ed ha una motivazione in più. Dove c'è astio e sorge rancore, forti sono i legami che gli eventi hanno intessuto. Da una parte e dall'altra. Di Skaði e di una sua parte di storia vi voglio far partecipi. Con più chiarezza conoscerete il modo e il mondo degli dèi. E meglio conoscerete come io fui partecipe di tutte quelle sue disgrazie da poco ricordatele.

Skaði è figlia del gigante Þiazi, ma ora Þiazi non esiste più. Non esiste più dalla notte dei tempi. Il gigante Þiazi voleva rapire la dea Iðunn e le sue mele. Le mele dell'eterna giovinezza possiede Iðunn, esse producono il vanto degli dèi Asi che risiedono in Ásgarðr. E Þiazi voleva togliere le mele sacre agli dèi per portarle tra i giganti abitatori di montagne. Un tale evento avrebbe gettato scompiglio nel cosmo e rotto l'ordine voluto dagli dèi. Ciò mi ingolosiva, per questo di nascosto decisi di aiutare il gigante nella sua impresa. Il caos è da me bramato.

Un giorno l'occasione fu propizia, così convinsi Iðunn a uscire da Ásgarðr. La convinsi con la scusa di mostrarle delle mele belle e preziose quanto quelle che lei custodiva e da cui dipendeva l'eterna giovinezza degli dèi. Ma là fuori non c'erano delle mele ad attenderla, c'era Þiazi il gigante primitivo. Per questo aiuto al caos chiesi in cambio solo che mi si cuocesse mezzo bue. Non ho molte pretese agli occhi degli dèi, così come non ho molte pretese agli occhi dei giganti. Þiazi rapì Iðunn, la moglie di Bragi, e la portò nel luogo detto Þrymheimr. Ciò avvenne sotto la mia vista.

Gli dèi preoccupati dalla scomparsa di Iðunn iniziarono a invecchiare. Prima i loro capelli si fecero grigi e poi la loro pelle divenne increspata come il mare in burrasca, come una foresta che si scuote sotto le spire di vento e tempesta. La vista mi piaceva, la vista di un mondo fisso che mutava mi aggradava. Ma gli dèi spaventati si riunirono e ricordarono che l'ultima volta che videro Iðunn in Ásgarðr ella stava uscendo dal recinto proprio con me, Loki. Così mi minacciarono di tortura e morte; mi minacciarono a tal punto che il terrore si impossessò di me al pari della curiosità. Terrorizzato e incuriosito dalle circostanze piansi come un bambino e implorai pietà, ma in me chiedevo solo di vedere e di muovere quegli arcani eventi. Allora promisi sotto le minacce e sotto un divertito spavento di andarla a cercare. Freya mi prestò il suo travestimento da falco e con esso, sotto le spoglie di falco, andai a nord. Quando giunsi a Þrymheimr trovai Iðunn sola in casa perché þiazi dall'alto della sua montagna era sceso in mare. Trasformai Iðunn in noce, la presi tra i miei artigli e volai velocemente ad Ásgarðr. Quando il gigante tornò nella sua dimora non vedendo Iðunn si trasformò in una possente aquila e dietro di me venne all'inseguimento. Le sue ali battenti facevano risuonare l'aria fino ad Ásgarðr. Gli dèi aspettarono con impazienza che io atterrassi e gli restituissi Iðunn con le sue mele dell'eterna giovinezza. Poi al confine del recinto di Ásgarðr appiccarono un fuoco che avvolse l'aquila gigante che mi stava inseguendo. L'indomito Þiazi non si arrestò, proseguì fino a quando le sue ali non furono totalmente bruciate e cadde in Ásgarðr. Là io e tutti gli dèi ci buttammo sul gigante e lo facemmo a pezzi. Uccidendolo.

Qua entra nella nostra storia sua figlia Skaði. A tutti i costi ella voleva vendicare il padre che le mele per lei e la sua stirpe aveva voluto rubare agli dèi Asi. Nella sua dimora in Þrymheimr Skaði si armò bellicosa e venne ad Ásgarðr per vendicare il diretto progenitore. Tremenda e terribile si presentò alle porte di Ásgarðr. Ma gli dèi scesero a trattare con la figlia del gigante, e questo si convenne al posto della vendetta: le fu concesso di scegliere il suo sposo tra loro stessi, tra gli dèi Asi. Inoltre per cancellare la tristezza della perdita del padre uno di loro l'avrebbe dovuta far ridere. Cosa che Skaði reputava impossibile. Così Skaði si scelse uno sposo fra gli dèi. La scelta però doveva avvenire a strane condizioni per la figlia di Þiazi. Lei che nella natura caotica e nell'asprezza delle alte montagne era solita vedere tutto chiaramente anche se senza comprensione, doveva ora scegliere il suo marito basandosi sulla sola vista dei piedi delle divinità. Tra tutti ella bramava Baldr, e ritenendo che solo a lui potevano appartenere i piedi da lei reputati più belli scelse invece chi con sua sorpresa era l'ostaggio che i Vani avevano mandato agli Asi, Njörðr. Così per gli dèi fu ancora più difficile riuscire a farla ridere, quando al lutto si aggiunse la delusione.

Gli dèi tentarono invano prima di venire ad implorare proprio me, Loki. Implorarono quindi colui che a quegli eventi aveva dato inizio. Allora andai al cospetto della figlia del gigante della montagna che chiedeva vendetta. La guardai. Presi una capra e una fune. Legai l'estremità della fune alla barba che sporgeva dal mento della capra e l'altro estremo della fune lo legai al mio stesso scroto. Skaði non rideva ancora per quella posa ridicola di un dio. Ma in lei avevo già fatto breccia la possibilità, bastava solo giocare. Così io tirai un po' da una parte mentre la capretta tirava un po' dall'altra, ed entrambi gridammo. Chi per lo stringere dei testicoli chi per il tirare della barba. Lei stava cedendo alle risa. Era venuta ad Ásgarðr in armi per vendicarsi dell'uccisione del padre e si trovava ora di fronte ad una corda tesa attaccata da una parte allo scroto del dio primordiale Loki e dall'altra alla barba di una capra. Lo scroto è poi già cosa di per sé stessa interessante per la figlia di un gigante. Infine caddi ai suoi piedi stringendomi la sacca scrotale per i doloranti testicoli. Ella scoppiò a ridere. Che stupida sgualdrina ridere di queste facezie. Sapevo che la vista del mio scroto gli sarebbe rimasta in mente così come il divertimento che gli avevo procurato, a tempo debito mi avrebbe accompagnato sul suo letto quando occasione sarebbe stata propizia. Di questo fatto ne approfittai tempo dopo che il matrimonio con Njörðr si frantumò. Come poteva durare il matrimonio tra la figlia di un gigante che adora le montagne e un dio che non si vuole spostare dal suo mare? Ella poi sposò quello stolto di Bragi e io poco tempo dopo le entrai nel ventre perché già sapevo che oltre il piacere ne avrei avuto anche la possibilità dell'oltraggio. Che stupida sgualdrina colei che sposa un dio degli Asi al posto di ucciderlo per vendicarne il padre suo.

Sfruttai quell'evento là al banchetto degli dèi, per rinfacciare a Skaði le sue debolezze e per risvegliar dissidio tra marito e moglie laddove dissidio era sopito. Per ritornare a smorzare quella discordia così da me ben seminata, si fece avanti Sif, la moglie del dio Thorr che colà non era presente. Ella con gentilezza mi versò del nettare nella mia coppa, e così mi disse:

"Salute a te Loki, accetta con buona predisposizione il nettare che sto versando nel tuo calice, e lascia che almeno una tra i figli degli Asi resti immacolata.

Non inveire con colei che ti versa da bere e che è la sposa del dio Thorr con cui tante avventure condividesti."

Riempì il mio corno, tanto che fu colmo. Bevvi. E poi parlai alla stupida baldracca:

"Certo che saresti rimasta immacolata, se solo fossi rimasta cauta e ponderata con gli uomini. Ma uno ne conosco che ha fatto sì che anche Hlorridhi, Thorr dal martello tuonante, fosse stato tradito. Se solo Thorr di tuonante avesse avuto altro oltre al martello forse ciò non sarebbe successo. Invece con qualcun altro hai dovuto sollazzarti. E questo qualcuno era proprio Loki, il maestro degli inganni."

Soddisfatto e con gli occhi fiammeggianti mi apprestavo a dare un'altra sorsata al nettare che Sif mi aveva versato nel corno che stringevo in mano, quando un'altra serva dappoco aprì bocca per annunciare un nuovo arrivo:

"Odi ciò che sta avvenendo? Ogni montagna sta tremando. Credo proprio che Hlorridhi, il possente Thorr, si sia messo in cammino per venire qua nella corte di Ægir. Ora vediamo quanto ti andrà di parlare al cospetto del dio con il martello. Egli ridurrà al silenzio chi in questo luogo vomita calunnie sugli dèi e sugli uomini che odono."

La becera donna che aveva parlato era la sguattera Beyla, moglie di quell'essere dappoco di Byggvir. Con tali parole mi rivolsi a lei:

"Sta' zitta, Beyla! Tu moglie dell'inutile e debole Byggvir, tu che sei intrisa di sventura. Un'infamia più grande non può avere un figlio degli Asi se non avere te come serva e sguattera. Solo lo sterco delle stalle che devi pulire ti si addice. Sei una bifolca sporca di merda."

Subito dopo quelle parole un soffio di vento impetuoso annunciò qualcosa di grande alla porta della dimora di Ægir. Come una scoreggia dovuta al troppo mangiare, aprì sbattendo la porta proprio il dio tuonante Thorr. Hlorridhi guardò in giro con occhi infuocati dall'eco delle parole portategli dal vento. Nella folla con lo sguardo mi cercò e quando mi ebbe trovato queste parole mi rivolse:

"Sta' zitta immonda creatura o il mio martello possente, Mjollnir, ti mozzerà la parola! Quella tua vetta che si erge dalle tue spalle e che proferisce parole così sconsiderate io ti stacco dal collo e la tua vita verrà ad un termine."

Thorr non ricerca l'ordine, Thorr è la distruzione nelle mani di chi vuole ordine. Con lui le minacce assumono ben altri colori, ma io infierii ancora:

"È giunto il figlio prediletto dalla Terra e da suo padre Odinn, il mio vecchio compagno. Ora che qua sei giunto, dimmi Thorr: perché te la prendi? Per cosa te la prendi? Non sarai altrettanto gagliardo quando dovrai combattere con il lupo che intero divorerà tuo padre Odinn. Colui che è detto padre di vittoria e che però non lo è."

Disse Thorr:

"Sta' zitta immonda creatura! Oppure il mio martello possente, Mjollnir, ti mozzerà la parola! Io ti scaglio in alto verso i cammini d'Oriente, e nessuno più ti rivedrà."

Dissi ancora rivolto al furente Thorr:

"Tu viaggi molto in Oriente, tuttavia dei tuoi viaggi non vuoi mai far parola con nessuno. Eppure a volte io ti accompagnai nelle tue imprese. Tu, Thorr, poni il tuo martello Mjollnir come vanto di invincibilità; tra gli Asi girano sempre le tue storie di dio vittorioso. Ma ricordi per caso il gigante Skrýmir? In che comoda dimora te ne stavi quel giorno tutto accoccolato a dormire. Come un vezzeggiato eroe tu dormivi in quella che consideravi essere una bella dimora. Avresti voluto dormire colà se non fosse stato per quel rumore incessante che svegliava te, i tuoi servi e me, Loki. Perché io come ben ricordi ero con te ad accompagnarti verso le terre di Útgarðr, ricordi? Non si trattava di dimora, quella confortevole casa dove tu dormivi, ma si trattava del guanto del gigante Skrýmir. E quel fragoroso rumore era il suo russare. Egli per un lungo tragitto ci accompagnò nel nostro cammino prima di augurarci buon viaggio nel proseguire. E tu di notte, ogni volta che il gigante si addormentava, con il tuo martello provavi a fracassargli il cranio per rubargli le sue magnifiche provviste, e lui, il gigante Skrýmir, ogni volta si svegliava chiedendoti se una foglia per caso gli era caduta in testa mentre dormiva."

La vergogna non azzittì Thorr, nemmeno lo scalfì. Incurante di tutto egli è, come un gigante egli si comporta. Eppure sta dalla parte degli dèi Asi. Furente con il martello in mano mi disse:

"Sta' zitta immonda creatura! O il mio martello possente, Mjollnir, ti mozzerà la parola! Con la destra ti colpisco con il martello che uccise il possente gigante Hrungnir, e ti fracasso le ossa!"

Ma io replicai ancora:

"Perché vuoi usare il tuo martello con me quando con Skrýmir dormiente fallì ripetutamente. Le sue provviste non presi con la forza e lui ti salutò tranquillo con l'augurio di un buon viaggio. Era così dura la cinghia che cingeva la bisaccia del gigante? O forse le vesti da Freya che pur hai dovuto vestire come un invertito per recuperare il tuo martello sottrattoti dal gigante Thrynr ti avevano rammollito perché un'altra via poco eroica avevi scoperto? Anche in quel viaggio ti accompagnai e se ben ricordi non fu per la tua forza che ora stringi di nuovo il martello Mjollnir. Ma non ringraziarmi ora, io ho sempre aiutato coloro che son deboli nelle imprese."

Quel viaggio è stato uno dei più divertenti che il mio essere abbia assaporato e di cui si è cibato. Voi uomini forse non lo sapete ma Thorr come uno sciocco si fece rubare il suo possente martello. Il gigante Thrynr glielo rubò mentre il prode Thorr dormiva tranquillo. Come riscatto per il possente martello Mjollnir, il gigante Thrynir chiese per sé la dea Freya. Ma ella mai e poi mai volle concedersi al gigante abitatore di montagne. Così Thorr partì verso la dimora del gigante, vestito e agghindato come la dea Freya. Fu proprio Freya a concedere le vesti per il travestimento di Thorr, ed io vestito da sua ancella lo accompagnai. Chi se non il dio dell'inganno avrebbero potuto mandare gli dèi ad accompagnare Thorr che doveva ingannare Thrynir per recuperare il martello? Il gigante era convinto di celebrare le nozze con Freya. Che goduria per la mia vista. Nella terra dei giganti più volte Thorr fu sul punto di essere scoperto, e più volte io con astuzia ingannai Thrynr riguardo alla reale figura che si celava sotto quelle vesti da donna. Nonostante le perplessità che Thrynr manifestava durante il banchetto nuziale, il gigante venne ingannato. Il merito fu soltanto mio. Il gigante Thrynr fu ingannato per merito mio che così divenni il paladino dell'ordine divino. Senza di me Thorr mai avrebbe recuperato il suo martello tanto favorevole all'ordine imposto dagli dèi Asi. Mi diverte essere il paladino dell'ordine divino in un giorno e la fessura da cui il caos penetra dall'altro.

Questa storia andrebbe narrata ad ogni banchetto in cui ci si voglia divertire. Il possente Thorr travestito da dea che va in sposa ad un gigante che gli rivolge parole dolci e d'amore. Esilarante. Un gigante che ribolliva di passione ardente per Thorr vestito da donna. E io che schernivo e deviavo i dubbi suoi e quelli provenienti dagli altri giganti presenti a quel banchetto nuziale. Questo sì che è racconto degno di un banchetto festoso. Come quello nella dimora di Ægir in cui mi stavo tanto divertendo. Ma Thorr è un guastafeste. In quell'occasione con queste parole troncò il mio dire che sotto il suo sguardo era arrivato ad un termine:

"Sta' zitta immonda creatura! O il mio martello possente Mjollnir ti mozzerà la parola! Il mio martello uccisore di Hrugnir ti condurrà all'inferno oltre il cancello del mondo dei morti."

Davanti alle minacce del dio che brandisce il martello preferii ritirarmi. Thorr non è dio da vana minaccia. Lui è capace davvero di dar battaglia da solo. Lui che è al servizio dell'ordine divino è allo stesso tempo così degno del caos. Agisce di istinto e il martello batte dove l'ira lo porta. Anche lui è parte di me anche se fino alla fine di ogni cosa per suo padre e per gli altri Asi combatterà. Di fronte a lui me ne scappai dalla casa di Ægir. Ma prima di andarmene di corsa da quel convivio, ebbi modo di pronunciare un ultimo breve discorso:

"Davanti agli Asi ho detto, davanti ai figli degli Asi ho detto. Ho detto quel che avevo di ispirazione. E ciò che è di ispirazione è ciò che va detto se il mondo e gli eventi non lo possono contraddire. Tutti hanno protestato, molti hanno minacciato ma solo davanti a te me ne devo andare perché so che tu non minacci invano e solo tu puoi darmi battaglia senza pensare alle regole e al contegno. Ma prima di

andarmene voglio rivolgere le mie ultime parole a te
Ægir, al solo che tra tutti che parlavano è rimasto in
silenzio. Tu te ne sei stato in silenzio. Proprio tu che
sei nella tua dimora e che sei l'unico a non essere
ospite. Ho ribrezzo per quello che hai. Prepari la
birra, inviti gli Asi a banchettare nella tua corte,
mesci per loro la birra e non proferisci parola. Ho
ribrezzo per quello che fai. Tu mai più preparerai
una festa come era l'inizio di quella che quest'oggi
qua avveniva. Nella tua dimora si dileggiavano gli
Asi, dai tuoi servi erano serviti mentre tu per loro
mescevi la birra. D'ora in poi qua nessuna festa sarà
completamente gradita. Sempre queste mura
serberanno il ricordo di quel che è stato, l'eco delle
mie parole. Da questo luogo staranno lontano gli dèi
Asi giacché troppe ingiurie e troppe vergogne queste
pareti ricorderanno loro. Il mio augurio è che su ogni
tuo avere, su ogni tua trave di questa dimora possa
danzare la fiamma fino a ridurre tutto in cenere. Che
la fiamma danzi fino a poter giocare sulla tua
schiena di inutile gigante."

L'aver rovinato quella festa è uno dei miei vanti più
belli. Forse si tratta della mia seconda impresa più
splendente ed appagante. L'aver offeso tutte quelle
divinità colà riunite, l'averle offese tutte insieme
mentre tranquille se ne stavano banchettando.

Grande orgoglio me ne viene. Il mio primo vanto però fu di gran lunga ben altro che il proferir parole o l'uccidere un servo solerte.

Di certo però nella dimora di Ægir fui colto da un furore e da una esaltazione nel rovinare quella mirabile festa che ancora in questo momento essa è per me una fonte di piacere e non solo un bel ricordo passato. Dissi tutto ciò che dissi con gran soddisfazione. E dopo che tutto era stato detto, sotto l'incalzare degli dèi guidati da Thorr, io, Loki, me ne scappai veloce. Nelle cascate di Franangr mi rifugiai. Qua mi riparai sotto le sembianze di un salmone. In forma di salmone mi nascondevo nelle cascate di Franangr. Più volte gli dèi provarono a prendermi, gli scivolai tra le mani come un pesce sfugge al pescatore che lo vuol catturare a mani nude.

I FIGLI DI LOKI

Nelle cascate di Franangr ho vissuto a lungo, mi sarei potuto anche definire felice. A posteriori non si può mai dire quando si è stati felici, ma nel momento presente sì. Io sono un dio e posso parlare in maniera propria dei momenti che voi esseri umani definite passati. Non come voi uomini schiavi di un presente che non comprendete mentre sentite la necessità di conoscere il vostro passato. Tutto ciò è bello. Tutto ciò che non conoscete vi suscita meraviglia. Io non sono un essere umano, io sono un dio che conosce di quello che sono e di quello che ero. Io mi sentivo felice. Mi sentivo così felice che quasi me ne vergognavo. Io che vergogna non concepisco. Sguazzare come un salmone, scivolare nell'acqua con le proprie pinne, farsi inondare di ossigeno tramite le proprie branchie, immergersi nell'acqua limpida e trasparente da cui tutto si vede. Seguire il corso dei fiumi velocemente sapendo che non ti puoi fermare perché laggiù distante ti aspetta il mare. Risalire poi celere il corso dei fiumi perché sai che ti aspetta l'accoppiamento. Il piacere dell'atto sessuale unito alla forte consolazione che istintivamente provano i pesci nello sperare che le loro uova costituiranno il loro prolungamento nel tempo e nello spazio. Un allungarsi verso l'ignoto che non necessita nessuna elucubrazione mentale nell'atto in cui avviene. L'esaltazione dell'allungarsi verso l'ignoto. Ma voi questo lo sapete, voi siete una specie di salmone. Non ne parlo a voi. A voi parlo su quel che gli dèi Asi mi dissero pensando di ingiuriarmi.

Proprio attraverso i miei figli gli dèi mi collegarono alla vergogna durante il banchetto che tanto grandiosamente rovinai. Tutti mi offendono per la natura stessa dei miei figli e per come io li ho concepiti. Quindi ve ne parlo. Non per scusarmi di qualcosa, ma per passare il tempo e accorciar la distanza tra l'adesso e il momento in cui tutto si deciderà. Giudicate voi del cui giudizio nessun dio bada.

Gli dèi temono i miei figli. Temono la loro natura distruttrice. Scenderebbero addirittura a compromesso con coloro che compromesso non conoscono, pur di sopire il timore. Si adoperano per annientarli, ma mai nessuno di loro le divinità degli Asi hanno annientato. Nemmeno quando la possibilità apparve loro innanzi. Non le hanno annientate quelle indomabili creature del caos, ma le hanno confinate ai limiti dello spazio. Là ai margini dello spazio che concede l'esistere esse attendono di essere liberate. Liberate. In quell'ultimo giorno, quando esaurita sarà la misura del tempo. Quando il ciclo del presente verrà al suo termine. Quando tutto verrà distrutto. Quando ci sarà un nuovo inizio.

Io che a volte ho aiutato gli dèi nel mantenimento dell'ordine cosmico da loro necessario e voluto, io sono anche il produttore di caos per eccellenza. E i miei figli sono i miei strumenti. In questo modo io li ho avviati e gli Asi li hanno completati.

Una volta trovai sul mio cammino i resti di un fuoco acceso. Tra i carboni vi era un cuore di donna un po' crudo e un po' cotto. Quel cuore di donna mezzo cotto era là tra i neri carboni. La fame mi colse e io lo mangiai rimanendone ingravidato. Su quella stessa via partorii, da lì nacquero le streghe. Da un cuore di donna mezzo bruciato e dal mio appetito discendono le streghe mie figlie.

Non è l'unico parto su cui si basa l'inutile accusa di invertito che gli dèi Asi mi muovono. Io sono generatore di caos, non lascio che altri generino per me. Io genero e porto al mondo coloro che il caos serbano dentro sé come una fiamma nera nel buio del cosmo. Ho protetto l'ordine cosmico degli dèi

146

aiutando Thorr a recuperare il suo martello Mjollnir senza il quale l'ordine divino non sussiste, eppure precedentemente disturbai proprio il nano che stava forgiando Mjollnir. Aiutai a recuperare la dea Iðunn e le sue mele dell'eterna giovinezza così essenziali agli dèi, eppure precedentemente aiutai il gigante Þiazi a rapirla. Fare una cosa e poi fare il suo contrario, questo è l'imponderabile Loki intriso nel mondo.

Odinn deve a me il suo cavallo. È mio figlio. Mi accusa di generare da invertito, ma non mi accusa di aver generato il cavallo Sleipnir. Lo generai appena conclusa fu la furente guerra tra gli dèi Asi e gli dèi Vani. I Vani avevano ridotto malamente le mura di Ásgarðr, fortezza degli dèi Asi. Gravemente danneggiate erano le mura della fortezza degli dèi. Un nuovo recinto andava fatto per difendere gli dèi dagli attacchi dei giganti, per difendere gli dèi da quella natura primitiva che non voleva soggiacere al loro ordine divino. Lavoro immane da completare prima dell'inizio dell'estate, nel breve lasso di tempo di un solo inverno. Un fabbro si presentò dicendosi certo di completare l'opera, ma la paga richiesta era alta. Io stesso fui motivo di ispirazione per il fabbro. La dea Freya, il sole e la luna, questo era ciò che chiedeva in cambio del suo lavoro. Gli dèi accettarono ma una condizione fu posta. Senza nessuno aiuto le mura di Ásgarðr dovevano essere terminate entro la fine dell'inverno, con un solo giorno di ritardo il fabbro avrebbe perso la sua ricompensa. Da solo avrebbe il fabbro dovuto lavorare al completamento delle mura della divina cittadella. Ma qua intervenne colui che su più mondi gioca, colui che da buffone sembra da una parte e terrificante boia sembra dall'altra. Colui che è il Signore dell'inganno. Io. Io, Loki, intercessi per il fabbro e ottenni per lui l'aiuto del suo cavallo Svaðilfœri. Ottenni che egli si potesse avvalere dell'aiuto del suo mirabile destriero Svaðilfœri.

Con il suo cavallo Svaðilfœri il fabbro iniziò a lavorare alle mura di Ásgarðr. Meraviglioso vederlo lavorare, incessante il suo moto. Di giorno lavorava come un fabbro, di notte con il suo cavallo trasportava le enormi pietre, gli immani macigni per il recinto di Ásgarðr. Agli dèi pareva straordinaria la quantità di pietre che questo cavallo riusciva a trasportare. Serpeggiò invidia anche tra gli dèi. Forse il fabbro era un gigante, alcuni dèi ne ebbero il sentore. Ma non era ciò che produceva invidia tra gli Asi. L'invidia maggiore era per il suo mirabile lavoro. Ed essi iniziarono a ritenere che la parte maggiore del lavoro era svolto dal cavallo e non dal

148

fabbro. Quando con l'avvicinarsi dell'estate all'invidia si mischiò timore, allora gli Asi si comportarono come sono soliti.

Inizialmente colei che poco invidiava ma tanto temeva era Freya. Freya temeva per l'imminente estate. Con l'avvicinarsi di quella stagione anche gli dèi iniziarono a temere di perdere Freya, di perdere il sole e di perdere la luna. Ma il contratto che legava il fabbro agli dèi Asi era stato sancito con solenni giuramenti. Alla vista di testimonianze era stato sancito il divino contratto, così aveva richiesto lo stesso fabbro a causa della sua poca fede nelle parole degli dèi. Tra tutti egli poco si fidava di Thorr possessore del martello Mjollnir. Thorr che fa strage di giganti per tutto l'inverno era rimasto in Oriente. Là si era recato a combattere i giganti.

Mancavano ormai solo tre giorni all'estate e tutte le mura sembravano essere quasi pronte. Sgomento si sparpagliò tra gli dèi di battaglia. E essi si ricordarono di colui che fu di ispirazione per la paga del fabbro; si ricordarono di colui che fece concedere al fabbro l'aiuto del suo cavallo Svaðilfœri. Così mi minacciarono ancora una volta. Ogni sorta di male e di punizione mi promisero se non avessi riparato alle mie azioni. Questo dovevo fare: indurre il fabbro a perdere il diritto alla paga sancito dal contratto divino. Mi minacciarono gli Asi, ma l'inadempienza ad un contratto divino è una bella ricompensa. Una via per il caos che gli stessi Asi acciecati dai loro bisogni non considerano. Il giorno seguente il Signore dell'inganno volle vedere come ingannare quel mirabile costruttore di mura. Così lo guardai mentre intento lavorava e per lui escogitai un inganno.

Il giorno successivo ancora il fabbro si mise al lavoro come suo solito, incessantemente forgiava mirabili pietre per le mura divine. Quando poi arrivò la notte come di consueto prese il suo cavallo e verso le grandi pietre si mosse. Ma questa volta io avevo una sorpresa per lui. Assunsi le sembianze di una fantastica puledra dalla criniera ben pettinata e nitrii richiamando l'attenzione di Svaðilfœri che tutte le notti dell'intero inverno aveva alacremente lavorato. Il cavallo non resistette a quella vista che un forte impulso primigenio risvegliò in lui. Dietro me corse veloce strappando le corde che lo tenevano legato al fabbro e al suo pesante lavoro. La puledra si inoltrò nella foresta, rada all'inizio e fitta all'interno. Il cavallo dietro alla puledra corse veloce. Impossibile per il fabbro terminare il lavoro nei tempi stabiliti senza il suo cavallo, così egli corse dietro a Svaðilfœri, mentre Svaðilfœri correva dietro alla bella puledra sotto il chiaro di luna. Tutta la notte le due bestie si rincorsero, tutta la notte il lavoro del fabbro fu sospeso. Fino a quando la notte terminò e arrivò il sole. Allora il fabbro si rese conto che la costruzione non sarebbe più potuta esser terminata nel giorno seguente che sanciva lo scadere dei tempi stabiliti. Fu dunque preso da una furia sproporzionata. Feroce, cieca. Sollevò i grandi macigni e sotto l'impeto della sua furia li scagliò con rabbia. Frantumò i massi che inerti avevano atteso tutta la notte di essere spostati. E così, chiara, venne fuori la sua vera natura di gigante. Così come nella notte era emersa la vera natura del cavallo, ora era chiara anche la vera natura del fabbro che fu preso da una furia indomabile e incontrollabile. Fu preso dalla furia dei giganti perché lui era un gigante. La furia del gigante dissipò i dubbi degli dèi che subito richiamarono Thorr dall'Oriente. Hlorridhi con il suo martello arrivò immediatamente e prontamente fece roteare il suo martello nell'aria che è fonte di vita per gli uomini. Con una forza cieca scagliò un solo colpo con Mjollnir, ed esso fu sufficiente a frantumare il cranio del gigante in miriadi di piccolissimi frammenti. E quella fu dunque la ricompensa del fabbro per aver eretto le possenti mura di Ásgarðr.

Quando poi passarono un po' di mesi io, Loki, partorii un puledrino frutto delle distrazioni di Svaðilfœri che valsero al fabbro la perdita di Freya, della luna e del sole. Il puledro mio figlio, nacque di colore grigio, ben proporzionato e con le zampe in numero di otto. Otto zampe per il puledro mio figlio. Così eccelso esso era, così magnificamente esso crebbe. Si chiama Sleipnir ed è il miglior cavallo tra gli uomini e tra gli dèi. Un così fantastico destriero poteva appartenere solo al principale tra gli dèi di Ásgarðr. Infatti ora appartiene a Odinn. E Wotan tra tutti i miei figli non mi ha mai rinfacciato l'aver generato Sleipnir.

Però dei miei figli più temuti dagli dèi, dei miei figli più terrificanti, di loro io sono stato sì genitore ma non madre. Sono loro che gli dèi temono sopra ogni cosa. Di loro non mi accusano di come li ho avuti, mi accusano solo di averli generati. Non è un cavallo dalle otto zampe al servizio degli dèi che incute timore agli dèi; non sono le streghe ad intimorire gli dèi. Quelle intimoriscono gli uomini che sono esseri umani. Quelli sono i figli di cui sono stato diretto generatore. Ora vi dirò dei miei figli di cui sono il solo padre. Ora vi dirò dei terrificanti figli miei tanto temuti dagli dèi.

Vagando in Jötunheimr incontrai una gigantessa, Angrboða era il suo nome. Indomita come la natura selvaggia, enorme come la montagna più alta. Era lei il ventre eletto, ne ero sicuro. Così con Angrboða generai tre mostruosi figli; gli acerrimi nemici degli dèi. Il primogenito fu Fenrir il lupo, il secondo fu la serpe Miðgarðsomr, la terza nata fu Hel. Questi miei figli nacquero e crebbero in Jötunheimr sotto i migliori auspici di distruzione. Come padre avevano Loki, il signore dell'inganno detto il malefico tra gli dèi, il generatore di caos; come madre avevano Angrboða dalla stirpe dei giganti, la selvaggia abitatrice di montagne discendente dalla furia cieca dei giganti, colei che ha il furore selvaggio dei giganti. E questi figli venivano allevati in Jötunheimr, nella terra dove vige la furia primordiale dei giganti. Dove l'ordine non ha dimora.

Gli dèi lo vennero a sapere. Vennero a sapere che Loki e una gigantessa avevano generato tre figli che possenti stavano crescendo nella terra selvaggia al di là dell'ordine da loro stabilito. Consultarono quindi le profezie e vennero a conoscenza dello spaventevole pericolo verso cui il mondo stava correndo incontro. Con le sembianze di Alföðr, *il padre di tutti*, fu proprio il dio Odinn a ordinare che queste tre creature fossero prelevate da Jötunheimr e portate al suo cospetto. Nulla di male agli dèi queste mie creature avevano fatto, ma Odinn che tutto conosce non ha bisogno dei fatti per giudicare. Tutte le altre creature che tutto non conoscono hanno invece bisogno dei fatti e degli eventi, non solo per giudicare ma anche per serbare rancore. E così Odinn volle punire questi terrificanti fratelli, ed essi crebbero nel rancore. Rancore racchiuso in bestie di immane grandezza e di terrificante potenza. Non potevo chiedere di meglio.

La prima decisione di Odinn fu per la serpe Miðgarðsomr che gettò sul fondo dell'immenso mare. Ben più grande era lo spazio disponibile nel fondale dell'oceano rispetto a Jötunheimr e là crebbe la serpe che ancora non aveva il nome di Miðgarðsomr. Crebbe a dismisura laggiù sui fondali marini, fino quasi ad avvolgere l'intera terra degli uomini. Come un anello giunse quasi a mordersi la coda per chiudere su sé tutta Miðgarðr. Per questo la serpe che discende da me è chiamata Miðgarðsormr, la serpe che avvolge Miðgarðr. Se questo mio figlio è ancora vivo sarà cresciuto così a dismisura che in tutta la sua lunghezza ora avvolge l'intera terra come un anello. Di questa immane serpe vi parlai nella storia di Hymir allorquando avvenne il secondo suo scontro con Thorr, ma il meglio che può dare è ancora da venire, così credo e spero.

Dopo Miðgarðsormr, Odinn prese la mia terza figlia avuta dalla gigantessa Angrboða. Prese Hel e la mandò nel più infimo dei mondi, in Niflheimr. La trattò con più magnanimità rispetto agli altri miei figli. Questo può sembrare. Le diede potere sui nove mondi e stabilì attraverso la parola che ella dividesse il cibo con i morti che quei mondi le avrebbero mandato. Non eroi, non guerrieri morti in battaglia. Ecco dove stava la punizione di Odinn per colei che nulla aveva ancora compiuto. Doveva dividere il cibo con i morti inutili a Odinn. Con coloro che lui non voleva. Non i valorosi e grandi guerrieri che a lui avrebbero dato sostegno alla fine del mondo. Odinn stabilì che a Hel vennero mandati i morti per vecchiaia o per malattia. Però non tutti gli eroi e i grandi guerrieri muoiono in battaglia. Ciò che tutti gli Asi scoprirono successivamente, Odinn già lo sapeva. Odinn lo sa per la più grande delle sventure che doveva ancora avvenire. Lo sa per la sventura che lo colpisce in ogni momento anche se allora non era ancora avvenuta. Per la sventura che ancora non era avvenuta ma che lo colpisce sempre, sempre come se sempre avviene.

Ella in quel mondo infimo costruì la sua magnifica dimora. La sua dimora è Éljúðnir, l'alloggio bagnato dalla pioggia. Con l'assegnazione del nome ebbe anche altri servitori: Hungr il piatto, colui che è detto *fame*; Sulltr il coltello, colui che è detto *carestia*; Fallanda forað la soglia, il *luogo pericoloso per cadere*; Kör il letto, il *letto di malattia*; Blíkjanda böl gli ornamenti che sono barlumi di sventura, la *sfortuna pallida*. Con i suoi servi pigri nell'incedere, ovvero il maschio Ganglati e la femmina Ganglöt, ella crebbe severa e feroce. In questo mondo ella crebbe severa e feroce. Tremenda nell'agire non meno che nell'aspetto. La riconoscerete bene quando l'andrete a trovare, ella è metà scura e metà chiara, ella è per metà pelle morta e per metà pelle viva.

Del piccolo lupo Fenrir invece gli dèi non seppero cosa farsene, così se lo portarono a casa. Il lupo senza branco crebbe nella casa degli dèi. Ma giorno dopo giorno aumentava senza sosta le sue misure. Gli stessi dèi divennero timorosi ad avvicinarsi a lui anche solo per potargli da mangiare. L'unico che tra tutti gli Asi aveva il coraggio di dar da mangiare al lupo mio figlio era Týr. Ma in nessun luogo di Jötunheimr è detto che la gentilezza debba esser ripagata con la gentilezza. Colà conta soltanto il volere di chi è vivo. E Fenrir è nato ed ha visto i suoi primi giorni proprio in Jötunheimr. Sogghigno al ripensare di ciò che avvenne.

Con lo scorrere del tempo il lupo divenne sempre più grosso, sempre più immenso. Allora gli dèi si insospettirono e ancora una volta consultarono le profezie. Chiesero il parere di chi conosce quel che sarà. Tutte le profezie furono concordi e videro nel lupo la causa della sciagura delle divinità che dimorano in Ásgarðr. Quello era il destino che attendeva Fenrir e gli dèi Asi. Allora così si convenne: il mostruoso lupo doveva essere incatenato. Ma incatenare mio figlio Fenrir non era facile. Le sue dimensioni smisurate, le sue fauci buie come la notte e profonde come un pozzo di cui non si vede il fondo, i suoi denti aguzzi e dalla grande mole, il suo pelo grigio e aspro; tutto era in lui disincentivo a coloro che incatenato lo volevano. Non osavano portargli da mangiare, chi avrebbe ora osato portargli delle catene? Il timore nel presente era grande ma la paura riposta nel futuro era maggiore. Le dimensioni del lupo erano minori nel presente di quelle che sarebbero state nei giorni a venire. Il lupo continuava a crescere e con lui cresceva a dismisura la sua forza. Il presente richiedeva di mettere da parte il timore e di agire a salvaguardia del futuro. Gli dèi Asi così prepararono una catena assai robusta che fu chiamata Lœðingr. Essi poi si avvicinarono guardinghi al lupo, attenti a non coprire la distanza raggiungibile dalle sue fauci. Davanti a lui questo gli dissero:

"Cresciuto sei Fenrir, le tue dimensioni sono assai aumentate da quando nella casa degli dèi venisti accolto come cucciolo di lupo. Misuriamo ora la tua forza con queste catene."

Il lupo guardò le catene, ponderò le possibilità di riuscire nell'impresa e le reputò maggiori delle possibilità di non riuscita. Valutò che la resistenza della catena non sarebbe stata superiore alla sua forza. Così si lasciò legare. Così si lasciò incatenare dagli Asi. Gli dèi però non fecero in tempo nemmeno ad avere l'illusione della riuscita del loro inganno che già videro il lupo spezzare quelle catene. Al minimo sforzo del lupo le catene si ruppero.

Gli dèi allora si misero al lavoro con più impegno. Il lavoro fu alacre, l'impegno costante nel giorno come nella notte ed essi produssero una nuova catena più robusta della prima. Questa catena si chiamava Drómi ed era *colei che blocca*. Andarono poi dal lupo e di nuovo lo invitarono a mettere ancora una volta alla prova la sua forza. Fenrir li guardava ma non proferiva parola. Così essi aggiunsero altre parole imbevute di miele per trarre mio figlio in inganno, e dissero:

"Grande sarebbe la fama che guadagnerai se ora dimostri che una catena così mirabilmente fatta dagli dèi, così abilmente forgiata, non fosse in grado di tener legato Fenrir."

Il figlio della gigantessa indomita Angrboða ponderò la catena e ponderò la sua forza che era molto accresciuta da quando aveva con facilità spezzato Lœðingr. La catena era però davvero mirabile. Fenrir scrutò la catena. In essa ponderò la fama che gli sarebbe derivata e il rischio che sarebbe caduto su di lui. Infine acconsentì e si lasciò incatenare. Si scosse come un albero frustato dal vento che scuotendosi fa cadere tutte le sue foglie in autunno. Batté poi la catena a terra con lo stesso impeto e fragore di come il tronco di un frassino cade abbattuto. Puntò i piedi e si sforzò ai limiti della sua forza. Massimo fu lo sforzo ma alla fine la catena andò in frantumi e i suoi frammenti si sparsero lontano per tutta la terra. Così fu spezzata la catena Drómi. Tanto fu l'impresa che da quel giorno anche gli dèi quando uno di loro usa tutta la sua forza per riuscire in una impresa o per superare un ostacolo, allora essi pronunciano l'espressione *liberare da Drómi.*

Tra gli Asi serpeggiò il dubbio che mai l'impresa di legare il lupo Fenrir, figlio primogenito del dio Loki e della gigantessa Angrboða, sarebbe riuscita. Serpeggiò il dubbio che quell'impresa non fosse alla portata di coloro che dimorano in Ásgarðr. Quindi si convenne che quell'inutile servo dal poco valore di Skírnir, il servo di Freyr, fosse mandato nel paese degli elfi neri, in Svartálfaheimr. Là, per conto delle divinità Asi, egli pregò nani dalle abilità infinite di eseguire il desiderio degli dèi. Li pregò di forgiare una catena magica. Sotto tali suppliche quei nani acconsentirono di creare la catena magica che ebbe il nome di Gleipnir. Usarono tutta la loro abilità questi nani dalla maestria eccelsa e dallo sguardo accurato. Con il rumore del gatto che cammina forgiarono Gleipnir. Altro ancora usarono per creare la catena magica Gleipnir. Con barba di donna forgiarono Gleipnir, con radici di montagna forgiarono Gleipnir, con tendini di orso forgiarono Gleipnir, con respiro di pesce forgiarono Gleipnir, con sputo di uccello forgiarono Gleipnir. Non vi era nessun possente metallo nella natura di Gleipnir. Gleipnir era liscia e soffice come un nastro di seta, tanto che come un nastro di seta essa appariva. Ma

160

era straordinariamente robusta. La maestria dei nani che vivono nel paese degli elfi neri è sorprendente. Il tirapiedi Skírnir tornò dal suo padrone come una biscia senza fauci che striscia nell'erba; e al suo padrone e agli dèi consegnò la catena che doveva incatenare mio figlio. Scodinzolò Skírnir come un cagnolino mansueto che dopo aver servito per l'intero giorno si rallegra di ricevere l'avanzo rosicchiato del padrone. Una magra cena per il cagnolino che aveva portato la catena per imprigionare il lupo cosmico Fenrir. Con la catena nelle loro mani gli dèi Asi si recarono in un'isola di nome Lyngvi, là nel lago Ámsvartnir. Là convocarono il possente e gagliardo lupo Fenrir.

Prima lodarono la sua statura, poi esaltarono la bellezza della sua possente pelliccia. Lo vezzeggiarono gli dèi che colà si erano riuniti. Poi ricordarono quale grande impresa fece il lupo nello spezzare la catena che gli stessi dèi avevano forgiato, la possente Drómi. Infine gli mostrarono il laccio di seta e gli proposero di cimentarsi come le altre volte in una prova di forza. Aggiunsero le infide creature divine che quel laccio di nome Gleipnir era un po' più robusto di quel che sembrava. Questi sono gli dèi che voi conoscete per averli venerati; accusano me di inganni, a me che sono il Signore degli inganni, salvo poi tesserli a loro piacimento quando l'esigenza gli si fa innanzi. Anche altro fecero gli dèi pidocchiosi per convincere Fenrir a cadere in quel tranello. La catena dalla morbidezza e dallo spessore di un filo di seta si passarono di mano in mano, ed uno a uno provarono a tirare quel laccio con la loro forza, ma esso non si spezzò. Nessuno di loro ci riuscì. E con queste perfide parole si rivolsero al lupo:

"Come vedi nessuno di noi pur sforzandosi riesce a rompere questo laccio. Noi crediamo che solo tu che hai già spezzato Drómi sei capace di rompere anche Gleipnir."

Il lupo guardò guardingo. Serbava il sospetto di un qualche inganno, così con parole avvedute rispose agli dèi:

"Il nastro è sottile. Non otterrò grande fama nello spezzare un così sottile laccio. Dall'altra parte se il laccio fosse fatto con inganno e astuzia rischierei la mia libertà senza avere vantaggio alcuno. Meglio quindi che non mi faccia legare."

Sottile fu il dire del lupo, infido e subdolo quello degli dèi, che così replicarono:

"Catene ben più possenti tu fosti in grado di spezzare, Lœðingr prima e Drómi poi. Gli dèi fecero quelle catene. Con impegno e forza si applicarono nel forgiarle ma tu le rompesti. E da allora tu sei cresciuto ancora. Che questa sia catena più possente di quella fabbricata con gran fatica dagli dèi è assai improbabile. Un simile laccio tu potresti strappare immediatamente come un sasso scagliato nell'acqua. Tuttavia se è il timore di un inganno ciò che trattiene la gloriosa bestia Fenrir, allora affronta il laccio con predisposizione serena perché se non dovessi riuscire a strappare il laccio, noi dèi ti libereremo."

Questo promisero gli dèi già sapendo che le loro intenzioni erano ben altre. Ci vorrebbe un banchetto al giorno come quello fatto da Ægir per ricordare alle divinità le loro bassezze che accuratamente celano dopo averle commesse. Io, Loki, oso molto di più di ciò che un dio osa osare; ma la differenza vera tra Loki e gli dèi di Ásgarðr non è su cosa o quanto si osa, essa risiede nel fatto che io non me ne vergogno. Non nego l'atto, non nego le mie imprese, non nego il mio fare il buffone, non nego il partorire dei miei figli, non nego niente di ciò che ho fatto. Non nego nemmeno le interpretazioni che gli dèi Asi fanno delle cause delle mie gesta. Non nego nulla, perché tutto è vero, tutto è falso e di nulla mi importa. Ma loro, dall'alto delle loro dimore hanno una realtà vera da forgiare, hanno un'interpretazione da assegnare. E questa loro interpretazione rende ogni loro gesto eroico e necessario. Le fiere divinità Asi questo promisero alla belva Fenrir, promisero che se egli fosse rimasto legato al laccio esse lo avrebbero liberato. Putride essenze che siete nell'attesa di essere spazzate via.

Il lupo terrificante e saggio come un figlio del caos, rispose circospetto:

"Ma se voi mi legate in una maniera a me ignota o se il laccio con cui mi legate non si romperà, io rimarrò prigioniero. Nell'isola di Lyngvi, in mezzo al lago Ámsvartnir, chi mai potrà venirmi ad aiutare? Se voi mi abbandonate, chi mai potrei chiamare in mio aiuto qua nel mezzo del lago di Ámsvartnir? Voi arriverete tardi a darmi aiuto, forse mai arriverete e io aspetterò qua in vano. No. Non ho per nulla voglia di farmi legare. Tuttavia le vostre accuse di codardia e di scarso coraggio non mi piacciono ora e meno mi potrebbero piacere in futuro. Piuttosto che lasciarmi accusare d'essere pavido, io mi farò legare da voi. Ma ad una condizione. Uno degli dèi Asi qua presenti dovrà mettere la sua mano nella mia bocca, fra le mie fauci, come garanzia del fatto che agite onestamente.

Come garanzia per ciò che avete detto di fare. Metto a repentaglio la mia libertà in cambio di una vostra mano, ma che sia una mano che in battaglia muove la spada."

Fenrir la bestia dalle sproporzionate dimensioni agì saggiamente. Perduti si guardarono tra di loro gli dèi. Gli Asi si guardarono attorno alla stessa maniera di schiave vergini appena razziate e in attesa di essere spartite dai guerrieri vittoriosi. Questo avvenne fino a quando il più prode tra di loro, senza proferir parola pose la sua mano destra nelle fauci del lupo. Týr, l'unico che ebbe il coraggio di portare cibo a mio figlio, ebbe anche il coraggio di immolare la sua mano. Giacché egli sapeva che nel tranello degli dèi Fenrir era caduto e che il sacrificio della sua mano era il *necessario* suggello di quell'inganno. Ricorda questo Týr: per coloro che aspirano all'ordine, l'essere necessario non è frutto di coraggio ma di rassegnazione.

Rido del tuo coraggio Týr, giacché con una mano ti sarà difficile difenderti quando arriverà il momento. Per difendere quei prodi eroi da comodi banchetti, per loro sacrificasti una mano. Per difendere coloro che pur essendo divini con malsane bugie legarono Fenrir. Sì, legarono Fenrir. Con il laccio Gleipnir legarono l'enorme lupo mentre nelle fauci spalancate egli accoglieva la mano destra del dio coraggioso. Certo che se il coraggio andasse di pari passo con l'intelligenza le sorti del mondo potrebbero essere ben diverse. Ma la stupidità solitamente prevale su tutto. Altrimenti non sarei qua a raccontarvi delle cose nascoste degli dèi. Quando Fenrir cercò di liberarsi dal laccio, ancor più il nastro di seta gli si strinse attorno. Quando più forte ancora Fenrir cercò di liberarsi tanto più saldo si fece Gleipnir. Allora un tripudio di risate scoppiò tra gli dèi, così essi possono ora capire il mio divertimento quando l'inganno faccio cadere su di loro. Tuttavia a me nominano come ambasciatore di sventura e loro si appellano come divinità giuste. Ma l'inganno è sempre divertente. Risero tutti quegli invertiti dèi! Tutti tranne uno. Tutti tranne colui che perse la mano quando Fenrir ormai prigioniero di quelle catene allora chiuse le mascelle mozzando la mano di Týr. Il dio Týr da quel giorno è detto il dio monco.

Le risate non finirono quando cadde la mano di Týr, esse terminarono lentamente mentre gli dèi si adoperavano a bloccare fino alla fine dei tempi il gigantesco lupo loro incubo. Così il lupo si ritrovò legato. Gli dèi Asi presero la cima che spuntava dalla catena dalle fattezze di seta, questa cima della catena Gleipnir si chiama Gelgja. Tirarono Gelgja attraverso un grande masso detto Gjöll, il quale fu fissato sottoterra. Poi un altro masso fu preso, il suo nome è Þviti, questo fu piantato nel terreno ma più in profondità ancora affinché stringesse ed immobilizzasse l'enorme lupo figlio del caos cosmico. Il lupo però riusciva ancora a spalancare le fauci. Tentò invano, così legato, di azzannare qualcun'altro degli dèi Asi. Allora gli dèi presero una spada divina e gliela conficcarono nella bocca. L'impugnatura poggia sulla mascella inferiore e la punta entra appena nella carne della mascella superiore. Così il lupo a non chiudere la bocca deve badare se non vuole che nella sua interezza il palato superiore venga trafitto. Per obbligo tiene le fauci sempre spalancate e continuamente ulula la bestia pervasa da rancore. Giorno dopo giorno monta in lui la voglia di una furiosa vendetta. Badate, voi dèi Asi che in questo modo avete incatenato il mio primo figlio avuto con la gigantessa Angrboða, la voglia furiosa di vendetta che monta in lui giorno dopo giorno, nel vostro mondo ordinato diviene neccessità! Per la sua collera incontrollabile, dalle sue stesse aperte fauci si dirama un fiume fatto dalla sua rabbiosa bava. Questo fiume è il fiume Ván. Così incatenato rimarrà Fenrir per tutto il tempo lunghissimo tra l'adesso e il crepuscolo del mondo che conosciamo.

Morbida come la seta è la catena sul tuo corpo, lunga la tua attesa. Sento il tuo fervore, sento la tua impazienza crescere. Attendi figlio mio perché non sei stato generato invano, perché il timore degli dèi era fondato e le tue fauci un giorno si chiuderanno su ben più preziosa preda che la mano di un dio pietoso.

Ebbi anche altri due figli dalla mia legittima sposa divina Sigyn, anch'essi furono puniti oltre misura solo per essere figli miei. Anch'essi furono puniti spietatamente prima ancora che qualsiasi forma di male potessero generare. Ma per parlarvi di loro debbo parlarvi anche della mia burla più bella. Del mio vanto per eccellenza, del motivo per cui incatenato sono qua a parlar con voi.

IL DIO SACRIFICATO

Anche gli dèi soffrono. Certo che soffrono. Tremendamente. Un uomo può avvicinarsi a un dio quando contempla la propria estasi e ancor più quando soffre. Non arriverete a toccare la sofferenza degli dèi, ma ne avrete un vago e tangibile barlume.

Il cosmo ha nove mondi, nove sono i mondi di Yggdrasill. E fin dalla notte dei tempi fin da quando tutto era brina e fuoco, fin da quando la vita è sorta dall'incontro della brina con il fuoco, quando essa era come una fiamma vacillante che esitava tra lo spegnersi e il divampare, fin da quel momento era chiaro a chi voleva essere, che per essere bisognava esplorare lo spazio. Quella fiamma che si accese vacillante nello spazio, che si espandeva e si contraeva nello spazio, quella fiamma che tra i ghiacci ondeggia noi la chiamiamo vita. Non ci sarebbe stata esistenza senza lo spazio e la sua conoscenza era il presupposto al suo dominio. Questo fu chiaro anche agli dèi maggiori generati da Borr. Odinn, il più giovane dei tre figli di Borr divenne il padre degli dèi e degli uomini. Divenne il dio sovrano. Ma ciò passò per l'esplorazione dello spazio. Anche un dio deve conoscere. E colui che diventò il dio supremo prima ancora era un dio ramingo.

Vagabondo tra i mondi si fece Odinn. Girovago sulla terra divenne Odinn alla ricerca del sapere. Unico e semplice nell'entrare da umile viandante in molte delle foglie di Yggdrasill. Umile e semplice nell'entrare come modesto viandante in tutte le case degli uomini. Anche Odinn per dominare ha dovuto prima viaggiare. Assetato come un pozzo senza fondo, egli voleva conoscere. E come un modesto viandante viaggiò con il suo bordone. Tra i nove mondi egli viaggiò ramingo. Instancabile, con passo lento egli si poggiava al bordone. L'umiltà gli insegnò a esser altezzoso e pretenzioso. Sempre più affamato di conoscenza egli volle conoscere. Un occhio sacrificò per la conoscenza, per edificare il suo ordine su pietre eterne. Vana illusione. Ci sono cose a cui anche gli dèi devono soggiacere. Non si conosce ciò che non si può conoscere. Odinn lo scoprì attraverso la sofferenza. Dovrebbe ringraziarmi e invece per questo mi ha punito. Lotta contro il destino che non può sconfiggere e che pur conosce. Io lotto per il caos, lotto per il dominio di ciò che ignoro. Dopo innumerevoli battaglie, dopo innumerevoli sforzi, Odinn ha scoperto la sofferenza ed ha elevato me a causa della sua sofferenza. A martire del nuovo ordine. Tutto era già scritto nel destino ineluttabile da quando le Norne emersero dalle radici di Yggadrasil. Le foglie di Yggadrasil erano già bagnate dalle tre donne quando Odinn il viandante gli fece visita. Solo che io non lo so mentre Odinn sì. Però qua legato, nella mia punizione eterna per gli dèi Asi, nel dolore continuo, io inizio a conoscere gli spazi intermedi che soccomberanno. Dalle origini delle ere che sono iniziate la storia si ripete. Con altre sfumature con altri personaggi, ma si ripete. È giunta l'ora che tutto venga scombussolato. Che tutto sia soggetto ad un nuovo inizio. Che il caos incessante scrolli via la rugiada che bagna le foglie di Yggadrasil. La rugiada delle Norne che sovra la necessità degli dèi ha inumidito i nove mondi che appaiono. Prima però c'è bisogno della fine.

Odinn che tutto ha conquistato, il dominio indiscusso mantiene. Odinn che la sua dimora tiene splendente, Odinn che nel Valhalla accoglie i guerrieri più prodi, Odinn che si aggira ramingo nella terra degli uomini, ebbe molti figli. Tra i tanti il mio prediletto è Thorr, il protettore degli dèi. Thorr figlio di Odinn e di Jǫrð, la Terra Selvaggia accettata nel novero delle divinità degli Asi. Thorr il potente e il collerico che guadagnò Mjollnir e che con esso impone l'ordine di Odinn sul cosmo. Ma Thorr non era il figlio di Frigg moglie legittima di Odinn. Il figlio prediletto di Frigg era Baldr. Baldr, colui che era considerato il migliore tra tutti gli dèi. Baldr lo splendente, Baldr il misericordioso, Baldr la luce del mondo degli uomini. Orgoglio del padre Odinn, splendore della madre Frigg.

Gli dèi sognano quando chiudono gli occhi, come voi esseri umani. Baldr il giusto e il buono venne visitato da sogni tristi e terribili. Sogni penosi e cupi che rattristavano il suo stare nel giorno. Sogni terribili che scombussolavano il suo sguardo quando egli non dormiva. Sogni funesti preannunciatori di grandi sventure per la sua stessa vita. Baldr il raggiante divenne così taciturno e schivo che gli altri dèi iniziarono a preoccuparsi per lui. Chiesero a Baldr cos'era che lo rendeva cupo, allora Baldr parlò dei suoi sogni agli altri Asi. Tutti si spaventarono per lui. Tutti furono preoccupati per Baldr lo splendente, per colui che i suoi simili consideravano il migliore tra gli dèi. Ma i più preoccupati furono Odinn suo padre e Frigg sua madre.

Così Odinn che tutto conosce, che conosce la magia più profonda, prese il suo destriero Sleipnir e sopra lui si diresse verso il mondo che allo stesso tempo è il più vicino e il più lontano da ogni vivente. In Nifhel si recò, nel mondo più infimo. Là dove la morte soffia ma non vive e la non vita dimora. Cavalcò senza sosta. Mai si fermò innanzi alle creature che gli si facevano incontro e che fermare lo volevano. Cavalcò fino a quando giunse all'alta dimora di Hel. La mia stessa figlia condannata a governare quel mondo malsano dove non gli eroi, ma i vecchi e i malati approdano nel loro ultimo viaggio. Odinn volle in quel luogo oscuro parlare con l'indovina che là giace. Con l'indovina che giace sotto la porta orientale. Davanti alla porta recitò le rune segrete, i canti magici che ridestano i morti. Dinnanzi alla grande magia di Odinn l'indovina fu costretta ad alzarsi controvoglia e a rispondere al domandare del re degli dèi. Con stizza rispose colei che doveva rimanere in silenzio se avesse seguito il suo solo volere:

"Che uomo è costui, a me sconosciuto, che mi costringe al faticoso viaggio? Io ero coperta di neve, battuta dalla pioggia, intrisa di rugiada: da tanto ero morta."

Odinn che assieme a tutti gli dèi mi accusa di essere menzoniero, cosa di cui non poso non sogghignar divertito, così le parlò:

"Mi chiamo Vegtamr e sono il figlio di Vlatamr. Tu che sei nel mondo dei morti, parla a me che vengo dal mondo dei vivi e che ritornerò nel mondo dei vivi. Vedo in quella sala panche ricoperte di oro, vedo sedili cosparsi con anelli. Dimmi: chi è colui che Hel attende nel suo regno?"

Rispose l'indovina di mala voglia:

"L'idromele è stato preparato per accogliere Baldr! Costretta ho parlato, ora devo tacere."

Odinn, colui che è abituato a dare ordini, attraverso la sua magia parlò ancora:

"Chi è colui che toglierà la vita a Baldr?"

Ancora una volta ella malvolentieri rispose:

"Höðr è colui che toglierà la vita a Baldr il discendente di Odinn. Costretta ho parlato ora devo tacere."

Ma bramoso di conoscere era Odinn come un'edera è bramosa di attorcigliarsi attorno ad un albero per meglio arrivare alla luce. Così ancora chiese inesorabile con rune che imponevano risposta:

"Dimmi: chi vendicherà la morte di Baldr?"

Ed ella di pessimo umore rispose:

"Odinn avrà un figlio da Rindr. Váli sarà il suo nome e nelle sale di Occidente sarà generato. Egli combatterà. Váli avrà una sola notte di vita. Non si laverà le mani ne si pettinerà il capo prima di aver mandato al rogo il nemico di Baldr. Costretta ho parlato, ora devo tacere."

Ma Odinn non ascolta ciò che non vuole sentire, non converge verso la canna che già si piega sotto il soffiare del vento, così lui continuò assecondando il suo volere. Sempre ha così agito, così agì in quel frangente. Ancora una volta chiese:

"Dimmi giacché io voglio sapere: chi saranno gli dèi che piangeranno la perdita di Baldr? Chi saranno le fanciulle che piangenti e disperate dall'indicibile sorte di Baldr getteranno il loro velo al vento?"

Ma questa volta l'indovina replicò arcigna:

"Tu non sei colui che mi hai detto di essere. Tu non sei Vegtamr! Le tue rune hanno fatto entrare in me ciò che non doveva entrare e dal di dentro la tua magia mi ha spinto a parlare senza volere. Tu sei Odinn! Tu sei l'intraducibile antico Gautr. Non a te Odinn io devo parlare. Soltanto a Vegtamr io ero obbligata a parlare. Nulla dirò a te che a me sei venuto sotto mentite spoglie!"

Odinn si adirò e la sua collera si tramutò nelle parole che all'indovina rivolse:

"Di fronte ad una indovina in Nifhel pensavo di essere. Tu non sei un'indovina, tu non sei una donna sapiente! Tu sei solo la madre di tre rozzi giganti!"

Ed ella questa volta parlò non forzata dalle rune magiche di Odinn e questa profezia pronunciò:

"Tornatene a casa Odinn, sii fiero e tieniti stretto il tuo contegno! Nessuno tra gli uomini più verrà prima che Loki sia libero dai legami e giunga il crepuscolo degli dèi distruttori!"

Questo disse l'indovina che giace in Nifhel. Pronunciò la profezia per cui il dio burlone sarebbe diventato il dio distruttore. Odinn colui che tutto sa, colui che tra gli dèi ha stabilito il suo dominio, colui che ha plasmato il suo ordine nel mondo, lui medesimo è la cagione della distruzione. Lui che ha combattuto e vinto infinite battaglie, lui ha perso l'unica che voleva vincere, quella contro il destino. Colui che ha distrutto l'infinito Ymir, colui che tutto ha sottomesso deve soggiocere a tre piccole donne che sono nate dopo di lui. Con le braccia incatenate in questo oscuro luogo io accolgo ciò che sarà e di tutto ciò io rido.

Questa profezia giunse a me come giunse a tutti gli Asi, perché fu proprio Odinn che dopo il confronto con l'indovina cavalcò senza sosta verso casa e portò la predizione agli altri dèi. A tutti parve segno di grande disgrazia. A tutti tranne a me. Allora gli dèi vollero cercare protezione per Baldr, per proteggerlo da ogni pericolo. Tra tutti, più di tutti, si adoperò Frigg sua madre. Odinn invece rimaneva chiuso in sé stesso e ancora una volta di mutare il destino stava pensando a come fare. Mentre le Norne continuano a bagnare le foglie di Yggadrasil.

Indomita la asinna madre Frigg corse prima che la sciagurata sorte si abbattesse su suo figlio Baldr. Corse da tutti gli esseri e innanzi a ognuno di loro chiese un giuramento solenne. Da ognuno di loro raccolse la promessa che non avrebbe fatto del male a Baldr. Nessuna creatura doveva mai ferire Baldr, nessun oggetto esistente avrebbe fatto del male a Baldr. Tutti giurarono. Tutti di fronte all'apprensione di Frigg promisero che da loro nessun danno sarebbe mai giunto al migliore tra gli dèi Asi. Il fuoco e l'acqua giurarono; il ferro e tutti i metalli giurarono; le pietre, la terra, gli alberi tutti giurarono; le malattie assicurarono la madre che nessuna di loro avrebbe mai sfiorato il figlio suo prediletto; gli animali e gli uccelli giurarono; le serpi giurarono e anche ogni sorta di veleno prestò giuramento. Tutti promisero che in nessuna maniera avrebbero mai toccato Baldr per nuocergli. Nulla poteva nuocere a Baldr. Ogni singola cosa che esiste e ogni singolo essere che vive rispettò il giuramento solenne che aveva fatto a Frigg.

Il tempo passò e con il tempo questa situazione parve una gran cosa. Baldr tra gli dèi non era più visto in pericolo ed anzi con ammirazione si guardava alla sua provata invulnerabilità. Così avvenne che il motivo della paura divenne motivo di scherzo. Con il tempo gli dèi presero a giocare con l'invulnerabilità di Baldr. In Ásgarðr così si divertivano gli Asi: nel Thing, durante le assemblee, Baldr si ergeva dritto e a braccia aperte per essere un più facile bersaglio al tiro degli dèi. Tutti gli gettavano contro qualcosa. C'era chi con frecce di ferro lo colpiva, chi con spade affilate di sottile metallo lo colpiva, chi delle pietre gigantesche ed aguzze addosso gli scaraventava. Tutto scivolava sul suo corpo senza nuocere. Le frecce di ferro, le spade affilate, le pietre, tutto scivolava come acqua su un fiume, come un salmone che segue la corrente. Non vi era nulla di esistente da cui potesse derivare del male per Baldr, il dio il giusto e buono.

Il dio riluceva nella sua bellezza e nella sua invulnerabilità. Gaudenti erano gli dèi tutti. Festanti intorno a Baldr si ritrovavano gli Asi per questo loro passatempo. Festeggiavano gli Asi tale perenne incolumità e di essa si rallegravano. Tutti ammiravano il privilegio di Baldr e tutti reputavano la sua invulnerabilità come un grande onore per questa divinità. Io ne ebbi rabbia.

Questa volta non era la rabbia frutto dell'invidia di un dio volubile quale Loki figlio di Laufey è. Non era l'invidia propria del dio che sono. Non era la rabbia passeggera per un servo solerte nel luccichio di un banchetto. Questa volta la rabbia era frutto di un più chiaro e radicato sentire. Un sentire attorcigliato ad un malessere profondo. Ad un moto, ad un rumore di sottofondo che mai sentii così chiaramente se non nel silenzio più assordante di questa oscura caverna. Questa volta era rabbia dovuta a divinità che si divertivano con l'invulnerabilità che ad altri esseri non era stata concessa. Non loro avevano guadagnato quello stato, gli era stato donato da una madre piangente. Loro che parlano di onore, loro che parlano di battaglie! E allora sogghignai pensando ad uno scherzo.

Trasformare le risa in pianti. Questo sì che sarebbe stato degno di una divinità grande e imprevedibile. Quale io sono.

Allora mi travestii da donna. Non era la prima volta. Mi travestii da donna come già feci per aiutare Thorr a recuperare il suo martello, come fece anche Thorr il collerico per recuperare proprio Mjollnir che così sciaguratamente aveva perduto. Per gli dèi quel travestimento non era un travestimento degno di denigro da parte loro. Ma questa volta non mi travestivo da donna per aiutarli. No. Cosa avrebbero detto gli dèi del mio travestimento questa volta? Sogghignavo alle accuse di essere un dio invertito che questa volta loro mi avrebbero rivolto. E così travestito andai ai Fensalir, da quella sgualdrina piagnucolante di Frigg. Frigg era sola e intorno a lei risuonavano le grida festanti degli dèi Asi, così vedendomi mi domandò:

"Tu che vieni dalla direzione di dove provengono le grida festanti degli dèi Asi, sai dirmi che cosa stanno facendo gli dèi Asi riuniti in assemblea là nel Thing?"

Così risposi alla asinna madre di Baldr:

"Tutti gli dèi sono disposti in cerchio attorno a Baldr. Ognuno di loro scaglia qualcosa contro Baldr il giusto e il buono. Chi scaglia frecce di ferro, chi scaglia pietre gigantesche ed aguzze, chi lo colpisce con spade di metallo affilate. Ma Baldr lo splendente da nulla viene ferito né danneggiato in alcun modo.”

Allora Frigg abbassò lo sguardo e sorridendo disse:

“Né i macigni dei giganti, né le piante che crescono nei nove mondi, né i metalli, né le armi possono danneggiare Baldr, perché io ho raccolto giuramenti. Da ognuno di loro ho avuto il giuramento che nessun danno da loro medesimi cadrà su Baldr mio figlio.”

Già gli occhi mi luccicavano al solo pensare ciò che di lì a poco avrei chiesto alla felice divinità. Così chiesi:

“Così l’invulnerabilità di Baldr è garantita. Ma avete chiesto a ogni metallo, a ogni albero, a ogni strumento che è presente nei mondi? Tutte le cose senza nessuna eccezione hanno giurato per l’incolumità del prode Baldr?”

E lei rispose:

“Ad ogni cosa io ho chiesto ed ogni cosa ha giurato sul non ferire mio figlio. Solo ad un giovane germoglio di una piccola e fragile piantina che cresce proprio a ovest del Valhalla non chiesi di giurare. Era piccola, fragile. Si chiama germoglio di vischio quella piantina. Era troppo tenera e troppo giovane per chiederle e pretendere di giurare solennemente. Ma tutte le altre cose che sono, a me promisero l'incolumità del figlio mio prediletto e di colui che è il migliore tra tutti gli dèi."

A queste parole mi dileguai senza attendere oltre, senza salutare la dea che tutti e tutto fece giurare sull'incolumità del figlio. Tutto tranne il vischio. Lei me lo disse. Non sapeva che fosse con Loki che stava parlando, ma colei che è sposata con colui che più di ogni altro è mutevole nella forma e falso nelle parole, avrebbe dovuto essere guardinga. Non si fa una grande impresa se poi se ne narrano le pecche alla prima donna che ti domanda. La stupidità degli dèi mi andrebbe a noia se non si potesse concretizzare in qualcosa di indicibilmente grande e distruttore.

Così andai là dove Frigg medesima mi aveva detto trovarsi il vischio. Staccai quella tenera piantina e poi andai all'assemblea degli dèi che felici continuavano a sollazzarsi con l'invincibilità di Baldr. Tra tutti gli dèi c'era anche Höðr il cieco, ma egli se ne stava in disparte. Lo guardai con interesse. Essendo cieco non poteva prendere la mira, ma tra tutti non avrebbe nemmeno potuto vedere quello che avrebbe fatto con ciò che avrebbe tenuto nelle mani. Così gli parlai con parole ingannevoli:

"Perché tu che sei un dio, come tutti gli altri dèi non getti qualcosa contro Baldr?"

Höðr, umile come coloro che se ne stanno in disparte così mi rispose:

"Perché sono cieco. Io non posso vedere dove si trova Baldr e ad altre divinità scaglierei contro qualcosa. Baldr è invulnerabile ma gli altri dèi non lo sono. Proprio perché cieco nessuno degli dèi mi ha dato un'arma tra le mani di modo che possa giocare con loro."

Ma le mie parole furono subdole e magnifiche. Esse piacquero a colui che se ne stava in disparte. Così egli gioì quando ciò gli dissi:

"Dio Höðr, non tirarti indietro. Fai anche tu come gli altri. Rendi onore a Baldr, come tutti gli rendono onore. Non essere il solo dio tra gli Asi a cui si possa dire: tu sei l'unico che tra gli Asi non ha reso onore a Baldr e alla sua invincibilità. Io ti indicherò dove egli sta, io ti darò un'arma da gettargli contro. Eccola. Tiragli questo morbido rametto che io per te ho acuminato come una freccia appuntita di modo che nessuno si possa prendere gioco dell'arma che tu tirerai al dio che non può subire ferita."

Così girai Höðr verso Baldr e a lui detti indicazioni di come tirare il rametto per colpire il dio figlio di Odinn. Egli seguì le mie indicazioni e il rametto di vischio scagliò contro il dio prediletto tra tutti gli Asi. Il rametto volò come una freccia tra lo spazio che separava la mano di Höðr e il petto di Baldr. E proprio nel suo petto entrò tra lo stupore attonito degli dèi. Cessarono le grida. Cadde Baldr. Ci fu silenzio. Cadde morto stecchito. Un ghigno si manifestò sul mio volto. Risi. Risa interminabili pari alle grida festose che precedentemente tutti gli altri dèi disposti in cerchio intorno a Baldr avevano innalzato divertiti. Questo scoppiò dentro di me. Trattenni quello scoppio di giubilo a stento, io che pure sono il dio dell'inganno.

In quel silenzio immobile, fragoroso era il sobbalzare di ogni respiro. Gli dèi erano ammutoliti, attoniti. Il corpo inerme a terra di Baldr li annichilì. Qual meraviglioso momento. Si girarono gli dèi verso colui che aveva scagliato quel rametto di vischio che così in profondità aveva penetrato l'invincibilità di Baldr. Quel rametto che si era insinuato là dove né lame divine né aguzzi macigni avevano avuto le ben che minime conseguenze. Nel guardare colui che aveva spezzato l'invulnerabilità di Baldr e con essa la sua vita, un solo pensiero accompagnava il costernamento degli dèi. Ma il luogo era santo, nessuna punizione poteva avvenire in quel luogo eletto ad assemblea degli dèi. Quando qualcuno di loro iniziava a fare per parlare e si muoveva per dire parole, allora egli prorompeva in pianto senza proferire una sola parola. Anch'io non sarei riuscito a parlare, solo che al posto del pianto mi sarebbero sgorgate lacrime di risa smisurate. Nessun dio con la parola poteva esprimere il proprio dolore. Mentre essi giocavano la morte era caduta su Baldr. Non era quello il momento per morire. Non per Baldr. Non era stato un glorioso scontro, non una grande causa a porre fine al migliore tra gli dèi. Non nella battaglia era caduto Baldr. Ma solo tra i giochi e i sollazzi degli dèi Baldr trovò la sua morte. Nessuno di loro trovò la forza di dire qualcosa.

Tra tutti soffriva Odinn. Odinn soffriva più degli altri perché ben sapeva quale tremenda disgrazia fosse per gli Asi la morte di Baldr. Egli che tutto conosce sapeva che quel tragico evento era quanto di peggiore potesse capitare all'ordine cosmico da lui imposto. La più grande disgrazia tra gli dèi e tra gli uomini, in questo modo quel nefasto evento veniva considerato dal costruttore del mondo presente.

Inoltre colui che inerme giaceva a terra era suo figlio.

Ciò che l'amore della dea Frigg aveva prodotto, la stupidità della stessa donna aveva tolto. Baldr morì per un rametto di vischio. Non il duro ferro, non l'oro, non il martello Mjollnir, non una scaglia di Yggdrasill fu la causa della sua morte, ma un piccolo e tenero rametto di vischio.

Mentre ancora gli dèi cercavano di riaversi da quell'evento imprevisto e funesto, Frigg seppur pietrificata era l'unica a non essere stata resa completamente incapace di qualsiasi reazione o pensiero. La madre di Thorr non era rassegnata a perdere il figlio suo prediletto e nel silenzio più totale Frigg parlò per prima. Se aveva girato i nove mondi per scongiurare la sua morte, ora era pronta a fare altrettanto e anche di più per riprendersi suo figlio. Dove era Baldr in quel momento? Chi custodiva il figlio suo nel buio e nelle tenebre là dove onore non regna ma solo miseria? Così ella parlò:

"Chi tra voi valenti dèi Asi vuol ottenere il mio amore e la mia devozione più profonda? Chi tra voi dèi di vittoria vorrà andare nel regno dove signora è Hel e proprio alla signora dei morti chiedere che il prode Baldr, morto per accidente, torni ad Ásgarðr? Chi chiederà alla signora dal doppio volto che Baldr possa tornare al luogo a cui appartiene?"

Si offrì per quel viaggio Hermóðr il gagliardo. A lui Odinn prestò il suo cavallo con cui più veloce sarebbe arrivato nel regno degli inferi. Hermóðr montò in sella a Sleipnir, il cavallo mio figlio dalle otto zampe; veloce partì nel viaggio che da morti si percorre una sola volta. Mentre Hermóðr cavalcava, gli dèi presero il corpo di Baldr e gli attribuirono gli onori che spettano ad un dio degli Asi.

FUNERALI E VENDETTA

Adoro i funerali. Ancor più adoro quelli magniloquenti. Quelli dove gli officianti esaltano ciò che nemmeno conoscono. Un essere umano è consapevole che la morte è una partita a scacchi che non può vincere ma che può solo cercare di allungare. Un essere umano sa che il suo obiettivo resta all'interno di quella partita, tra la prima mossa e l'ultima in cui perderà. Per questo si concentra così tanto nel rimandare quell'ultima mossa e ad essa dedica sì tanti pensieri. In questo gli dèi nati prima delle Norne sono più simile ai giganti loro nemici che agli esseri umani loro creature. Ma entrambi sono nel torto, io che sono il Signore dell'inganno e padre di Hel lo so bene. Sogghigno al dolore, ma mi son prostrato anch'io al dolore per la perdita dei miei figli. Io che conosco gli inganni.

Ma gli uomini non conoscono come Loki conosce, nemmeno il più saggio tra gli uomini. Nemmeno colui che è il Gran Saggio 42. Egli della sua incomprensibile morte parla con rispetto in solitario mentre ne accetta sinceramente l'esito in pubblico. La teme nei suoi picchi di solitudine, quando egli arriva a trovarsi nel profondo spaesamento che intimorisce. La accetta serenamente come di una necessaria ineluttabilità quando ne parla ai suoi simili. Ai suoi simili la rende accettabile e gradevole come ogni cosa che necessaria avviene. Sempre in ciò è sincero, ma la sua sincerità è diversa a seconda del luogo in cui si trova. Vera sincerità in diversi luoghi dell'essere. Io che sono il dio profanatore dell'ordine con lui, con il Gran Saggio 42, a volte parlo sebbene non ci capiamo. Lui deve e vuole comprendere per agire, ma in me la comprensione non è *necessaria* al mio agire. Io sono il dio profanatore dell'ordine e quel che *dovrebbe essere* in me non ha significato.

Un funerale è già regno del caos, del caos che appare calmo, per cui per quale motivo dovrei metterci bocca? Il funerale di Baldr. Questa sì che era una perdita per gli dèi sebbene niente delle gesta di Baldr abbia mai avuto impatto con il mondo eretto su Ygadrassil. Baldr il buono, Baldr il clemente. Cosa aveva mai fatto la bontà e la clemenza di Baldr nel mondo? Niente. Egli proferiva rune di bontà e di clemenza ma nessuno dei suoi giudizi reggeva nel mondo dove gli esseri vivono. Nessuno dei suoi giudizi si realizzava nel mondo degli dèi e degli uomini. Ma la realizzazione di un volere non è la cosa più importante nel regno eretto da Odinn. In questo mondo la cosa più importante è la speranza, l'idea di poter realizzare quel volere. La speranza e la propensione a realizzare qua e ora conta più della realizzazione medesima. Odinn che tutto predispose questo lui sa bene. Questo era l'irreparabile danno sancito al suo mondo dalla morte di suo figlio. Per questo ora che Baldr non è più, io sogghigno e gli dèi sono tristemente silenti. Baldr da vivo non ha mai fatto nulla, ma da morto farà anche meno. Quando egli esisteva la sua stessa esistenza era una speranza che si tramutava soltanto in protesta e consolazione. Questo era quanto di più grande Odinn avesse mai chiesto a chi nel suo mondo soggiornava. Ora chi vive in Ásgarðr sa che la speranza è vana e che non vi è consolazione. Ora sanno per certo che devono essere pronti alla battaglia. Bruciò in una sola grande fiammata la loro speranza. E parimenti a come bruciò la loro speranza, così essi tributarono a Baldr il più bel fuoco funebre che gli dèi avessero mai fatto. Ecco come andò il funerale del dio più amato tra gli dèi.

Il suo cadavere fu preso e posto sopra la barca più grande che mai sia stata fatta. Sopra legno di pino e di quercia fu posato il cadavere perché in legno di pino e di quercia fu fatta Hringhorni. La nave

190

immensa e magnifica era però troppo pesante per i rulli dove era stata posta. Questi non avrebbero rullato nella maniera dovuta per portare al mare la magnifica Hringhorni. Nemmeno le divinità riuscirono a spingerla. Da lontano Hringhorni guardava il mare.

Allora la gigantessa Hyrrokkin fu chiamata per tale compito. Giunse selvaggia come solo i giganti antichi possono essere. Giunse cavalcando il suo lupo. Hyrrokkin lo guidava con serpenti dalle fauci spalancate, essi erano le terrificanti briglie che Hyrrokkin utilizzava per dare la direzione al lupo spaventoso. Cavalcava la maestosa bestia con splendore terrificante. Magnifica e terrifica era Hyrrokkin. Ella scese mentre il lupo indomito e bramoso di sangue si guardava attorno. Quattro berserkir furono mandati appositamente da Odinn per tenere in custodia quella bestia selvaggia dai denti appuntiti. Odinn stesso, il dio padre degli dèi e il padre di Baldr sovrintese ai funerali dell'amato figlio. Per questo diede il suo destriero Sleipnir all'altro suo figlio Hermóðr, affinché il viaggio verso la dimora di Hel fosse più celere possibile.

L'indomita gigantessa fece ciò che gli era stato chiesto. Andò alla prua della nave e la spinse così forte che i cilindri sopra cui la nave era stata posta sentirono tutta la forza e la veemenza di quell'atto. Lo scafo della nave si bagnò dell'acqua marina e tra i moti ondosi stava mentre i rulli così veementemente scossi prendevano fuoco. Essi presero fuoco, la terra tutta tremò sotto quell'impeto primordiale. Un impeto primitivo non adatto al contegno che gli Asi esigevano per quell'evento funesto. Un evento che per loro richiedeva solo silenzio. Allora Thorr l'irruento che già era esacerbato per quel funerale inatteso, si adirò. Impugnò il suo martello e nella direzione di Hyrrokkin andò per fracassarle il cranio. Tuttavia fu placato nella sua collera dagli altri dèi che così risparmiarono la vita alla gigantessa, a quella grandiosa manifestazione fisica della forza prorompente della natura. Ma altro pagò costei per aver prestato aiuto agli dèi.

Il suo lupo sempre assetato di sangue era irrequieto sotto la sua natura indomita. Sempre si agitava e più volte si scrollò di dosso i guardiani a lui preposti. La sua pelliccia scuoteva fremente. Indomito egli era, vibrante nella sua natura. Inadatto egli era a comportarsi come un cane mansueto allevato al caldo focolare degli Asi. Inadatto egli era ad aspettare quietamente il ritorno della gigantessa sua padrona. Inadatti i furenti berserkir a far da guardiani ad una così selvaggia bestia. Così i berserkir lo abbatterono senza prestar troppa importanza al motivo per cui quella bestia tanto sgradita fosse là. Aveva accompagnato Hyrrokkin a svolgere un compito gradito agli dèi. Eppure ciò che la gigantessa ritrovò al suo ritorno fu il cadavere del suo lupo sopra nessuna nave cerimoniale ma sopra solo la terra spoglia.

Nessuno badava né a Hyrrokkin né al suo lupo, la costernazione e il dolore per Baldr erano tali che tutto il resto sembrava nullo e inutile. Tale fu il dolore che la sposa Nanna provò nel vedere il suo sposo Baldr disteso sulla pira sopra la barca appena messa in mare. Tale che ella ne morì. Così anche lei fu posta sulla pira accanto a suo marito. Ma per lei il rammarico fu minimo giacché ogni altro nefasto evento dopo la morte del migliore tra gli dèi sembrava una piccola luce lontana di fronte allo splendore del sorgere del sole.

La pira su cui Baldr e la sua sposa giacevano distesi fu accesa. Thorr consacrò il fuoco con il martello Mjöllnir, lo stritolatore, l'arma luminosa del regno divino. E proprio mentre Thorr stava consacrando il fuoco, il nano Litr passò correndo davanti ai piedi del dio iroso. Thorr iracondo che la sua ira non sfoga mai del tutto fu preso da astio e con un calcio scaraventò Litr sul fuoco dove bruciò di una fiamma vana. Io sorrisi a quella scena. Thorr mi assomiglia anche se non lo ammetterà mai. Se non fosse il figlio di Odinn, il figlio a cui spetta di proteggere Ásgarðr e l'ordine divino, egli per temperamento e impulsività sarebbe il degno signore dei giganti che al di là del mare stanno. Sarebbe l'indiscusso sovrano dei giganti che ai limiti del mondo attendono ansiosi di riversarsi nelle terre di mezzo. Ma Thorr è più debole di me, perché lui è indomito senza sapere il perché; perché lui è potenza che non chiede ma che si asseconda. I suoi atti sono frutto della sua chiara natura. Proprio come i giganti di cui dovrebbe ergersi a signore e difensore. Seppure il suo essere divino lo porta a placare leggermente i suoi istinti. Leggermente! I miei atti invece sono imprevedibili perché io medesimo non so come mi comporterò all'evento successivo. Ma ciò non è perché ignoro gli istinti, io essi al contrario di Thorr e al contrario dei giganti fusi con la natura selvaggia e indomita, io li conosco bene. So che a voi non piacciono così come non piacciono agli dèi. Gioco con l'ignoranza del mio agire e da ciò ne trovo giovamento e piacere. Eppure io so cosa voglia e conosco cosa vedo. Questo che per voi è paradosso è anche il motivo per cui io sono un dio e vivo come un dio, e voi siete degli esseri umani e come esseri umani vivete. Seppur non possiamo toccarci noi ci sfioriamo. Voi non mi comprenderete come io non posso comprendere pienamente voi. Ma ricordate di non seguire gli altri dèi che parlano del mio agire, perché anche essi sono ciechi come Höðr. Solo che al contarrio di Höðr essi non lo sanno. Solo Odinn lo sapeva e per questo ha sacrificato un occhio. Ha sacrificato un occhio per vedere.

Non è ira, non è l'invidia di cui sempre mi accusano gli dèi Asi ciò che mi porta a contrastare le divinità di Ásgarðr. Non è per paura che all'opposto aiuto le divinità di Ásgarðr. Niente di tutto ciò e niente di cui fossi consapevole era alla base del mio agire. Questo fino a quando in questa caverna oscura sono stato relegato nella sofferenza più nera. Questo che vedo innanzi a me non ha cambiato l'ordine innanzi a me. Ma non è seguendo quell'ordine *necessario* che io soggiacio alla necessità. La fine di tutto non avverrà perché così era prestabilito come Odinn ha visto e vede. La fine di tutto avverrà perché io sempre non ho appartenuto al necessario. Quando generai figli, quando giocai scherzi agli dèi, quando aiutai gli dèi, quando il buffone facevo. Niente di tutto ciò deriva dalla rugiada delle Norne. Niente di tutto ciò deriva da qualcosa. Perché là dove voi vedete radici, perché là dove gli dèi hanno posto radici, là dove sono sorte le Norne, in verità là nulla c'era e nulla c'è. Io Loki non ho agito per istinto o per necessità. Thorr agisce invece per impazienza e collera. Mi piace. Mi divertono le sue imprese. Provo simpatia smisurata per lui sebbene a volte son dovuto scappare di fronte alla sua inesauribile collera e di fronte al suo martello. Sebbene mi abbia rinchiuso qua.

Quella divina cerimonia funebre rese chiaro a tutti gli Asi che niente sarebbe stato più come prima, che niente alla fine dei tempi sarebbe andato come i loro migliori desideri avrebbero voluto. Gli dèi guardavano la barca procedere nello sterminato mare. Il padre degli dèi, colui che più di tutti mi conosce e che per questo non può distruggermi, colui che più mi assomiglia e che mutevole è nelle sembianze come lo sono le figure dei sogni e gli inganni mutevoli, era là. Immobile. Impassibile. Vicino a Odinn vi era sua moglie, la madre di Baldr, Frigg l'addolorata e l'infedele. E vicino a loro vi erano i più fedeli servitori del dio Odinn: i corvi e le sue valchirie. E poi tutti gli dèi. Ma non solo gli dèi erano intorno a Odinn. Vennero anche i nemici giganti; molti giganti del ghiaccio e molti giganti delle montagne vennero a rendere omaggio al figlio di Wotan e di Frigg. E Odinn, davanti a tutti, sulla pira gettò l'anello Draupnir, il simbolo del suo potere e di ciò che più potente c'è nella terra di

196

coloro che vivono. Lo gettò nel rogo accanto al figlio e per il figlio, affinché Baldr lo portasse con sé nel regno dei morti. Là dove egli vagava senza meta. Anche il suo cavallo fu messo sul rogo affinché nel regno infero rendesse meno gravoso il pellegrinare di Baldr che meta non conosceva.

Mentre il rito funebre procedeva e tutti erano al cospetto della pira di Baldr, uno degli dèi Asi stava cavalcando. Per nove notti Hermóðr aveva cavalcato per valli oscure e profonde, là dove nulla si vede. Giunse al fiume Gjöll, lo attraversò passando sopra il ponte Gjallarbrú. Ma il rumore del suo incedere sopra quel ponte era fragoroso, assordante anche per un dio figlio di Odinn. Su quel ponte gli venne incontro la fanciulla che ha nome Móðguðr e che là sta a guardia di Gjallarbrú. Gli si fece innanzi e gli domandò:

"Chi sei tu che ti avventuri sopra il ponte Gjallarbrú? Non sembri essere destinato al mondo dei morti. Il tuo aspetto non è come quello dei morti. Tu non hai il colore dei cadaveri. Come ti chiami e da quale stirpe provieni? Il tuo incedere è rumoroso. Al tuo passaggio il ponte rintrona in maniera ben più forte di quando ieri cinque schiere di morti vi transitarono."

Hermóðr seduto sulla sella sopra Sleipnir rispose:

"Mi chiamo Hermóðr, sono figlio di Odinn e appartengo alla schiera degli dèi Asi. Corro verso il regno di Hel per cercare mio fratello Baldr. Forse che anche un dio splendente, raggiante come Baldr sia passato per questo ponte che divide i vivi dai morti? Forse che un dio raggiante debba fare lo stesso cammino degli uomini? Hai forse visto Baldr passare di qua?"

Móðguðr guardò verso il dio che le era innanzi senza render conto del suo sguardo, un dio che al suo cospetto attendeva una risposta. Un dio vivo che era sul ponte dove solo Hel ha il potere di differenziarsi da tutti gli altri esseri che vi transitano:

"Nel regno di Hel, ogni essere è un essere come l'altro. Dèi e uomini malati non sono più dissimili quando per questo ponte transitano. Baldr è già passato assieme a schiere di morti che in vita non avevano nulla di glorioso e di lucente se non l'alito."

Triste Hermóðr fu nel sapere che la morte di Baldr era veramente accaduta e che non era stata solo una mera illusione. Ma sollevato Hermóðr fu nel sapere che il suo viaggio non era stato vano e che ancor di più poteva essere utile agli dèi Asi e alla madre di

Baldr, la dea Frigg. Così chiese alla guardiana del ponte:

"Profonde e oscure sono queste valli, dopo questo ponte il buio è ancora più nero, ma tu lascia che parli con Hel e che possa intercedere per un dio della luce senza cui i nove mondi non posono essere gli stessi."

L'espressione di Hermóðr in quel mondo oscuro non era data nella maniera da essere vista da Móðguðr, ma la sua presenza era tangibile, così come il suo colore era visibile. Ella guardò colui che procedeva sopra il destriero di Odinn, il cavallo dalle otto zampe Sleipnir, il figlio di Loki e fratello di Hel signora degli inferi, e così proferì parola:

"Il sentiero che conduce ad Hel corre verso il basso. A nord devi procedere per arrivare ai cancelli della dimora della signora degli inferi figlia dello stesso padre del destriero che stai cavalcando."

Hermóðr proseguì dunque fin quando giunse ai cancelli di Hel. Gli invalicabili cancelli di Hel. Hermóðr spronò Sleipnir che fece forza sulle sue possenti otto zampe e alto saltò. Saltò sopra i cancelli di Hel, così alto saltò che atterrò lontano dai cancelli infernali. E da là riniziò ancora a galoppare per andare ancora più distante. Alla sala della signora degli inferì giunse. Stava al cospetto di Hel.

Al cospetto di Hel e seduto accanto a lei egli stava.
Sul trono accanto a Hell siedeva il fratello motivo
del lungo viaggio. Là era Baldr.

Hermóðr passò la notte nel luogo dove è sempre
notte. Stette colà, vicino al fratello che muto se ne
stava sul trono accanto alla signora degli inferi. Al
mattino seguente Hermóðr chiese ad Hel mia figlia:

"Baldr non appartiene a questi luoghi, tu lo sai
signora degli inferi. Baldr è il dio della luce e il suo
destino si deve ancora compiere. Lascia che torni
con me là dove appartiene. Baldr il dio buono e
giusto, il migliore tra gli dèi. Ogni dio degli Asi
piange la perdita di Baldr. Grande è il lutto che
attraversa i mondi per la sua dipartita. Ogni creatura,
ogni essere che esiste piange per la mancanza di
Baldr. Restituiscicelo Hel, tu che puoi tutto nel
regno degli inferi."

Hel dal viso difforme tra la metà destra e la metà
sinistra, disse sogghignando da una parte e
contorcendosi dall'altra:

"Tu mi chiedi di liberare dal luogo dove egli è
giunto non per mia volontà, il figlio di colui che mi
ha bandito. Il figlio di colui che ha bandito me e i
miei fratelli. Il figlio di colui che ci ha condannati a
provare l'eterno odio verso lui e il suo mondo da cui

siamo stati esiliati per essere relegati fuori dalla vista della luce. La serpe mio fratello giace in fondo al mare, il lupo Fenrir incatenato con un laccio magico su un'isola lontana, io qua nel luogo in cui nessun fiore appassisce perché nulla cresce e nulla vive. Qua dove ho dovuto costruire la mia dimora e accogliere coloro che da morti Odinn non voleva nel suo Valhalla. Perché dunque dovrei liberare Baldr tuo fratello? Non promettermi cose che nemmeno tuo padre e tua madre possono darmi. Ciò che io voglio, voi Asi non me lo potete dare. Ma il vostro supplicare mi piace. La vostra stupida sicurezza che ogni essere ami Baldr e che mi stia supplicando per il suo ritorno nella terra bagnata dal sole mi piace. Allora questo che io ti dirò riporta ad Ásgarðr e che tuo padre e tua madre sentano chiaro: se tutti gli esseri della terra piangeranno per Baldr e innalzeranno con il pianto le loro suppliche a me affinché Baldr torni tra loro, io, Hel, acconsentirò che Baldr torni fra gli Asi. Ma bada bene Hermóðr, riporta questo a tua madre Frigg che nessuna lacrima versò per me e i miei fratelli quando venimmo banditi dalla terra: se anche una sola creatura si rifiuterà di piangere la morte del suo figlio prediletto e di pregarmi per il suo ritorno ad Ásgarðr, allora Baldr rimarrà con me e nessuna altra richiesta io ascolterò per lui."

Udito ciò Hermóðr prese le briglie del cavallo di Odinn e in groppa a Sleipnir si avviò verso i cancelli di Hel. Baldr si intromise nel suo cammino e lo accompagnò fuori della sala. Nelle mani di Hermóðr l'amico e fratello pose l'anello Draupnir. Non parlava Baldr, ma chiaro era il suo volere. Nel silenzio Hermóðr capì che l'anello sarebbe dovuto tornare a Odinn. L'anello simbolo del potere di Odinn da quel giorno sarebbe diventato il ricordo di suo figlio Baldr. Anche la moglie di Baldr accompagnò Hermóðr fino alle soglie della sala di Hel, qua ella gli consegnò doni per Frigg sua suocera. Gli consegnò anche un dono per Fulla, la dea prima ancella di Frigg a cui Frigg nessun segreto cela e a cui chiede consigli per le sue cose nascoste. A Frigg donò una moltitudine di doni tra cui un magnifico telo; a Fulla la dea dai capelli sciolti, Nanna donò un anello d'oro.

Hermóðr veloce cavalcò. Tornò indietro attraversando territori sconfinati senza mai ristorarsi. Cavalcò veloce fino quando giunse al recinto di Ásgarðr. Qua prima di riposarsi portò la parola di Hel. Riferì ciò che aveva udito e riferì ciò che aveva visto nel buio del regno di Hel. Tutti gli dèi di Ásgarðr piansero Baldr. Frigg in fermento inviò messaggeri per ogni dove a chiedere ad ogni essere sulla terra, ad ogni essere sotto la terra e ad ogni essere sopra la terra di piangere per Baldr. Allo stesso tempo comandò e supplicò ogni essere di pregare Hel per il ritorno sulla terra del suo figlio prediletto. I messaggeri raccolsero copiose lacrime in gigantesche otri, in contenitori di duro metallo, in vasi tristemente decorati. Tutti acconsentivano e piangevano per il dio luminoso Baldr. Gli uomini, i pesci, gli animali, le colline, le pianure, le pietre, gli olmi, i frassini, le betulle, gli abeti e tutti gli alberi piangevano per Baldr. Anche i metalli passavano dal loro stato di freddo al loro stato di caldo per piangere Baldr. Nessun essere poteva trattenere il dolore per la morte del dio della luce e tutti accettavano di compiangerlo per onorarlo. I nani, gli elfi e gli elfi oscuri. Tutti piangevano e i messaggeri sparsi per la terra tornarono soddisfatti alle mura amiche. Uno di loro però nel tornare incontrò l'antica gigantessa Þökk. Un nome come un altro per una creatura antichissima che nessun messaggero conosceva. Questa è la mia burla più bella. Travestito da antichissimo gigante femmina non volli piangere la morte di Baldr. E con queste parole negai il ritorno in terra del dio della luce:

"Il destino di Baldr a me non interessa. Che vantaggio ho mai ottenuto dall'esistenza di Baldr che tanto piangete? Esistevo prima di lui e da quando Odinn ha stabilito il suo ordine cosmico io vivo in questa grotta lontano dalla luce. La luce non mi serve, la bellezza non mi commuove. Le lacrime che voi cercate le avete già innanzi, ma sono lacrime asciutte! Che Hel si tenga ciò che già ha!"

Quando io ero nelle sembianze di Þökk, Þökk esisteva come un qualsiasi altro essere e come un qualsiasi altro essere egli doveva piangere per far tornare il prode figlio di Frigg e di Odinn. Ma Þökk non pianse e io ancora ora ne rido. Il Signore dell'inganno così da sempre mal sopportato dagli dèi Asi stava facendo il suo scherzo più bello. Gli dèi mi definiscono fabbro di mali, che sappiano allora che io produco nella mia fucina sempre un gioiello migliore del precedente. Da me provengono le maggiori sciagure per gli dèi Asi. Questo è per me motivo di vanto. Ma nessun male o burla architettata precedentemente è pari a questa con cui privai gli dèi di Ásgarðr di colui che pensavano fosse il migliore tra loro. Mai sciagura più grande toccò fino ad allora gli dèi e gli uomini. Così essi considerarono quel funesto evento. E la cagione fui proprio io, Loki, figlio di Laufey e Signore dell'inganno. L'assenza di compassione in un solo essere bastò ad impedire il ritorno di Baldr.

Ma la morte di Baldr non rimase impunita. Baldr era morto a causa di una freccia di vischio scagliata da Höðr. Höðr andava punito e doveva prendere il suo posto negli inferi accanto al dio splendente della luce. Così Odinn convocò Rindr della stirpe degli Asi, i presagi avevano detto che con lei Odinn avrebbe generato il vendicatore di Baldr. Rindr però si opponeva e non voleva concedersi al padre degli dèi. Odinn dovette usare tutta la sua magia per possederla. Si mutò in molteplici aspetti fino a quando con l'inganno giacque con lei e lei generò Váli colui che doveva vendicare l'assassinio di Baldr. Come predisse l'indovina degli inferi, Váli fu concepito nelle sale d'Occidente ed egli né si lavò le mani né si pettinò i lunghi capelli. Una sola notte visse e la passò impaziente di vendicare il fratello. Il giorno seguente uccise il dio cieco Höðr per il suo crimine. Un crimine involontario agli occhi degli dèi, ma agli stessi medesimi occhi questa evidenza non lo rendeva meno crimine. Ai miei occhi la stupidità è sempre un crimine. Sogghigno pensando che Höðr il cieco che vedeva non più di quanto fosse intelligente sia stato punito per la sua stoltezza.

Il vero colpevole della morte di Baldr, ero comunque io. Io che sono Loki. Non conosco se Odinn si sia arreso al destino, lui che il destino conosce. Non conosco se abbia deciso di combatterlo in differente modo da quel che fece in passato. Quello che conosco è ciò che accadde questa volta. Questa volta egli si abbandonò ad una colera non indirizzata verso un obiettivo più grande. Non era la collera che abbattè i giganti primordiali e che smembrò il corpo di Ymir, era collera cieca di futuro. Forse era il punirmi per purificarsi dal suo dolore, dal dolore di chi tutto già conosce ma che nulla ha potuto per impedire che accadesse. Per la prima vera volta Odinn il saggio, colui che da sempre si era battuto con il destino, si abbandonò all'ira. Furente e fuori di sé voleva punirmi come si punisce un uomo che ha peccato. Come la vittima di un sacrificio attraverso la cui pena si vuole imporre l'ordine voluto sul caos e sul suo stesso dolore. Odinn il viandante si abbandonò all'ira cieca sospinto dal volere di tutti gli dèi, lui che mai aveva considerato granché quel volere. Per gli dèi Asi era giunto il momento che Loki affrontasse la rabbia di chi governa il mondo.

Così nella mia dimora non attesi l'arrivo degli dèi, ben altro feci. Fuggii da Ásgarðr. Me ne andai nel luogo sicuro che sempre mi accoglie quando dagli dèi Asi io scappo. Rimasi colà dove ero solito attendere e veder passare il tempo adatto a smorzare l'ira funesta degli dèi. Ma questa volta la persistente sete di vendetta degli Asi fece andare le cose diversamente.

PUNIZIONE E SUPPLIZIO DI LOKI

Mi ero nascosto su una montagna. Avevo costruito una casa con quattro porte in modo da poter guardare in tutte le direzioni e vedere i quattro nani che dimorano ai confini del mondo. Da una porta vedevo fino a Suðri, da una porta vedevo fino a Austri, da una porta vedevo fino a Vestri, da una porta vedevo fino a Norðri. Ripresi la vita che conducevo quando anche in altre occasioni passate mi ero nascosto in forma di salmone. La vita selvaggia che appaga gli istinti.

Durante il giorno mi trasformavo in salmone e mi nascondevo nella cascata di Franangr. Un salmone tra tanti salmoni. Agli occhi degli dèi però ero più importante di qualsiasi altro salmone. Mi dilettavo a pensare quali stratagemmi gli Asi avrebbero escogitato per catturare la fonte di così tante loro disgrazie. Di notte rimanevo nella mia dimora dalle quattro porte. Colà accendevo un fuoco e là davanti al fuoco una rete per pescare andavo facendo. Annodavo il lino, intrecciavo le corde, pensavo alle possibilità che gli dèi avrebbero gettato innanzi a loro come un pescatore pensa e intreccia la rete che getterà innanzi a lui per catturare i pesci. Un giorno dalla porta che getta la vista verso Hliðskjálf vidi provenire gli dèi spinti da Odinn che da là mi aveva veduto. Gettai la rete sul fuoco e sotto forma di salmone mi nascosi veloce nella cascata di Franangr. Gli dèi entrarono nella mia dimora. Da tutte le parti entrarono onde evitare che fuggissi. Nulla trovarono. Ma il più saggio di loro, Kvasir, guardò nel fuoco e così vide i resti carbonizzati della rete da me fabbricata. Kvasir l'essere saggio nato per suggellare la pace tra gli Asi e i Vani. Colui a cui nessuno era capace di rivolger domande alle quali egli non sapesse rispondere. Lui, che ora siede anch'egli nella dimora di Hel, vide i resti carbonizzati della rete e grazie alla sua saggezza subito intuì che fosse arnese per pescare. Così parlò agli dèi:

"Se questa rete è fatta per pescare, Loki deve aver pescato perché bene conosce il fiume. Conosce ogni suo meandro e ogni avvallamento su cui acqua vi scorre. Egli è dunque ora un pesce che aspetta nascosto la nostra partenza."

Gli dèi allora senza mettere in dubbio il dire di Kvasir, presero i resti carbonizzati della rete bruciata e li usarono come modello per produrne una nuova. Quando la rete fu pronta vennero al fiume e nella cascata di Franangr la gettarono. Da una parte la teneva Thorr il possente, dall'altra la tenevano tutti gli altri dèi colà giunti per catturarmi. Ma io nuotai in basso e le passai avanti. Mi nascosi tra due pietre e là aspettai. La rete che mi era passata sopra fu tirata in superficie dagli dèi e nulla vi ci trovarono, ma essi avvertirono la presenza di qualcosa di stranamente vivo e così ritentarono. Di nuovo Thorr teneva la rete da un lato e gli altri dèi dall'altro, ma questa volta assicurarono alla rete delle pietre di modo che fino ai fondali del fiume essa scendesse. Di nuovo poi la gettarono nell'acqua tortuosa. Io nuotai in avanti, veloce come l'istinto della sopravvivenza impone ad un salmone. Gli dèi continuavano a tirare la rete e quando il fiume stava per entrare nel mare allora feci un gran salto all'indietro oltre il bordo della rete. Con un bel salto scavalcai la rete e me ne tornai spingendo con la coda verso la cascata da dove provenivo. Anche questa volta gli dèi ritirarono su la rete rimasta vuota, ma ora gli dèi mi avevano visto. Sapevano che io ero là. Alla cascata di Franangr tornarono. Questa volta gli dèi si divisero in due gruppi, un gruppo teneva la rete da una parte e un gruppo la teneva dall'altra parte. In questa maniera iniziarono a tirare la rete dalla cascata verso il mare. Dietro alla rete, nel mezzo del fiume guadava Thorr. Anche questa volta la rete mi spingeva verso il mare e anche questa volta sotto di essa non potevo passare per le pietre che la facevano strusciare sul fondale. Anche questa volta saltai all'indietro sopra il bordo della rete, ma questa volta dietro essa c'era il dio Thorr. In volo Thorr, colui che è conosciuto anche con il nome di Hlorridhi, mi afferrò. Come un salmone scivoloso tentai di sfuggirgli tra le mani, ma Thorr strinse la sua presa proprio mentre ero quasi riuscito a divincolarmi. Per la coda, con forza mi tenne. Tale fu la pressione delle sue forti mani sul mio corpo sinuoso che il corpo mi si affusolò ancor più verso la coda. I salmoni tutti guardavano stupiti quello scontro tra dèi in cui uno di loro lottava nelle sembianze di loro stessi, nelle sembianze di salmone. Tale fu la stretta di Thorr che il corpo del salmone da me camuffato si strinse ben più sottile verso la coda. Da quel giorno a onore di quella disputa sul fiume che diparte dalla cascata di Franangr tutti quei pesci strinsero il corpo loro e quello dei loro piccoli verso la coda. Tutti i salmoni crebbero in tali sembianze. Da quel giorno per questa ragione il corpo del salmone si assottiglia verso la coda. E questi sono diventati i pesci e i salmoni che voi uomini conoscete.

In quel modo mi catturarono. Fu Thorr a catturarmi mentre guadava dietro alla rete da pesca trainata dagli dèi posti sulle rive del fiume. Thorr mi catturò e mi strinse con vigore. Mi portarono poi in una grotta, al cospetto di Odinn. Il re degli dèi disse rivolto a me:

"Hai commesso l'ultimo dei tuoi crimini verso gli dèi Asi che governano la terra. Non avrò nessuna pietà per te, Loki, come non ne ho mai avuta con chi meritava di essere punito. Abusi dei nostri favori da così tanti anni che quasi avevo dimenticato le tue origini maledette. Ora è necessario che ripari al mio errore."

Gli dèi portarono tre grossi massi. Li rizzarono sul bordo più corto e poi fecero un foro attraverso ciascuno dei massi. Una volta appuntite le cime delle grandi pietre, portarono i miei due giovani figli legittimi che avevano da poco catturato. Quei figli di cui vi avrei detto e di cui vi avrei parlato quando poc'anzi vi parlavo della mia progenie. Ma morirono troppo giovani per poterlo fare. Uno si chiamava Váli, l'altro Narfi. Il primo si chiamava proprio come il vendicatore di Baldr che nel regno dei morti mandò il suo assassino. Forse proprio per questo su di lui scese la punizione meno crudele ma più indelebile. Al cospetto mio e di Odinn, Váli fu trasformato in un lupo mentre davanti a lui fu lasciato l'inerme e indifeso Narfi. Chiesi perdono.

Gridai perdono. Promisi che mai più avrei tramato del male contro gli dèi Asi. Queste furono le poche parole che mi rivolse Odinn:

"La tua lingua, signore dell'inganno, mentirebbe anche dopo aver lasciato la tua bocca."

Poi Odinn usò la sua magia sul lupo e gli fece fare ciò che un lupo affamato fa davanti ad un tenero bambino. Davanti a me immobile sotto le rune magiche di Odinn che nessun movimento mi consentivano nemmeno di immaginare, là sotto il giogo degli dèi, io vidi ciò che accadde. Váli ormai lupo feroce sbranò suo fratello Narfi, sbranò colui che non riconosceva più come suo fratello. Io solo riconoscevo bene entrambi e là compresi ancor più la tristezza che deriva dalla conoscenza. Amare lacrime versai.

Heimdellr e l'iroso Thorr presero le budella dal corpo esanime di mio figlio Narfi e le fecero passare per i tre fori da poco creati nei tre massi eretti. Con esse mi legarono sopra le tre pietre appuntite. È con questa carne che prima era viva nelle viscere di mio figlio, che io fui legato qua nel buio di questa grotta. Di mio figlio Narfi mi sono rimaste solo queste budella che mi tengono qua legato a questi massi. Piansi come non ebbi mai fatto. Tanto era il dolore che provavo nel ripensare a come erano state fatte le mie catene, che nemmeno ricordavo di essere stato io stesso colà a guardare ciò che era accaduto. Ricordavo ciò che ora ricordo. Ricordo di vedere me stesso immobile. A soffrire. Ancor ora io ricordo di vedermi là immobile di fronte allo strazio del corpo dio mio figlio Narfi. Ero là, come fossi qualcosa di esterno a sé stesso ma che guardava me stesso nel punto più estremo dove il dolore conduce. Mi vedo. Io sono là a vedere la faccia del dio Loki lacerata dal dolore. Così distante nel guardare me stesso che quel dolore me lo ricordo con pietà. Pietà per quell'essere immobilizzato che assiste allo scempio della carne di un figlio sull'altro. Mai avrei pensato che io Loki avrei potuto provare quegli stati dell'essere. Ma ciò avvenne. Meglio sapere della morte dei propri figli piuttosto che vederla da immobilizzato e inerme senza poter intervenire. Un dolore profondo come il baratro primordiale Ginnungagap. Fu quell'infinito dolore a farmi vedere tutto più chiaramente. Mai avrei creduto di vedermi piangere per la morte di qualcuno.

Mentre mi legavano non mi rivolsi al mio acerrimo nemico Heimdallr con cui tanti scontri sostenni, non era lui che aveva scelto una pena così crudele per il crudele tra gli dèi; io parlai a Thorr pronunciando poche e brevi parole:

"Perché loro? Avete bandito i miei figli mostruosi, perché avete ucciso il mio bambino legittimo e reso lupo feroce l'altro? Cosa ti avevano fatto Thorr, loro che innocenti erano?"

Thorr la cui ira sempre divampa ora parlava freddo come un capo che prende decisioni:

"Nessuno è innocente, tu lo sai meglio di chiunque altro. Faremo sparire ogni tua traccia. Da Ásgarðr a Nifhel, passando per la terra di mezzo cancelleremo ogni tua traccia. Nessuno deve serbare il ricordo di te di modo che gli uomini non erigeranno nessun culto nei tuoi confronti."

Stupido Thorr, se solo ti avessero dato un briciolo di intelligenza al posto di quella immane forza. Come puoi solo sperare che io sia dimenticato? Io che sono l'inganno. Come puoi solo sperare che nella terra dove gli esseri vivono si possa dimenticare l'inganno? Ma la sua stupidità risvegliò la mia irriverenza e così gli ricordai ciò che lui non voleva ricordare ma che questa volta nemmeno poteva adoperarsi per dimenticare:

"Quindi questa è la tua vendetta Thorr. E dimmi, ti adoprerai anche per cancellare ogni ricordo degli affronti che hai subito? E come farai? Cancellerai tua moglie? Puoi farlo possente dio, ma il ricordo di ciò che avvenne puoi forse cancellarlo da te stesso e dal novero degli eventi? Dimmi Thorr, questa tua vendetta farà forse sì che tua moglie Sif non pensi più a me e non pensi a come io con il suo stesso volere entrai dentro di lei? Oppure, forse, riuscirai a far dimenticare colui che ti ha visto vestito da dea femmina e scodinzolare come una puttana al matrimonio del gigante che ti portò via il martello? E come si può portare via un così prezioso arnese al dio più potente di tutti? O forse questa tua vendetta farà sì che tu non pensi a me quando guarderai i capelli d'oro di Sif? Sono belli i capelli d'oro di Sif, vero? Ma io ti garantisco che prima che la rasassi tutta, anche i suoi capelli di nascita erano assai belli. Profumavano mentre io li estirpavo."

Thorr non reagì a nessuna delle provocazioni perché aveva in mente ciò che Odinn aveva predisposto per me. Mi misero sopra le tre grandi pietre appuntite. Una l'ho sotto le scapole, un'altra sotto i lombi, e la terza ce l'ho sotto l'incavo delle ginocchia. Le budella di mio figlio si strinsero ancora più a me e divennero di ferro. Skaði arrivò felice, mi guardò sorridendo ancora memore delle offese ricevute. Ella prese una serpe velenosa, l'appese sopra di me, sopra la mia fronte. L'appese ben attenta a che il veleno che continuamente gocciola dalla bocca della serpe sempre mi caschi sul viso. È un veleno potente, è un acido che mi solca il viso e la fronte come un aratro ara i campi, che mi brucia come il fuoco divampa sulle foglie secche.

Il mio dolore doveva essere anche il dolore di chi aveva scelto di starmi vicino, così mia moglie legittima, Sigyn, fu lasciata accanto a me. Questa è anche la sua punizione. Oltre ad aver avuto un figlio sbranato ed un figlio trasformato in lupo, lei ha sempre di fronte il suo legittimo consorte che si contorce per il dolore mentre è legato a delle pietre aguzze con le budella della sua prole. Lei che non è né una gigantessa né uno spirito malvagio. Lei siede accanto a me, mi è vicina. Per alleviarmi il dolore regge un catino sopra il mio volto, lo sorregge proprio sotto il gocciolare velenoso della terribile serpe. Lo regge senza sosta. Ma prima o poi il recipiente diviene colmo ed ella deve andare a svuotarlo. Il velenoso gocciolio però mai si ferma. Così il venefico stillicidio arriva sulla mia faccia, solcandola. Vorrei non contorcermi, vorrei non far veder il mio tangibile dolore. Ma ciò non è possibile.

Quando le nocive gocce mi scendono sul viso non posso fare a meno di scuotermi così violentemente che per le contrazioni io non sento nulla al di fuori del mio dolore, mentre Sigyn avverte che l'intera terra ha un sussulto. Questo scuotersi è chiamato da voi esseri umani terremoto. Siete costretti a soffrir con me per le mie pene e per le mie colpe. Ha ragione Thorr. Voi non avete eretto santuari in mio nome, non vi sono luoghi a me dedicati dove andare a pregare. Ha torto Thorr. Come è normale per colui che non ha saggezza. Voi uomini della terra di mezzo mi ricordate. Mi ricordate molto bene. Perché sebbene non sappiate cosa ricordare, sapete che c'è qualcosa da ricordare. Il terremoto ve lo ricorda a tutti. Lo ricorda a coloro che vedono e a coloro che sono ciechi, a coloro che odono e a coloro che sono sordi, a coloro che corrono veloci e a coloro che sono storpi.

In questo momento Sigyn è qua accanto a me. Imperterrita alto il recipiente tiene così che io possa parlarvi. Non si intromette Sigyn nei miei pensieri. Se ne sta là, soffre in silenzio e fa quello che deve fare. Come una qualsiasi altra Asinna ella ha bisogno dell'ordine stabilito da Odinn. Sebbene questo ordine abbia portato qua il suo sposo e nel regno di Hel suo figlio Narfi. Vederla a volte mi rattrista. A volte, sebbene mi sia di aiuto, mi infastidisce. Il mio essere mutevole non mi abbandona nemmeno dentro questa grotta.

Ora però sono consapevole. Odinn mi ha punito per salvare un mondo il cui destino già conosceva, perché per questa conoscenza aveva sacrificato la sua gioia di vivere. Per questa conoscenza ha sacrificato la gioia di vivere! Tutto ha fatto per perseguire questa conoscenza a lui necessaria al fine di stabilire l'ordine che gli dèi necessitano. Quello che era un suo volere è divenuto un suo compito. Quello che era il suo ordine è divenuto l'ordine degli dèi che lui ora mantiene perché questo è il suo dovere. In questo dovere di governare la terra dominata dagli Asi c'è anche il compito di punire. Tutti gli dèi volevano che la morte di Baldr non rimanesse impunita. Certo, l'idea di vendetta non dovette lasciarlo indifferente. Né tanto meno le idee di castigo e di rivalsa gli furono lontane. Ma per la morte di suo figlio ciò che Odinn provò fu un'immane tristezza. Poco spazio in lui era rimasto per il rancore. Era la tristezza. La tristezza che come un'onda alta fino al cielo aveva spazzato via ogni suo livore sottostante. Odinn il mutevole, Odinn dalle innumerevoli sembianze. Io ormai ne sono certo: egli non prova altro che stanchezza per aver combattuto fin dalla nascita del suo tempo contro la necessità. Prima una necessità trovata, poi una necessità cresciuta lontana dal suo volere ma nel mondo da lui voluto.

Da quando Odinn esiste questo è ciò che ha fatto. Egli ha combattuto con tutta la sua potenza e con tutta la sua magia contro il destino da lui non controllato. Eppure le Norne crebbero all'ombra di Yggadrasil. Vennero nel mondo creato da Odinn quando Odinn già esisteva, e lo piegarono. Aveva combattuto strenuamente Odinn. Contro il destino aveva eretto la casa degli dèi, contro di esso aveva arruolato i migliori tra gli uomini. Aveva elevato i valorosi per concentrarsi solo sulla lotta e lasciando tutti gli altri uomini in una terra desolata e oscura. Contro il caos aveva condotto innumerevoli battaglie per ergere il suo ordine e la sua necessità. Ma un altro destino nel suo mondo era emerso. E contro quel destino avevo continuato instancabilmente a combattere. Contro quel destino aveva condotto innumerevoli battaglie per tingere del suo volere il cosmo. Contro di esso aveva sacrificato il suo occhio e per nove giorni e nove notti aveva assaporato il confine tra la vita e la morte ben più di quello che sto assaporando io in catene in questa grotta. Ma contro quel destino da lui non imposto aveva perduto. Al destino era infine soggiaciuto. Nonostante tutto, nonostante l'immenso sapere, nonostante l'immensa magia, nonostante gli immani sforzi, il suo figlio prediletto Baldr era morto come i presagi avevano annunciato. Lottare contro il destino. Cosa può spingere un essere umano o un dio a lottare contro una ineluttabile neccessità non padroneggiata se non una vana speranza? E quella vana speranza era ora morta. Destino è l'unico nome di cui un essere umano e un dio possono udire il suono ma non possono toccare l'essenza.

Tra gli Asi soltanto io e Odinn siamo diversi. Ma siamo diversi anche nel nostro essere diverso. Tutta la vita di Odinn è stata spesa a rincorrere con grandiosi sforzi un ingannevole desiderio. Lui che un suo ordine cosmico aveva costruito e un destino per gli altri esseri stava forgiando, lui stesso era soggiaciuto al destino tessuto da altri. Il futuro da lui immaginato e per cui aveva combattuto non si è avverato. Né mai si avvererà. Lui questo sapeva e questo ha sempre saputo. Più ne era consapevole, più aumentava e aggravava i suoi sforzi. Più ne era consapevole e più combatteva. Inutilmente. Non dai furiosi giganti in battaglia fu sconfitto, non dal primigenio essere vivente con cui tutto plasmò Odinn fu schiacciato, non dall'abilità dei nani o dalla magia dei Vani egli fu imprigionato, ma Wotan fu sottomesso da tre piccole donne che passano il tempo a inumidire foglie. Questa non è una punizione meno crudele di quella che io sto scontando qua legato a questi massi aguzzi. I massi sono la mia punizione, il destino la sua. Entrambi siamo legati. Io dalle budella di mio figlio, lui dal destino che il figlio gli ha portato via.

La speranza che per tutta la vita ha spinto Odinn e che continua a spingerlo a combattere contro ciò che gli uomini chiamano destino non rende la sua vita inutile. La rende vana e bella. Poche cose sono più belle della speranza vana. Io che sono il Signore dell'inganno conosco cosa è una speranza vana. Una illusione effimera come l'essere che è.

Odinn è come me, più saggio di me, più stupido di me. Però Odinn nonostante conosca tutto è davvero mirabile. Il suo mondo è già terminato da molto tempo, da prima che lui stesso ci entrasse. Ha cercato di modificarlo in tutte le maniere per sfuggire a quel caos a lui incomprensibile. Ha combattuto incessantemente contro il destino che sul suo ordine divino si è avvinghiato come una tenera edera ad una possente quercia. E devo dire che lui riesce ancora a sostenere l'illusione di questo suo mondo, che già è svanito da tempo immemore, con grazia magistrale. Io però non ambisco alla grazia, io ambisco a ben più di quello che Odinn ha posto e poneva innanzi a sé. Io ambisco al caos. In funzione di ciò io non voglio conoscere nulla, nemmeno me stesso. Eppure qua io ora sono costretto a conoscere. Qua legato da queste budella io sono ciò che farò e so ciò che sono. Ed il rancore e la persistente sofferenza che in ogni istante mi penetra incessante nelle membra mi porterà ad adempiere me stesso.

Io ora sono quello che devo fare e ho quasi afferrato per intero il motivo per cui lo devo fare. Non sono più l'agire dettato dalla mia stessa volubilità, ora qua in questo meandro oscuro io conosco e sono ciò che devo fare. Io sono il paradosso in cui si realizza il *quasi* che non si realizza e che continuerà a procreare. Sono diventato stolto e come uno stolto mi pongo un obiettivo. Anche nell'oblio non dimenticherò ciò che sono e ciò che devo fare perché le stesse catene che mi legano qua in questo luogo e in questo momento, esse stesse mi ricordano ciò che devo fare. Queste budella diventate ferro e che mi legano alla pietra, mi ricordano ciò che devo fare. Il veleno che incessantemente mi scende sul volto, mi ricorda ciò che devo fare. Il pianto silenzioso di chi mi sta vicino e la lontananza di chi mi è tenuto lontano mi ricordano ciò che devo fare. Tutto ciò che mi circonda, tutto ciò che mi lega qua in questo luogo ed in questo mentre, tutto ciò ricorda a Loki il suo proposito. Ricorda a Loki ciò che è. Tutto è illusione, ma per chi vive nell'illusione l'illusione è tutto. A Odinn invece ciò che gli ricorda qualcosa è solo la contemplazione estraniante di un anello. Quell'anello gli ricorda ciò che è stato e che ora non c'è più. Per quanto lui voglia ancora combattere, per quanto gli dèi chiama a raccolta e a loro si manifesta deciso, l'anello Draupnir ricorderà sempre a Odinn come tutto si perde e che nemmeno gli sforzi del Signore degli dèi che il cosmo ha forgiato possono cambiare ciò.

Quell'anello gettato sulla pira di Baldr e per Baldr, a lui, a Odinn, è tornato. È tornato per ricordargli che la sua lotta è inutile. Odinn non mi punì, come egli disse, per le mie nefandezze. No. Quelle erano parole per quel gregge di pecore sterili che sono gli dèi Asi. Per quelle pisciate di cani che a malapena hanno un nome. Lui mi punì perché quello era il suo ruolo. Perché lui sa di essere soltanto uno dei tanti progetti gettati in un luogo e in un tempo. Odinn il monocolo sa come tutto finirà e ha capito che nulla di ciò che farà cambierà ciò. Io ho entrambi i miei occhi e non vedo il futuro. Questa è la mia ricchezza. Il mio moto incessante. Odinn conosce il futuro e triste sa che dovrà soccombere. Dovrà veder soccombere tutto ciò che ha creato e plasmato, dovrà veder dissolversi il suo ordine prestabilito di fronte ad un qualcosa che si è prestabilito successivamente a lui e che il tempo non guarda. Dovrà soggiacere ad un destino contro cui ha sempre combattuto. Egli sa che contro il destino i vivi non possono vincere. Solo la morte potrebbe vincere. Solo ciò che *non è* plasma continuamente il destino, solo ciò che *non è* lo tende incessantemente e lo modifica costantemente. Ma Odinn è vivo, Odinn e gli esseri viventi che rifuggono la morte sottostanno al destino. Io so che lui questo ora sa. Le Norne incessanti bagnano le foglie. Ma Odinn è vivo perché solo da vivo può costruire il suo ordine sul mondo che è. La morte è caos, regno del caos dove il destino non ha significato.

Delle sventure dei miei figli io rido, mi infervoro e rendo grazie. Giacché delle sventure io sempre rendo grazie, come dovreste fare anche voi esseri umani. È grazie ad esse che la vita vi si fa preziosa. Tra un ghigno e un gesto d'ira la sventura mi rende vivo. Mi spinge ad avvinghiarmi a questa presente forma d'essere. A questo mondo in cui il mio essere si trova, a questo mondo che pur voglio distruggere e alla cui distruzione indirizzo il mio inscrutabile agire. A questa illusione. La sventura mi allontana dal considerare altro e mi porta nell'ora e adesso, nel vicino qui e nel lontano là. Come tessitore di tranelli mi sono mosso. Indolente e indifferente ad ogni progetto divino ed umano io sono stato. Come menestrello deriso me ne sono andato nelle corti degli dèi. Come divinità senza venerazione mi sono aggirato nel mondo degli esseri umani. Come profeta di nessun futuro io aspetto. In tutto ciò al posto della noia, la più mortale tra i nemici degli dèi, la sofferenza mi ricorda che io sono vivo e mi ricorda il luogo dove io sono. Appena Sigyn va a svuotare il colmo recipiente, tutto ciò mi ricorda ciò che io devo fare.

Io sono qua che aspetto. Solo. Incatenato. Sofferente. Ma non aspetto invano.

Ricordo tutto di ciò che ho attraversato. Al contrario di voi esseri umani io non sono ciò che ho attraversato. Non sono la manifestazione degli eventi che si sono compenetrati attraverso me e che attraverso me hanno interagito nel formarmi. Ma anche io ho attraversato. Vedo tutto di ciò che ho attraversato. D'altronde molte cose ve le ho raccontate.

Parlo con voi esseri umani perché come Odinn ho vagato in mezzo a voi. Nelle vostre case mi sono abbeverato, nei vostri letti mi sono introdotto, lungo le vostre strade vi ho incontrato. Girando tra voi uomini ho assaggiato vie dell'essere che si sono differenziate molto dall'indole degli dèi, così come dall'indole dei giganti. *Dirò forse.* Forse io non le posso comprendere come voi non potete comprendere gli dèi. Vivere nell'inganno in alcune diramazioni dell'essere è solo una fonte di piacere. O di minor malessere. Ai più l'ignoranza fa godere dell'attimo. La *verità* li rende tristi. La *verità* in fondo alle mille pieghe dell'essere.

Per ora tra voi esseri umani c'è sempre bisogno di qualcuno che per salvare l'ignoranza di molti deve agire da profeta tra la moltitudine. Lo fa per il vostro amore e per la vostra *vita*. Voi avete il Gran Saggio 42. Costui si sobbarca tutta la tristezza degli esseri umani. Egli metabolizza una comprensione dell'essere ma parla agli altri suoi simili di un'altra verità. Lui che nella sua solitudine è terrorizzato dalla comprensione dell'essere, al tempo stesso vi allevia e vi sorregge parlandovi d'altro. Vi eleva con una comprensione che vi salvaguarda e che alla lunga vi aggrada. Ma non è ciò che lui ha compreso. Di quello se ne è guardato bene dal parlarne. E ora non gli è nemmeno più possibile né dirlo né ricordarlo. Ha scelto di convincersi di una falsità per meglio ingannare voi, e questo per il vostro *amore*. Egli racchiude in sé una comprensione terrificante per un essere umano. L'ha sigillata nel suo io, nella maniera più ermetica a lui possibile. Ma tale comprensione a volte fa capolino negli altri esseri suoi simili. Allora lui istintivamente li circoscrive. Li emargina per seguire l'impulso che si era precedentemente autoindotto. L'estraniamento è la conseguenza solita che in un essere umano fa seguito a quella sua comprensione istintiva e sfuggente; ma lui se ne è salvato aggrappandosi ad altro. Aggrappandosi a voi.

D'altronde lui è l'uomo che si è salvato dalla solitudine della sua specie. È l'Ymir di voi esseri umani su cui il vostro mondo si erge. Egli emargina coloro che tra gli uomini si avvicinano alla comprensione. Egli lascia soli i pochi esseri umani che approdano alla loro sovrumana tristezza e alla loro oscura incomunicabilità. Là, nei luoghi nascosti e profondi dove essi sono arrivati, egli li lascia nella loro solitudine. Là dove l'io è. Egli lascia solo ogni singolo essere umano che in alcuni momenti del suo essere approda alla sovrumana tristezza e alla sua oscura incomunicabilità. Il terribile spaesamento. Il terribile spaesamento frutto del toccare il nulla che *non è* essere. Egli vi lascia soli. In quei momenti tutti voi siete lasciati soli e siete così spaventati da ritornare annaspando e ansimando affannosamente alla vostra illusione. La sola che vi erge e vi costruisce sia come individui che come comunità. Tutti voi passate quei momenti e tutti voi venite lasciati soli nell'immane tristezza della comprensione. Dell'incomprensione toccata.

Non potete far altro che tornare alla vostra illusione. Non potete far altro che aggrapparvi a quel pezzo di frassino che galleggia nell'acqua e che ignora lo sterminato abisso marino. Solo per l'esperienza di quel terrore voi vi riaggrappate con tutta le vostre forze e tutta la vostra volontà all'illusione. È per questo che egli, il Gran Saggio 42, agisce così. Egli agisce al solo fine di salvare gli esseri umani e la maggior parte dei momenti degli esseri umani dalla terrifica e solitaria deriva. Lascia nella desolazione e nella profonda solitudine i pochi luoghi della vita di ogni essere umano che si avvicina ad un barlume di conoscenza. Così agisce il Gran Saggio 42 che tanto vi diletta e aggrada. Ma questo suo agire che ora è istintivo, è solo frutto di una decisione deliberata da lui stesso. In funzione di essa si è dovuto autoingannare. Nel momento e luogo dove nulla è ma lui vi era, egli ha deciso di agire così. Ha deciso di autoingannarsi per meglio ingannare voi con *quella* sua verità fatta per voi. Per *amore*. Al fine di salvaguardare tutti gli altri momenti in cui il discostarsi da tale percezione profonda dell'incomprensione umana dell'essere rende a voi gradevole la vostra vita. La verità vi dona tristezza. È un bel dono ma a voi esseri umani terrorizza.

Il Gran Saggio 42 è colui che più di ogni altro ama i suoi simili e che più di ogni altro inganna loro e ha ingannato sé stesso. Un uomo che ama gli altri più di tutti, che mente agli altri più di tutto. Ha mentito e mente con gran maestria. Per mentire così bene si è dovuto convincere di quella menzogna. Ha scelto di convincersi delle menzogne, perché convincersi di quelle menzogne era per lui il solo e unico mezzo per salvare il genere umano che lo circonda. E l'illusione del genere umano che lo circonda era la sua sola ancora di salvezza nel momento più buio e solitario. Lui è ogni rumore da lui prodotto che riecheggia nel nulla che è ma non è.

Io, Loki, sono più di lui perché in me non è l'amore per il prossimo che mi muove, non è l'amore per ogni mia parte che da me si discosta che mi spinge. Io vivo in una grotta, solo e incatenato mentre mi autoconvico della mia redenzione; lui vive in una grotta mentre si autoconvince della falsità che deve raccontare alle sue parti che ama. Lui prova amore, io provo la terrifica comprensione.

Gli uomini non sanno comprendere e non sanno non-comprendere. Chi comprende è smarrito dopo poco, molto poco; chi non comprende cerca la comprensione. Il Gran Saggio 42 riesce ad amare così tanto i suoi simili, come solo un nuovo dio che non può essere un dio può fare. Egli che è l'unico tra gli uomini originari sopravvissuti al gran diluvio, egli che ha sperimentato la solitudine e l'orlo dell'abisso, egli ama tutto ciò che lo circonda e che l'ha tenuto a galla. Egli consapevolmente assume su di sé ogni vostra paura. Conserva dentro sé l'orrore più buio e profondo. Ma non è quello che vi dice quando nella grotta lo andate a trovare. In quella grotta dove le ombre si muovono egli vi aggrada con una comprensione del *reale* e dei moti nascosti dal reale. Rimanere smarrito in solitudine e recitare nel momento della compagnia dei suoi simili come una nuova vita che si manifesta loro.

Perché? Perché raccoglie e chiude in sé tutto il terrore dell'incomunicabilità, tutta la paura profonda del non respiro e parla a voi con visioni gaudenti, tranquille, appaganti? Perché vi ama sopra ogni cosa. Sopra sé stesso egli vi ama. *L'amore.* Voi uomini siete così attaccati a ciò che chiamate amore. Gli esseri umani parlano dell'amore come l'unica cosa che lega a questa terra. Voi esaltate gli uomini che sanno amare e li considerate come uomini simbolo di generosità. All'opposto dell'amore voi ponete l'egoismo. All'opposto dell'egoismo gli esseri umani pongono l'amore. Stolti. Ingenui. Questo voi siete. Stolti e ingenui.

Ditemi: cosa c'è di più egoista dell'amore? Voi amate e esaltate quell'amore. Voi dite che amate fino a dare la vostra propria vita per la persona o per l'ideale amato. E questo lo trovate così magnanimo? Questo lo trovate così generoso? L'unica vera paura è data dall'ignoto profondo, il nulla che nulla è. La morte che apre la via al nulla che non è. Il non essere di un essere che è e che è stato. Il suo mutare in non essere, così incomprensibile per le menti umane. Il perdersi. Il mutarsi nel nulla di ciò che prima è stato. Questo è il solo vero terrore dell'essere. E l'amore è solo uno dei tanti espedienti che molte diramazioni dell'essere usano per rifuggire dalla morte. Il più potente artificio di voi esseri umani. Arrivare ad amare così tanto che la propria vita arriva a sembrare quasi insignificante rispetto all'oggetto amato, questo sì che elude la vostra paura più profonda. La paura dell'essere che diviene non essere, la paura di ciò che voi chiamate morte. L'idea di lasciare qualcosa che sarà in terra, nel mondo per voi apparentemente tangibile, questo sì che fa vedere altro a voi esseri umani. Questo sì che esorcizza il vostro timore della morte. È questa la fonte dell'amore, una fonte che voi denominate inconscia e che io chiamo con il nome di autoinganno. Io che sono il Signore dell'inganno dico a voi che l'amore è il vostro più alto autoinganno per esorcizzare il terrore profondo e indomabile che la morte e il non essere provocano in voi esseri umani. Chi vuol capire capisca, chi non vuol capire derida. Entrambi vi ingannerete.

L'ECO DEL CASTELLO

Voi esseri umani apprendete alla caverna del Gran Saggio 42. Nella grotta del Gran Saggio 42 voi questo sentite e di questo voi vi convincete: *l'essere è uno e spinge verso l'auconsapevolezza di sé.* Questo è ciò che nel mondo degli esseri umani egli dice e fa riecheggiare. No. L'essere è uno e spinge a moltiplicarsi, a differenziarsi, ad aumentare la propria complessità. Spinge a dimenticarsi che quelle parti discendono da sé. Ciò avviene. Ciò avviene e quelle parti si dimenticano così bene che non sono più parte del sé. Sono *esseri*. Questo è ciò che sa Loki: l'essere procede verso la differenzazione e la differenzazione avviene grazie all'oblio, grazie al dimenticare. Non c'è un essere, non ci sarà un essere, ma ci sono tanti esseri. Ciò passa attraverso la morte.

Come un uomo chiuso in un gran castello, solo e solitario, egli incomincia a creare parti di sé che si adoperano per conto loro e che interagiscono tra loro. Parti che si comportano in maniera diversa le une dalle altre. Sa che è un gioco per ingannare la sua solitudine, ma i giochi si sa come iniziano non come finiscono. Io lo so, perché io sono il Signore dei trabocchetti. Colui che gioca con le paure degli dèi. Così il dividersi dell'uomo genera gli uomini. che iniziano a esser vivi, a contrapporsi. È il suo dividersi che rende vive quelle singole parti. È quella contrapposizione che le rende vive. Come gli eventi di cui voi uomini fate parte, come le idee di cui voi uomini fate parte. Così è l'essere che è. Ma il suo dividersi crea anche differenti contesti.

Nelle vostre membra, nelle vostre persone, come il Gran Saggio 42 questo voi pensate: l'*essere è uno e va verso la consapevolezza di sé.* Questo asserite quando guardate dentro di voi. Questo in quei rari, luminosi e limpidi momenti voi affermate. Voi affermate il vostro immergersi e sciogliersi nel tutto che è tutto uno. Voi esseri umani pensate di guardare avanti ma in realtà state soltanto guardando indietro. Non padroneggiate il tempo come voi credete, voi siete schiavi del tempo. E quando guardate avanti quello che voi fate è guardare indietro. Ma voi pensate di guardare avanti. Ed è in quei rari e singolarmente nitidi momenti che voi vedete e sentite l'unità dell'essere. Ma per un dio voi siete nel terribile errore della mistificazione che a me piace. Per un dio voi siete nell'inganno. Nel mio regno. Ma non lo sapete.

Come un pescatore che guarda le limpide acque di un fiume di montagna, voi vedete la trota sotto la superficie. Voi in quei rari e trasparenti momenti vedete ciò e prendete ciò per la vera essenza. Ma voi vi dimenticate di quello che siete, voi siete pescatori che cercano pesci! Conosci te stesso, nulla di più. Voi vedete ciò, perché voi state guardando. Perché voi state guardando da dove viene ciò che vi circonda, da dove viene ciò che voi siete. Non state guardando dove sta andando. Il vostro sguardo è inclinato come se fosse su una ruota che voi invece credete essere una strada dritta davanti a voi. Voi là vedete la traiettoria dell'inizio. Voi vedete secondo ciò che potete, e potete vedere solo frammentando il tempo nelle parti a voi funzionali e comprensibili. Non si comprende ciò che non è comprensibile, non si vede ciò che non è comprensibile.

Gli uomini vedono diversamente dagli dèi. Io Loki dico che gli uomini vedono molto meno di quel che vedono gli dèi che li hanno creati, ma gli dèi non vedono ciò che gli uomini vedono! Voi potete vedere solo frammentando il tempo nelle parti a voi funzionali e comprensibili: passato, presente, futuro e interstizi. Ma non state vedendo nulla di ciò! Non state vedendo né il passato, né il presente, né il futuro, né gli interstizi. Nulla di tutto ciò. Ma attraverso tutto ciò che voi vedete io vi devo parlare, altrimenti non potremmo comunicare. Io e il Gran Saggio 42 nelle oscure grotte dove abitiamo e ci incontriamo, noi là e qua comunichiamo. Ognuno con il suo mondo, ognuno con il suo linguaggio. Cercando di rendersi comprensibili l'uno al mondo dell'altro. Quello che io vi dico è che voi scambiate il futuro con il passato e verso l'inizio voi guardate, non verso ciò che sarà. Così pensate che l'essere è 1 e va verso la consapevolezza di sé. Ma quello è l'inizio. Quello è ciò che voi chiamate inizio per la vostra frantumazione del tempo. In *realtà* l'essere è uno ed è mosso verso la frantumazione del sé, verso la crescita al presente di sé differenziati e autonomi. Generatori di presenti. L'essere va verso la sua moltiplicazione. Per eludere la sua solitudine egli è in movimento. Voi esseri umani potreste anche pensare che ciò avviene al fine di raggiungere la consapevolezza di sé. Ma io, Loki, il Signore dell'inganno, il dio pazzo tra gli dèi, il pazzo tra i pazzi, io vi dico che lo fa solo e soltanto per eludere la sua solitudine.

L'essere è uno ma è molteplice. E nella sua molteplicità è differente. L'essere si è moltiplicato e si moltiplica per eludere la sua solitudine, frammentando il tempo e le sue parti per eludere la sua solitudine. La tremenda, abissale solitudine. L'essere si divide, si è diviso, si è frammentato il tempo e con il tempo per rifuggire la sua solitudine. E ora le sue parti in continua moltiplicazione sono progetti che si scontrano per annullare la solitudine primordiale. L'essere va verso la moltiplicazione di sé, non è come il Gran Saggio 42 dice: *l'essere è uno e va verso l'autioconsapevolezza di sé*. No. Non è così. È come il gran saggio 42 sa ma non può più dire: *l'essere è uno e va verso la moltiplicazione di sé autonomi.* L'essere va verso la moltiplicazione di sé, va verso il caos. È nel caos che cerca l'illusione della sua libertà. Si è moltiplicato per eludere la sua solitudine, per raggiungere il caos che sempre è. Il caos è la libertà più propria.

La birra si arrichisce di sapori e di aromi, ma rimane birra per chi vuole la birra! Da quando l'essere si è creato il suo volere di essere creato è il volere di libertà di agire e rottura dell'ordine che non era ordine ma che a lui era dato come ordine. Dal caldo e dal freddo, dal movimento nello spazio si è generato Ymir; da Ymir l'essere ha spinto verso le creazioni di altri esseri ognuno con un suo volere e una sua visione. Dall'essere è sorto Ymir, da lui i giganti, gli dèi, gli uomini. Gli Asi e gli scoiattoli. La serpe di Miðgarðr e tutte le betulle che essa

238

stringe senza sapere di stringere. Ogni volta che l'essere si divide in altri esseri, nella mia visione *semplificata*, l'ultimo strato è sempre più confusionario del primo. È sempre più caos. È sempre più libero. Tutto ciò per rifuggire alla terrificante prigionia della propria profonda solitudine. È nel caos che giace la libertà propria degli esseri umani. Agli uomini, dèi ed esseri umani, sembra di procedere ordinati verso l'ordine e la comprensione. Dèi ed esseri umani non si rendono conto di quel che creano, e quel che creano è ancora più confuso. È ancor più libero. Il dopo è più confuso e libero del prima. Io Loki, legato a queste budella di mio figlio che catene sono diventate per legarmi a questi massi, questo penso nella mia prigionia. Io Loki aggiungerò sapore alla birra!

Tutto è movimento per arrivare in nessun luogo. Tutto è movimento per andare da nessuna parte. L'umido e il caldo si muovono e creano il luogo. Voi uomini guardate il luogo dove siete. Autolocalizzarsi, questo cerca il vostro sguardo. Per autolocallizzarvi dovete vedervi dal di fuori, questo voi fate e in funzione di questo voi vi spostate. Cercate di capire dove state andando, ma voi in verità cercate soltanto di autolocalizzarvi. Infinite possibilità si pongono davanti all'uomo ogni volta che egli è. In ogni momento egli cerca ed esplica una possibilità tra le infinite possibilità degli infiniti momenti. In un momento. C'è una sola scelta che non è una scelta, una sola possibilità per ognuno degli infiniti luoghi di dove esse possono realizzarsi. Ma non sono necessarie! Sono contemporanee! Tutto ciò è caos. Il momento è la scheggia di un luogo. Il momento si frantuma in infiniti momenti. Un momento per ogni decisione che non è decisione. C'è una sola possibilità tra le infinite possibilità per ognuno degli infiniti luoghi dove le possibilità avvengono e gli eventi trascorrono. Ma non sono necessarie! Sono in contemporanea! Non sono le scelte, non sono le possibilità a essere infinite, sono i luoghi a esserlo. Per questo lo sono anche le possibilità. Gli esseri umani dicono che è la stessa cosa, ma per un dio non è così. Nel vostro mondo l'uovo e la gallina non nascono insieme ma nel tempo l'essere umano non distingue chi dei due è causa del secondo. Io non sono un essere umano, io sono un dio. Io vedo ciò che voi non vedete, ma non vedo il problema di ciò che voi vedete! La via per una libertà superiore. Questo, io, Loki, sono.

LA CONOSCENZA DEGLI UOMINI

Le vicende umane. Così inutili, così vitali. Forse sarete curiosi di sapere da dove deriva il vostro sapere e la vostra scienza. Nel proliferare della moltitudine dell'essere che scaccia la sua solitudine. Là giace anche la creazione di voi esseri umani. Siete arrivati voi. Sei arrivato tu. Dopo di noi sei arrivato tu. Noi dèi ti abbiamo creato, non credere che sia il contrario. Non dimenticarlo. Ricordalo.

Voi agite e voi siete gli eventi. Voi siete l'idea, voi siete l'azione, voi siete l'interazione. Voi siete gli eventi e la conoscenza di essi. Voi siete la vostra conoscenza. Ora vi dico di come la sapienza sia passata all'uomo. Di come l'intreccio dell'essere in vita sia indifferente a tutto. Voi e la vostra conoscenza derivate da ciò che ora vi dico.

Tutto deriva dallo scontro di qualcosa. E cosa deriva dallo scontro degli dèi se non la cosa più grande? Vi fu un tempo lontano in cui gli dèi Asi erano in lotta con gli dèi Vani. Tale fu lo scontro tra le due stirpi divine che non c'era luogo che non tremasse e momento che non sussultasse. Tante le sofferenze, tante le perdite. Ma nonostante ciò i Vani non riuscivano a prevalere e gli Asi non riuscivano ad imporsi. Il conflitto tra le due stirpi divine si protraeva a dismisura, l'annientamento di entrambe le fazioni e l'oblio eterno sembrava essere l'inesorabile epilogo di quel conflitto. Così si venne alla stipula di una tregua, e la tregua avvenne in questo modo. Ad un medesimo vaso si accostarono sia gli Asi sia i Vani. Un vaso semplice, modesto. Nessuna decorazione era incisa sul bordo del vaso. Era semplice e umile quel vaso, come l'essenza e come ciò che è bello. Tutti gli dèi si avvicinarono al vaso e tutti vi sputarono dentro il loro sputo. La loro umidità, l'acqua che proveniva da ognuno di loro era dentro quel vaso umile e spoglio. E così gli dèi si separarono e ognuno dei due gruppi tornò da dove era venuto senza più serbare velleità bellicose nei confronti dell'altra stirpe divina.

Quando però gli Asi si separarono dai Vani e ad Ásgarðr se ne stavano tornando, essi avvertirono una necessità che prima non avevano. Non vollero abbandonare quel vaso segno di pace e di riconciliazione. Così per portarlo con loro essi lo trasformarono nell'uomo che fu chiamato Kvasir. Ma non è l'uomo che voi esseri umani conoscete. Egli era frutto dell'umidità di tutti gli dèi che sono, era così saggio che non vi era domanda a cui non potesse rispondere. La sua conoscenza sembrava essere senza fine, ma nessuno lo sa giacché nessuno è arrivato a toccare là dove non vi è la fine. La sua natura era estremamente saggia. Da tutte le essenze divine si era formato ed ora era saggio sopra ogni cosa. La sua sapienza era sterminata e una volta che fu creato come uomo Kvasir partì per il vasto mondo ad insegnare agli uomini la sua saggezza. Instillava negli uomini il suo discernimento. La sua sapienza distribuiva a uomini e dèi, la saggezza si diffondeva nel mondo. Kvasir colui che capì il mio intento dalla sola visione di brandelli bruciati di rete. Tanto viaggiò, fino a quando quel suo viaggio trovò la sua fine come ogni viaggio che inizia.

Tutti invitavano Kvasir, tutti volevano conoscere la sua saggezza e conversare con lui. Tra gli uomini che non lo conoscevano egli viaggiava, tra gli dèi suoi creatori egli banchettava. Gli elfi lo ospitavano felici e lo convocavano con rispetto. Anche i nani lo invitavano lieti e bramosi della sua saggezza. Un giorno Kvasir andò a trovare i nani Fjalarr e Galarr che lo avevano invitato. Essi lo fecero entrare nella loro grotta scavata tra la roccia e la terra. Là dentro lontano da occhi indiscreti, quando furono in disparte e la luce non batteva sulle spalle di Kvasir, essi lo uccisero. Quando lo ebbero ucciso, quando ancora egli era caldo, fecero colare il suo sangue in due vasi ed in un paiolo. In tre recipienti fu versato il sangue del dio dall'eccelsa saggezza. Il paiolo si chiama Oðrœrir, i due vasi si chiamano Sôn e Boðn. Poi i due nani presero del miele, lo aggiunsero al sangue e con gioia essi mescolarono. Miscelarono il miele al sangue. Si formò un idromele dal sapore sconosciuto. Questo idromele è il mjoðr. Un idromele tale che chiunque ne beve un po' diviene poeta e uomo di scienza.

In tanti però aspettavano ancora la visita di Kvasir. Gli dèi non avevano più il piacere della sua presenza durante i loro banchetti. Tra gli uomini più non si vedeva girovagare quel dio che tra loro era solito andare. Persino gli elfi che rispettosi lo attendevano con il giaciglio pronto rimasero in silenziosa attesa della venuta del dio saggio. Così si iniziò a cercare dove potesse essere finito Kvasir. Siccome l'ultimo suo viaggio era stato intrapreso per raccogliere l'invito dei nani Fjalarr e Galarr, proprio a loro gli Asi si rivolsero per sapere dove fosse Kvasir loro pari. I nani dissero agli Asi che Kvasir era morto soffocato nella propria intelligenza perché non vi era nessuno abbastanza abile per esaurire il suo sapere per mezzo di domande. Sì, dissero così e la risposta era saggia. Era degna di coloro che avevano bevuto un sorso di mjöðr.

"Kvasir è affogato nella sua stessa conoscenza perché non c'è nessuno abbastanza saggio da poter attingere al suo sapere."

Nessuno poteva negare la seconda parte del loro racconto così parve credibile anche la prima parte. Non è da stolti mentire agli dèi, ma lo è mentire a Odinn. Colui che come Kvasir ha ottenuto il dono della sconfinata saggezza e della conoscenza di ciò che è e sarà.

Così gli eventi iniziarono ad intrecciarsi sotto il volere del capo degli dèi e presso Fjalarr e Galarr arrivò una coppia di giganti. Si trattava di Gillingr e di sua moglie. Fjallar si invaghì della moglie del gigante mentre Galarr pensò che l'arrivo dei due giganti non avrebbe portato nulla di buono. Conoscendo Fjallar l'amore del gigante Gillingr per lo sterminato mare, propose alla primitiva creatura di andare in barca sul mare con lui. Galarr pensando che Gillingr si sarebbe potuto insospettire se uno dei due nani fosse rimasto solo a terra con sua moglie si disse pronto a partire in barca anche loro. Così Fjalarr, Galarr e Gillingr spinsero la barca sul mare e insieme partirono sopra essa. Quando furono lontani dalla spiaggia si diressero verso una scogliera che a picco si affacciava sul mare. I due nani remarono contro gli scogli e fecero capovolgere la barca. Gillingr che non sapeva nuotare affogò, i due nani invece che conoscevano come nuotare restarono a galla e poi rigirarono la barca per tornare con essa verso la riva da cui erano partiti.

Quando tornarono a riva i due nani raccontarono quanto accaduto alla gigantessa che a riva aveva atteso il ritorno del marito. La gigantessa si rattristì. La sofferenza sembrava impossessarsi di lei che come tutti i giganti era preda degli istinti. Fjallar per mettere in moto gli eventi che avrebbero portato alla sua soddisfazione finale, così le parlò:

"Io, Fjallar il nano, ho fatto sì che il possente gigante affogasse in mare. Ho agito in questo modo perché la tua presenza mi attrae. Le tue forme mi attraggono. Per averti io ho fatto tutto ciò e se acconsentirai a concederti a me potrai rimanere qua quanto vorrai e sempre io ti vorrò con me."

La gigantessa però non reagì alle parole di Fjallar come il nano si sarebbe aspettato. La gigantessa cadde abbandonata al suo istinto di disperazione. Ella iniziò a piangere e mentre Fjallar cercava di parlarle per addolcirla al suo volere, quel lamento diventava sempre più dolente. Ella era sempre più lontana dalle parole del nano. Quel piangere divenne uno straziante lamento. Un lamento straziante e senza sosta che si prolungava nel tempo. Fjallar iniziò ad esserne infastidito e ne fu infastidito anche Galarr. Così i due ebbero chiaro il da farsi. Ormai Fjalarr non era più attratto dalla possente gigantessa e Galarr intuì subito il significato delle parole di Fjalarr. Disse il nano Fjallar alla gigantessa che disperata si dibatteva:

"Forse ho agito male, ma un po' posso leviare il tuo dolore. Usciamo da questa grotta dove ho un giaciglio pronto su cui avrei voluto giacere con te. Fuori da questa grotta c'è la barca, se tu vuoi posso portarti là dove Gillingr è affogato e vedere di recuperare il suo corpo o provare a salvarlo se fosse ancora possibile. Per far ciò bisogna però uscire da questa grotta che ha un tetto alto fatto di pietre e andare a prendere la barca."

Così disse Fjalarr alla gigantessa, ma le sue intenzioni furono capite solo dall'altro nano Galarr che svelto andò in cima al dirupo su cui si apriva la grotta. Là Galarr alzò un gran masso e lo scagliò sulla testa della gigantessa appena ella uscì dalla caverna accompagnata da Fjalarr il nano. Il macigno le frantumò il cranio e così ella giacque esanime a terra. Nessun lamento si alzò per lei.

Nessuno venne a reclamare per quelle due morti, ma la notizia era conosciuta. Così quando il figlio di Gillingr e di sua moglie fu cresciuto abbastanza, egli, il gigante Suttungr, andò alla dimora dei due nani e prima che essi potessero parlare per ingannarlo con le loro sagge parole, egli li agguantò con le sue possenti mani e li portò in mare. Si diresse verso degli scogli che di lì a poco sarebbero stati sommersi dall'alta marea. Lì li incatenò. Poi andò a riva e fissandoli si sedette ad aspettare il sollevarsi dell'alta marea.

I due nani cominciarono a supplicare. Chiedevano al gigante Suttungr di salvare loro la vita. Suttungr siedeva tranquillo e più i due nani supplicavano più gli brillavano gli occhi. Quando la marea che si alzava iniziò a farsi minacciosa allora Fjalarr questo propose al gigante come guidrigildo e come riscatto per l'uccisione di suo padre Gillingr:

"Se tu ora ci lascerai morire qua legati agli scogli nulla ti resterà di tuo padre se non i tuoi ricordi e nulla avrai da noi se non il sangue freddo delle nostre vene. Ma noi abbiamo il dono più prezioso e più ambito dagli uomini e dagli Asi. Noi abbiamo mjöðr, la fonte dell'infinita saggezza e dell'infinito sapere. Questo sì che sarebbe il degno lascito di tuo padre Gillingr per suo figlio. Questo sì che è degno dell'immane gigante che tu chiami padre. Noi ti daremo mjöðr in cambio delle nostre vite."

E così fu pattuito, che le vite di Fjalarr e Galarr rimanessero attaccate alle spoglie dei due nani e che la fonte della saggezza mjöðr divenisse di proprietà di Suttungr. Suttungr portò l'idromele dal sapore sconosciuto nella sua casa e là cercò per esso una collocazione sicura. Un posto lontano dagli occhi bramosi di chi avrebbe voluto per lui l'idromele della saggezza. Si guardò intorno e scrutò nella sua casa fino a quando una collocazione sicura non trovò per mjöðr. Lo nascose nella montagna saldata, nel luogo che si chiama Hnitbjorg. Dentro la montagna saldata mise a guardia del prezioso idromele dei nani la sua stessa figlia, la gigantessa Gumnloðr.

Ma il mondo non è più dei giganti. I giganti ora sono una componente nascosta del mondo eretto sulle spoglie di Ymir. Eretto da Odinn e dominato dagli dèi. Come poteva pensare il gigante Suttungr di tenere celato agli dèi qualcosa di così prezioso come mjöðr? Lo poteva pensare perché i giganti non sanno sperare. Non sono divinità, non sono esseri umani. Per lui e solo per lui il gigante Suttungr voleva tenere l'idromele dei nani. Ma ciò non andò come egli ebbe pensato quando un valido nascondiglio per l'idromele dell'infinita saggezza egli cercava. Odinn con l'inganno riuscì a impossessarsi del sangue di Kvasir. Partì da lontano l'inganno di Odinn, come ogni tranello ben fatto. Chi meglio di me, il Signore dell'inganno può apprezzare un trabocchetto ben architettato? I miei inganni vengono reputati dagli dèi Asi indice di bassezza e malvagità; gli inganni di Odinn invece sono ammirati come segno dell'intelligenza divina. Nemmeno si accorgono gli Asi di come sono stolti e puerili. Come voi uomini. Vi piacciono gli inganni fino a quando ne gioite, ne rimanete spaventati quando vi apprestate ad entrare nell'ignoto. Eppure guardatevi attorno. Io so apprezzare ogni inganno. Odinn sa apprezzare solo i suoi. Anche il gioco degli dèi, gli scacchi, si basa tutto sull'inganno. Ma colà l'inganno è ritenuto essere frutto dell'intelligenza e non di bassezza. Nella partita sulla scacchiera terra chissà come gli dèi Asi, il gigante Suttungr, gli uomini, i buoi e tutti gli altri creati abbiano inteso l'inganno di Odinn che veniva da lontano. Giudicate voi uomini, ora che un dio incatenato vi racconta come Odinn partì da lontano per ottenere quell'acqua saggia di Hnitbjorg.

Come il suo inganno anche Odinn veniva da lontano, errante come è nella sua natura, falso come è la natura medesima. Nel suo costante peregrinare, nel suo costante fare esperienza del mondo, Odinn giunse presso un campo coltivato dove la stagione della mietitura era nel pieno del suo scorrere. Colà nove schiavi erano intenti a mietere il fieno. E a loro così parlò l'astuto Odinn:

"La vostra fatica è grande come la sua utilità. Ma se le vostre falci fossero più taglienti, l'utilità del vostro lavoro rimarrebbe uguale ma molto calerebbe la vostra fatica. Io ho questo strumento per affilare il metallo. Con questa cote io affilo le falci. Questa è la mia professione e la mia utilità nel mondo. Certo senza questa cote io non potrei lavorare, ma questo strumento è davvero potente nell'affilare le falci. Se voi volete e se ne avete bisogno io potrei affilare le vostre falci."

Gli schiavi acconsentirono a quella magnanime proposta. Le falci furono affilate e subito ripresero i nove lavoratori a mietere il fieno. Tutti furono sorpresi da quel taglio veloce e netto, tutti furono sorpresi da come le falci parevano tagliare molto meglio ora che quella strana e umile figura aveva affilato con la sua cote le loro lame. Così essi chiesero di poter acquistare quel potentoso strumento che ben affilava le lame delle falci e che le rendeva taglienti come mai erano state. Odinn disse loro che l'avrebbe venduta ma solo a chi avrebbe organizzato un banchetto e lo avrebbe invitato. Tutti gli schiavi esultarono e si manifestarono pronti ad organizzare un banchetto per il venditore della cote. Ognuno di loro aveva l'animo infervorato per ottenere la magnifica pietra che avrebbe affilato per sempre la propria falce, nessuno pensava più all'altro suo vicino compagno di lavoro. Così Odinn dall'occhio brillante acconsentì a venderla senza specificare a chi e in alto lanciò la cote. Tutti gli schiavi saltarono con giubilo per afferrare la magnifica pietra. La bramosia li fece saltare ognuno con la sua falce appena affilata stretta in mano. Nella zuffa sotto la cote che nell'aria stava ricadendo verso terra, essi saltarono con entrambe le braccia alzate per prenderla. Ma se una mano avevano aperta per prendere la cote, l'altra invece tenevano ben stretta all'affilata falce. E così tutti si tagliarono nella sua interezza la gola a vicenda.

Odinn proseguì il suo cammino e arrivò alla fine della giornata presso l'abitazione di uno jotum, di un gigante dalla grande possanza. Colà Odinn il saggio chiese riparo per la notte e il gigante di nome Baugi in virtù della sacra accoglienza lo fece entrare nella sua dimora. Odinn il saggio e l'ingannevole lasciò che Baugi, che era il fratello di Suttungr, parlasse. Così nel tepore della casa Baugi parlò e si lamentò di un terribile fatto occorsogli proprio in quella giornata. Egli aveva nove schiavi che mietevano per lui il fieno, ma questi si erano uccisi tra loro tagliandosi il collo a vicenda. Ora nel pieno della stagione in cui il fieno doveva essere mietuto, egli non aveva alcuna speranza di trovare altri schiavi che avrebbero lavorato sui suoi campi. Odinn lo guardò con un occhio falso e uno brillante, e così a lui parlò:

"Io mi chiamo Bolverkr, colui che opera il male. Io sono uno soltanto ma come nove lavoratori io lavorerò per te. Mieterò il tuo fieno. Tutto lo mieterò come se tu avessi ancora nove schiavi al tuo servizio. In cambio questo io ti chiedo: un sorso, un solo sorso dell'idromele mjöðr che tuo fratello Suttungr custodisce così gelosamente."

Baugi rispose che non aveva quello sconosciuto idromele, ma che con lui stesso, con Bolverkr, sarebbe andato da Suttungr. Avrebbe chiesto al fratello e ottenuto un sorso di mjöðr per colui che il fieno gli avrebbe mietuto da solo come fosse nove lavoratori insieme. Questo promise Baugi a Bolverkr.

Così durante l'estate quando il sole in alto batte più forte e il tempo è più mite, Bolverkr lavorò da solo nei campi di Baugi. Da solo fece quello che nove uomini avrebbero dovuto fare: mieté tutto il fieno. Tutto fece Bolverkr nella stagione d'estate e quando arrivò l'inverno egli si presentò da Baugi reclamando la sua ricompensa. Andarono dunque entrambi dal gigante Suttungr. Baugi spiegò al fratello ciò che Bolverkr aveva fatto per lui e la natura del loro accordo. Il patto che legava Bolverkr a Baugi, il gigante spiegò al fratello Suttungr. Chiese pertanto al fratello di concedere un solo sorso di mjöðr a Bolverkr per fargli così rispettare il patto stabilito. Tanto supplicò Baugi che avrebbe convinto qualsiasi uomo della terra di mezzo, ma non convinse suo fratello Suttungr. Il gigante padrone dell'idromele dei nani fu inamovibile come la montagna saldata Hnitbjorg che nelle viscere mjöðr custodiva. Baugi insistette affinché potesse rispettare il patto e la promessa data a Bolverkr. Così Suttungr si scagliò con dure e amare parole nei confronti del fratello mentre costui continuava a supplicare. In tal modo si rivolse Suttungr al fratello Baugi:

"Chi ti ha detto che potevi concedere qualcosa che non ti appartiene? Chi ti ha dato la possibilità di promettere qualcosa che non ti appartiene? È forse tuo il succo mjöðr? Lo hai forse riscattato tu per la morte di nostro padre Gillingr? Quello che tu prometti è una questione tra te, il tuo contraente e le cose che ti appartengono. Mjöðr appartiene a me e solo io potrei prometterne un sorso. Mjöðr è il riscatto di mio padre, è il valore di Gillingr e mai ne darò un sorso a colui che ha lavorato come nove schiavi. Se hai ricchezza comprati dunque nove schiavi e non importunarmi con le tue vane promesse per chi a te il fieno taglia. Delle tue promesse a me non interessa niente, di mjöðr né tu né il tuo creditore avrete un solo sorso. Né una singola goccia!"

Il fratello a queste parole cessò di insistere e tornò da Odinn che lo aspettava a sua insaputa sotto le mentite spoglie di Bolverkr. A lui riportò il volere di Suttungr. Bolverkr però non fu turbato dalle parole di Suttungr, anzi aveva già pronto un piano per impossessarsi dell'idromele dei nani prodotto dal sangue di Kvasir. Così chiese a Baugi di partecipare a tale impresa per onorare il patto tra loro stipulato. Baugi accettò per onorare la parola data che lo logava a Bolverkr.

I due quindi si recarono al monte Hnitbjorg che dietro la dura roccia celava l'idromele dei nani. Bolverkr mostrò a Baugi un trapano mirabile chiamato Rati, questo trapano non conosceva superficie e materiale che non potesse forare. Poi disse al gigante Baugi di forare la roccia. Il gigante si mise al lavoro con lo strumento datogli e con tutta la sua forza egli lavorava. Con la forza di un gigante. Ma mentre lavorava egli iniziò a pensare a suo fratello Suttungr e al rispetto che serbava per il suo stesso padre Gillingr. Più lavorava e più si rammaricava di non aver avuto lo stesso rispetto né per il padre né per il fratello allorquando aveva stipulato il patto con Bolverkr. Così si fermò dicendo al suo creditore che la roccia era forata e il suo lavoro concluso. Ma Bolverkr non era un uomo comune, non un uomo comune come voi conoscete, né era un gigante primordiale. Bolverkr era Odinn. Cercare di ingannare Odinn che è maestro dell'inganno non è buona idea nemmeno per me che sono Loki. Forse. Così Bolverkr si avvicinò al foro fatto da Baugi e vi soffiò, le schegge rimbalzarono sul fondo del foro dove ancora roccia era intatta e così rimbalzarono fuori schizandogli sul viso. Alché egli disse:

"È questo il significato della tua promessa? Della parola data? Se io ti promisi di lavorare come nove schiavi ma sotto un albero avessi passato metà giornata, dimmi Baugi: quanto fieno avresti avuto nei campi invece che nel fienile? In cambio della tua promessa io lavorai, ora tocca a te! Trapana la roccia fino a forarla del tutto!"

Il gigante mise da parte il pensiero del padre e si ricordò della promessa fatta. Quando per la seconda volta chiamò Bolverkr per verificare il suo foro questa volta il mietitore di fieno spinse con il soffio le schegge dentro la montagna. Allora Bolverkr si trasformò in un serpente e ciò mutò l'atteggiamemnto di Baugi. L'ira gli venne alla testa, come un gigante in preda all'ira egli si comportò perché un gigante egli era. Aveva tradito suo fratello per profanare il lascito di suo padre e tutto ciò per una promessa fatta da un uomo che invece uomo non era. Non era un uomo costui giacché ora era un serpente. Un dio doveva essere costui. Ed egli capì che non era Rati lo strumento. Il trapano che egli teneva nelle sue mani non era lo strumento con cui quell'essere trasformato in serpente era potuto entrare nella montagna che custodiva il nettare di Kvasir; ma era lui, Baugi, il suo strumento. Lui era stato lo strumento utilizzato da un dio degli Asi per entarre nella montaghna sigillata e protetta dal fratello Suttungr. Colmo d'ira strinse ancor più la trivella che aveva in mano e con essa cercò di infilzare la serpe che veloce scivolava dentro quel foro sulla montagna. Ma la mancò.

Quando la serpe fu dentro la montagna vide Gumnloðr, la figlia di Suttungr messa a guardia del prezioso mjöðr. La guardò da lontano la serpe dall'occhio brillante. Vedeva la gigantessa nel cuore della montagna mentre faceva la guardia all'idromele della saggezza scaturito dal sangue di Kvasir. La serpe riprese la forma e l'aspetto di Bolverkr e con le arti ingannatrici di cui Odinn è signore e maestro sedusse la fanciulla Gumnloðr. Per tre giorni e tre notti Bolverkr giacque con Gumnloðr e nel piacere la gigantessa si addolcì mentre Bolverkr-Odinn già gustava l'idea di ciò che avrebbe ottenuto di lì a poco.

"A poco rinuncia chi è saggio."

Con queste rune Odinn commentò il ricordo di quelle sue azioni.

Appagata la fanciulla invitò Bolverkr a restare con lei nel cuore di quella immensa montagna. Permise a Bolverkr di sedere sul trono d'oro e a lui la fanciulla concesse di bere tre sorsi dell'idromele dei nani. Tre sorsi dell'idromele della saggezza che era in possesso di suo padre Suttungr.

Colei che aveva ricevuto ora stava dando e così divenne uno spirito dolente. Chi ha bisogno di qualcosa che non sa, nel moemnto in cui l'ottiene si apre alla generosità più sfrenata e questo è il simbolo della sua debolezza. Mai Odinn regalerebbe qualcosa dopo che qualcos'altro di cui necessita gli è stato dato. Odinn regala per sua generosità senza nulla chiedere, non ama in virtù di una necessità. Quando Odinn chiede perché egli stesso ha bisogno, poi egli nulla regala. Perché Odinn è un dio. Ma Odinn è il capo degli dèi Asi, non un gigante in preda ai propri istinti. Anche voi uomini siete segnati da questa debolezza. Colui che ama in risposta dell'amore ricevuto è un debole, un dio ama perché ama senza aspettare nulla in cambio. Se vuole amare. Colui che ama in risposta all'amore o ad una sua necessità è debole. Colui è uno spirito dolente. E gli uomini lo sono tutti. Un vero dio ama incondizionatamente, ma allo stesso tempo un vero dio è anche impermeabile a qualsiasi amore a lui rivolto. E così colei che ricevette poi diede, divenendo uno spirito dolente. Un cattivo compenso attendeva la generosa fanciulla che il suo cuore aveva aperto al sovrano degli dèi Asi.

Bolverkr acconsentì a ricevere i tre sorsi dell'immane sapienza contenuta nell'idromele di Suttungr. Con il primo sorso Bolverkr svuotò il paiolo Oðrœrir, con il secondo sorso svuotò il vaso Boðn e con il terzo asciugò il vaso Sôn. Quando con tre sorsi i tre recipienti del sangue di Kvasir mischiato al miele dai nani ebbe bevuto Bolverkr, quando egli bevve tutto il mjöðr, Bolverkr si trasformò in aquila e in questa forma volò via. Come egli sia riuscito a scappare dalla fortezza del gigante e dalla terra di Jotnar, questo non lo so con esattezza. Soltanto Odinn ha bevuto tutto il mjöðr, solo lui è stato nove giorni tra la vita e la morte, solo lui ha sacrificato un suo occhio per l'infinito sapere, solo lui conosce tutto di ciò che è stato e tutto di ciò che sarà. *A poco rinuncia chi è saggio*, forse chi è saggio in verità è uno stolto da compatire. Odinn disse che fu la stessa gigantessa ad aiutarlo a fugguire da Hnitbjorg. Tuttavia Odinn mente con la stessa facilità di chi è solito mentire e mente con la stessa convinzione di chi padroneggia le arti ingannatrici. Gli dèi tutti credono a Odinn, ma io sono il Signore dell'inganno. Io rido di tutto ciò e passo ghignando.

Ma la fatica di Bolverkr non era ancora terminata. Quando Suttungr vide l'aquila spiccare il volo da

Hnitbjorg, all'istante comprese quanto era già accaduto. Si trasformò anche egli in aquila e subito volò minaccioso dietro a quell'uccello rapace che dalle viscere di Hnitbjorg era spuntato. Quasi stava per arrivare Bolverkr quando da Ásgarðr gli Asi videro sopraggiungere la prima aquila di cui afferrarono immediatamente la *vera* identità. Dietro essa un'aquila gigante loro nemica giurata videro comparire. Così fuori dalla loro corte posero dei vasi e l'aquila inseguita vi volò sopra sputandovi dentro il mjoðr che aveva ingurgitato. Non fece in tempo a sputarvici tutto il mjoðr che il gigante quasi gli fu addosso, così dovette riprendere il volo improvvisamente e alcune gocce di mjoðr andarono perdute nel mondo. Per la fretta che l'arrivo del gigante rapace imponeva, Bolverkr dalle sembianze di aquila fece cadere alcune gocce del prezioso liquido. Queste andarono perdute per il mondo e gli dèi non potettero più recuperarle. Da allora la materia del mondo conserva gocce di sapere che nemmeno gli dèi conoscono. Ed è anche da quel giorno che gli dèi conservano il mjoðr. Odinn ne fece dono agli dèi Asi e dell'idromele di Suttungr ne fa dono a quegli uomini che lui vuole saggi e poeti. Lo regala a quegli uomini che lui ama senza che a loro ha chiesto nulla, senza che loro abbiano fatto nulla. Ma la parte del prezioso liquido che è caduta nel mondo, quella è in tutto ciò che forma il mondo degli uomini e a disposizione di chi se la prende.

Il giorno dopo di quegli eventi molti giganti entrarono in ambasciata ad Ásgarðr nella sala di Odinn, e di fronte ad Odinn chiesero del misterioso Bolverkr. Volevano sapere che fine avesse fatto colui che chiaro era il fatto che fosse un dio e che ad Ásgarðr sarebbe tornato. Nulla sapevano i giganti. Bolverkr era tornato ad Ásgarðr o era stato ucciso da Suttungr? Nessuna parola era venuta da Suttungr, nessuna parola sulla sorte del misterioso Bolverkr venne da Odinn. Odinn disse di non saperne nulla e sul suo anello sigillò il suo giuramento. E io sogghigno. Io sogghigno di come Odinn rubò a Suttungr la sua preziosa bevanda e di come Gumnloðr pianse amaramente del suo amore tradito.

LOKI E LA PAZZIA DEGLI DÉI

Gli dèi mi considerano malvagio. Questo è il parere degli dèi Asi di cui dovrei far parte ma che mi tengono in disparte. Mi curo del loro parere come un lupo si cura del parere del capriolo appena sgozzato. Io vi parlo nel vostro mondo e con il vostro linguaggio, voi mi ascoltate con le vostre orecchie durante il lungo sfioramento. L'ordine è solo apparenza, ma per chi vive nell'apparenza, l'apparenza è tutto. Dovete aggrapparvi ad essa per essere ciò che siete. Voi lo sapete. *Vivete* in un equilibrio instabile sopra un abisso di terrore. In equilibrio sopra un precipizio di angoscia sconfinata. In quell'equilibrio instabile che è la vostra parvenza voi cercate il significato. Strenuamente cercate il significato. Come gli dèi cercano il loro ordine voi cercate il significato. Gli dèi agiscono non per terrore e angoscia, ma per timore e inquietudine. Ma voi agite per terrore e angoscia! Non siete uguali agli dèi, ma in questo gli somigliate. Cercate una sovrastruttura che dia ordine a quella parvenza di equilibrio su cui ogni essere che è si erge. Ogni sovrastruttura produce soltanto maggiore caos. Ma questo non lo si vede da dove lo si crea, da là questo non è visibile. Ciò che non si conosce e che è impronunciabile lo si conosce e lo si pronuncia solo attraverso ciò che si conosce e ciò che è pronunciabile. Io sono il Signore dell'inganno, l'equilibrio della parvenza non mi appartiene per questo attraverso la struttura del vostro linguaggio io così vi parlo. Per questo sono il più folle tra gli dèi.

Senza equilibrio c'è solo follia. Gli dèi sono pazzi e soffrono. Sono i pazienti che cercano di autocurarsi. Io sono il folle che non conosce equilibrio e che non cerca una cura per la sua follia. Così gli Asi dicono che sono folle perché so di esserlo e non cerco rimedio. Ma loro non sanno di essere gli ammalati. Loro non sanno di essere i pazienti che soffrono per un male che non ha cura se non l'illusione. L'illusione dell'ordine. Soffrono perché essi vogliono, ma vivono perché essi vogliono!

Nel cercare di imporre la loro necessità al mondo da loro plasmato essi forgiano la via necessaria agli esseri. Ambiscono all'immutabilità. In ciò gli dèi non vedono il terrore, ma voi esseri umani da loro creati, voi sì che nel vedere ciò provate una sconfinata paura. L'immutabilità eterna vi spaventa. Vi getta in uno spaesamento terrificante. A voi terrorizza l'immutabilità perenne ed eterna così come vi terrorizza l'eterno mutamento. Il caos senza scopo è per voi esseri umani spaventoso. L'immutabilità degli dèi non è terrore per gli dèi, ma lo è per gli esseri umani! Voi cercate l'immutabilità degli esseri umani non quella degli dèi. Ma è terrifica. Sebbene la cerchiate, di ciò voi siete consapevoli. Tutto è immutabilità. La tremenda immutabilità. Tutto è casualità. La casualità tremebonda. Tutto è tremebondo. Il caos tremendo. Tremendo come solo il mutamento è nel mondo degli uomini. Voi cercate l'eterno come antidoto alla paura del mutamento. Ma esso è terribile! L'ordine divino di Odinn, il destino umido delle Norne. Qualsiasi. Tutto vi è terribile in quell'equilibrio instabile. Tutto è tremebondo. Ma è solo illusione.

La necessità è l'illusione dell'ordine. Gli dèi la creano nel loro mondo per dominarla. Gli dèi plasmano il mondo da loro eretto di modo che possano cullare l'illusione di dominio. Una necessità per ogni mondo dell'essere, per ogni luogo dell'essere. Gli dèi vogliono creare la necessità che da loro ha inizio e con essa dominare quel mondo caotico che sotto di loro diventa necessario. La loro necessità tramite cui tutto ciò che è, sarà. Tutto sarà secondo la necessità da loro imposta. Tutto sarà necessario e tutto sarà immutabile. Questo vogliono gli dèi che soggiornano in Ásgarðr e che i nove mondi hanno forgiato. Questo vogliono gli dèi che tutto il cosmo hanno predisposto. Questo è ciò che voi sapete essere tra i vostri terrori profondi. Voi che dagli dèi siete stati creati. Questo è ciò che Loki rifugge! È qua che risiede la malvagità di Loki per gli dèi Asi.

Voi siete nel mondo forgiato dagli dèi per gli dèi. Voi date sapore alle loro bevande, date soddisfazione alla loro fame. Ma anche voi avete fame. Una fame diversa da quella degli dèi che pure ve la hanno instillata. L'ordine degli dèi che sembra appagare non vi appaga. Io non lo so, gli dèi Asi non lo sanno, ma voi provate terrore. Il vostro spaesamento da me vi porta, da colui che è pazzo tra gli dèi e che ordine non cerca. Odinn vi dà l'ordine che sembra appagarvi, ma esso non vi appaga. Cercate l'immobilità perché il mutamento vi terrorizza. Ma l'immobilità vi terrorizza. La struttura è caotica, ma la sovrastruttura è caotica! Non lo vedete perché voi vedete il vostro volere, gli dèi vedono il loro volere che produce il vostro. Io non vedo perché non mi curo del volere né degli uni né degli altri. Io vedo le illusioni dei pazzi che soffrono mentre io li vedo. Perché vivo nel paradosso che vi frantuma. Io guardo l'apparenza del movimento che sembra ma che non è. Il movimento, la dispersione che genera spazio e che frantuma il tempo. Tutto è un ordine nascosto di chi dorme. Io voglio l'insondabile caos. Il movimento senza causa. Ciò che voglio è l'illusione di un pazzo, l'illusione di un sofferente.

Dall'essere è nata la moltitudine degli esseri che sono attraverso il movimento. È il movimento che rompe la solitudine dell'essere. È nella divisione e moltiplicazione dell'essere che risiede il movimento che rompe la solitudine dell'essere. È il movimento che ha prodotto la moltitudine e rotto la solitudine di Ymir. È il movimento che è illusione che frantuma l'essere e spinge le sue parti lontane le une dall'altre per rifuggire la sua solitudine. È l'illusione che produce il dividersi e il moltiplicarsi dell'essere. È il movimento che produce il frantumarsi dell'essere. Il movimento è illusione. Ogni essere vive nella sua apparenza. Ogni essere si muove nella sua illusione. Ogni essere umano dovrebbe stare attento a salvaguardare la prigione entro cui è libero. Se non è troppo pazzo da voler cercare di squarciare quell'illusione per cadere nell'abisso senza fine del caos dove egli non è. Il Gran Saggio 42 da ciò cerca di proteggervi. Ma io non sono l'essere umano che voi siete. Dove sono io? Nell'illusione che è! Io sono il principio del movimento. Lo sanno bene gli dèi che infatti mi tengono incatenato qua, in questi profondi, abissali meandri. Eppure non mi hanno soppresso. Senza il principio del caos, senza il Signore degli inganni, cosa c'è se non sterminata solitudine? Io che sono pazzo, io che sono Loki, io questo vi dico perché io questo lo sono.

Io, Loki, voglio vedere il muoversi degli esseri senza poterne comprendere la ragione. Io mi muovo per questo, ma questo non è un fine! È solo un paradosso nel vostro mondo. Odinn all'opposto ha sacrificato un occhio e atteso per nove giorni tra la vita e la morte per poter vedere e conoscere tutto di quel che sarà. Ma dove arriva Loki la comprensione si frantuma in frammenti in movimento che si allontanano gli uni dagli altri. Io li tengo insieme al solo fine di vederli frantumare ancora. Io li tengo insieme per un fine che non è uno scopo. Odinn lo sa. Deve punirmi, ma non può sopprimermi. Deve punirmi perché questo impone l'ordine per cui egli lavora instancabilmente da così lungo tempo. Ma l'affanno in lui è sopraggiunto e la mia punizione lo rende manifesto. Non può sopprimermi perché egli conosce l'apparenza. Quello che vuole Odinn lo vogliono tutti gli altri dèi Asi che proprio per questo al suo volere si sottomettono, ma al contrario di

Odinn essi non hanno la sua conoscenza e la sua saggezza. Loki vuole il caos! Loki è illusione del caos che è illusione dell'ordine. Loki è illusione!

Gli altri dèi non possono vedere ciò che Odinn vede. Perché essi non possono vedere ciò che Odinn vede? Le domande che seguono alle risposte, che inutilità. Che inutile spreco. Ma esse sono! Perché Ymir non conosce cosa succederà alle sue stesse parti che da lui prendono vita? Perché gli dèi non conoscono i dadi di cui pretenderebbero di conoscere l'esito al gioco nel mondo degli esseri umani che loro stessi hanno creato? Nel mondo degli esseri umani nessuno lo sa, nemmeno il più saggio tra i Nani e tra gli Elfi lo sa. Nemmeno il più saggio tra gli Asi e tra i Vani lo sa. Là, nel mondo degli eseri umani nemmeno Odinn lo sa!

Nel mondo creato dagli dèi tutti ambiscono ad una risposta che non sia contestualizzata, ma tra gli esseri umani nessuno può ambire a ciò. Gli Asi conoscono questa risposta. Anche io qua legato in catene mi scuoto all'idea di saperla, ma so bene che non riesco a pronunciarla tramite voi. So bene che non riesco a dirla nel vostro mondo! Nel vostro paradosso questo in voi è solo paradosso. Però io sono il Signore dell'inganno! Quando io parlo nel vostro mondo ciò che io vi dico è paradosso ma è comprensibile. È per voi illogico tutto insieme, ma è per voi logico nelle sue parti. Nel vostro mondo quello che io dico non ha contesto. Io questo che nel vostro mondo non so, questo vi dico tramite il vostro linguaggio. Tramite ciò che dice il Gran Saggio 42 a voi esseri umani suoi simili. Ecco le risposte che non sono paradossi nel vostro mondo. Ecco le risposte che esse non sono nel mondo degli dèi ma che sono per gli uomini che voi siete.

La serpe di Miðgarðr che vive negli abissi marini e che cinge l'intera terra vede la foresta ma non vede l'albero. Il filamento sottile che dalla radice si dirama, non vede la foresta né tanto meno vede l'albero, vede l'acqua e su ciò basa la sua comprensione. Quel che vede uno scoiattolo non è quello che vede una serpe né ciò che vede un cane. Un uomo non vede quel che vede un dio. Un dio non vede quel che vede un uomo. La visione di un uomo appartiene solo a lui.

Nel vostro mondo Ymir non ha una visione *significativa* delle sue parti; nel vostro mondo gli dèi non hanno una visione *significativa* dei dadi con cui gli uomini giocano, essi non hanno una visione *signifiativa* della visione degli uomini. Qualsiasi visione che nel vostro mondo un essere possa avere non potrà che essere contingente, limitata e interna ad un *progetto casuale di essere*. Nel vostro mondo il caso è l'acqua! Ma a quel caso voi trovate la via necessaria che lo ha portato in quel dove. Nel vostro mondo ogni essere ha una visione e la sua visione appartiene solo a lui. In questo essa è *vera*. Ma non potrà comprendere la visione *vera* di un altro essere rimanendo sé stesso. Né potrà donare la sua visione *vera* ad un altro essere con cui si incontra per generare sé stesso. Perché tutto è movimento caotico. Perché tutto è illusione. Tutto ciò è *vero* fino a quando toccate l'incomprensibile caos. Il nulla. Il caos che non è. L'incomunicabile spaesamento. Questo io vi dico nell'eco del vostro mondo. E per questo io merito di essere legato qua in catene. Come ben sa Odinn, io merito di essere punito. Non per avere bramato alle spalle degli Asi, non per aver procurato la morte di Baldr, il mio più grande piacere e successo, ma perché parlo a voi in una caverna oscura. La mia punizione ha fatto venir fuori la mia colpa.

LA *TRAVE*

In tutto ciò che vi ho detto sta la conoscenza degli uomini. Voi uomini però andate al cospetto del Gran Saggio 42 a chiedere e a cercar risposte. Fate bene. Ma il Gran Saggio 42 vi parla e non vi ascolta. Ha toccato l'abisso impenetrabile, si è immerso nel caos insondabile. La sua mente ha visto l'incomprensibile mentre le sue mani hanno sfiorato l'inafferrabile. Come potete pensare che ora vi possa veramente ascoltare? Come potete pensare di cambiare attraverso le vostre domande ciò che il Gran Saggio 42 vi dice?

Il Gran Saggio 42 è preda di immense e incomunicabili paure solitarie, che lo rendono solo senza considerare il dove e il quando. Solo per questo vi appare così sicuro e senza paura. Solo per questo parla ai suoi simili come una guida che con una torcia in mano li conduce nella notte oscura e buia. Tutto lui fa per salvaguardare la moltitudine e incanalarla verso una vita quanto più *felice* possibile. Anche attraverso le sventure che sono per voi esseri umani più edificanti della terribile verità. Egli è votato a salvaguardare e a dirigere la moltitudine dei suoi simili verso un senso quanto più comprensibile possibile. Lo fa perché ha visto e ha deciso di dimenticare ciò che ha guardato. Ha deciso di auto-ingannarsi.

Voi. Voi che siete esseri alla deriva. Naufraghi solitari abbracciati ad un pezzo di legno che galleggia in mezzo allo sterminato e profondo oceano. Mentre siete là, soli e terrorizzati, voi ricordate che quel pezzo di legno a cui vi state aggrappando era precedentemente parte di una trave. Una trave parte di una magnifica e bellissima nave che solcava quell'oceano in cui ora, soli e sperduti, vi trovate. Siete in balia dell'immenso oceano. Siete fortemente attaccati a quel pezzo di legno che ricordate essere stato un pezzo di trave di una nave. Una nave robusta e solida, sicura. Che cosa meravigliosa la mente umana vostra. In *verità* quel pezzo di legno che vi tiene a galla sopra l'infinito abisso marino non è altro che un pezzo di legno che è sempre stato un pezzo di legno. Non era parte di una trave, né di una trave che apparteneva ad una bellissima nave, né di una trave che apparteneva ad una qualsivoglia barca. Niente di tutto ciò. Né mai lo sarà. Quello è, era e probabilmente sarà sempre e solo un pezzo di legno parte di nessuna nave.

INTRODUZIONE ALLA MITOLOGIA NORRENA

Partiamo da una questione terminologica. Per illustrare alcune problematiche inerenti alla cultura norrena cerchiamo di chiarire il significato dei termini utilizzati. Primo fra tutti proprio quello di "norreno". Con la designazione di norreni si intendono quei popoli di matrice germanica che abitavano pressappoco l'attuale Danimarca e Scandinavia (soprattutto), ma anche piccoli lembi di Germania settentrionale. Successivamente queste genti si espansero e si insediarono in altre zone dell'Europa, tra cui l'Islanda. Il loro etnonimo deriva dalla loro stessa lingua. Lingua che discendeva dal protogermanico e che quindi rientrava a pieno titolo nella famiglia linguistica germanica, a sua volta compresa nel novero delle lingue indoeuropee. Sulla lingua norrena abbiamo informazioni a partire dal VII sec. ma le informazioni più consistenti sono da dopo l'anno mille. Si tratta di una lingua parlata da popolazioni insediate in un contesto geografico, quello scandinavo per l'appunto, fortemente caratterizzato dall'eterogeneità e in cui gli influssi di altri contesti linguistici furono assai forti. In particolar modo quelli provenienti da contesti di lingua slava, lappone e ugrofinnica. Il termine norreno deriva proprio dalla parola norrena *norron* che significa semplicemente "settentrionale"; termine che tra l'VIII e l' XI secolo designava le popolazioni della penisola scandinava.

I Norreni avevano anche molte altre designazioni, a seconda delle popolazioni con cui entravano in contatto (eufemismo). In generale le altre popolazioni germaniche li indicavano con il termine di Ascomanni, tranne gli anglo-sassoni che li chiamavano Dene o Danasi. Gli irlandesi invece li chiamavano Lochlanach mentre in Italia erano conosciuti soprattutto come Normanni termine che significa letteralmente "uomini del nord". Normanno compare già nella "tradizionale preghiera" inglese che si fa risalire al tempo della devastante incurione sull'Abbazia di Lindisfarne (su cui però non abbiamo attestazioni scritte del periodo). Preghiera ovviamente in latino: *A furore Normannorum libera nos, Domine*, "Liberaci, o Signore, dalla furia degli uomini del nord."

Nell'Europa orientale, ed in particolar modo tra le popolazioni di lingua slava ma anche più a sud tra i bizantini e tra gli stessi arabi, queste genti erano

276

conosciute con il nome di Rus' (o Rhos) da cui prese nome l'omonimo principato (principato di Rus'). Embrione di uno Stato che pur formandosi attorno ad un nucleo norreno, paradossalmente divenne nazione di lingua slava. Una situazione che però non dovrebbe sorprenderci più di tanto se si considera quanto già era avvenuto alle tribù germaniche Franche che si erano insediate nella Gallia romana, l'odierna Francia. In quel contesto territoriale diedero inizio ad uno stato che pur portando il loro nome, per l'appunto Francia, vide il prevalere sotto il profilo linguistico del sostrato latino su cui si sciolse/diluì la lingua germanica francone. Da qui l'attuale lingua francese di stampo neo-latina. Carlo Magno parlava il francone che aveva ben poco da spartire con l'attuale francese e decisamente ben più con l'attuale tedesco. Ritornando alle genti norrene, i bizantini le indicavano anche con il termine di Variaghi dai bizantini. Da qui la famosa guardia variaga (o dei Vareghi) che era la guardia personale dell'imperatore e i cui elementi venivano selezionati proprio all'interno di queste popolazioni.

Ma il nome che più di tutti è rimasto a designazione della loro epopea e che più di tutti si è fissato nell'immaginario collettivo (fin dalle prime avvisaglie di questi popoli) è indubbiamente quello di Vichinghi. Inizialmente però con Vichingo si designava un individuo più specificatamente connaturato rispetto all'intero gruppo umano accumunato dall'uso della medesima lingua norrena. Ovvero ci si riferiva a quegli individui, gruppi armati e/o commercianti, che provenivano dall'ambiente costiero abitato da popolazioni nordiche. Il nome infatti deriverebbe dal termine *vik* che indicherebbe la "baia" ed è attestato per la prima volta nel Widsith, famoso poema anglosassone del IX secolo, dove è espresso con la dicitura *Wicinga* (versi 47, 59, 80). Al termine vichingo però si possono attribuire due diversi significati. Il primo farebbe riferimento specificatamente ai guerrieri (e/o mercanti) norreni che abitavano lungo la costa e che proprio dalla costa partivano per le loro razzie e/o per i loro commerci. Il secondo avrebbe un'accezione più ampia (ma sempre inferiore a quella di norreno) e indicherebbe tutti gli abitanti norreni delle coste, non solo i guerrieri/mercanti. Entrambe le accezioni partono per l'appunto dal termine norreno *vik* che significa "baia", "insenatura". Questa duplice accezione ci porta in ogni caso a vedere nei vichinghi, almeno inizialmente, una particolare categoria di persone all'interno del contesto norreno.

I veri Vichinghi coloro che lasciavano la patria per dedicarsi al commercio e alla guerra, attività tra le quali non esisteva affatto a quel tempo la rigida distinzione che oggi si potrebbe supporre. La parola "vichingo", destinata per gli straordinari successi di questi uomini a godere di particolare fortuna, passò dunque a designare un intero popolo, anzi diversi popoli, ché proprio allora si cominciò a distinguere fra Svíar "Svedesi", Danir "Danesi"e Norðmenn "Norvegesi". (Isnardi 1991, p.17)

Probabilmente l'accezione più ristretta, che si riferirebbe ai soli gruppi di razziatori/mercanti, sarebbe da preferire. Questo perché coloro che almeno inizialmente partivano per tali avventurosi viaggi erano sicuramente individui particolari all'interno della società norrena. Va infatti considerato il contesto sociale da cui questi uomini dediti al saccheggio e/o commerci provenivano. Un contesto prevalentemente agricolo in cui il contrasto tra il mondo contadino e quello dei predoni-commercianti doveva essere decisamente forte. Basta considerare i modelli insediativi delle comunità/gruppi norreni. Stiamo parlando di una società basata sulla tradizionale strutturazione germanica della *Sippe* e quindi collegata alla fedeltà alla famiglia. Famiglia a volte da intendersi in senso più ampio come clan, come discendenza da un medesimo progenitore. Qua ora non mi soffermo e non voglio entrare nei contrapposti modelli sociali inerenti alle società germaniche in senso lato che si ritrovano nel *Sippe* o nel cosiddetto Comitatus (dalla definizione fornita da Tacito). Pongo però l'attenzione sui privilegi che il primogenito deteneva in relazione all'eredità paterna e che poneva quindi gli altri suoi fratelli in condizioni svantaggiate e quindi maggiormente predisposti ad imbarcarsi in viaggi rischiosi.

Si consideri anche che in ambito nordico i villaggi erano rari e il modello insediativo di gran lunga più diffuso era costituito dalle fattorie isolate. Modello insediativo che richiama l'importanza basilare della famiglia, da qui quei vincoli di fedeltà così fondamentali e che caratterizzano la Sippe germanica. È da qua che forse si può partire per comprendere come mai quei figli illegittimi (comunissimi) o comunque non primogeniti, erano a volte, se non spesso, incentivati a cercare fortuna altrove. Andando di conseguenza ad ingrossare le file di quei gruppi di predoni e mercanti che partendo dalle baie scandinave andavano a cercar gloria e ricchezza al di là del mare. D'altronde è proprio sotto la spinta dei successi delle spedizioni vichinghe che, oltre ad intensificare ed incentivare ulteriori spedizioni nella duplice accezione di spedizioni militari e commerciali, sorsero via via alcuni villaggi che potremmo definire piccole città la cui struttura andava a rivelare il loro duplice aspetto di fortezza militare e di base commerciale. Villaggi costieri fortificati che divennero sempre più importanti e che spostarono il baricentro della società norrena dalle fattorie isolate agli insediamenti sulle coste.

Indubbiamente comunque oltre all'esigenza di trovare maggior fortuna altrove, oltre all'importante ruolo che poteva avere lo spirito di intraprendenza di alcuni individui "solleticati" dalla possibilità di facili guadagni e dal desiderio di emergere, la causa prima che spinse i "vichinghi" sulla via delle incursioni prima e delle emigrazioni vere e proprie poi, fu senza dubbio un consistente aumento demografico cui le risorse agricole in un contesto climaticamente difficile non potevano far fronte. Le fonti di sostentamento di una società agricola erano nella Scandinavia dell'alto Medioevo troppo spesso soggette ai capricci di una natura inclemente e spesso ostile. Per questo il mare era un aiuto non indifferente e per questo i vichinghi avevano sviluppato una maestria eccezionale in campo nautico. Essi erano grandi marinai e grandi costruttori di navi. Le tipologie di navi erano molteplici ma quelle che più di tutte divennero note furono le celeberrime Drakkar, navi utilizzate principalmente per le razzie e per le esplorazioni. Il loro nome derivava dalla testa di drago intagliato sulla parte terminale della prua, dal norreno *dreki* ovvero drago. Si trattava di navi veloci e resistenti. Navi strette, leggere e dal basso pescaggio che potevano affrontare il mare aperto degli oceani così come la navigazione nelle basse acque lungo le coste e dei fiumi. Perfette quindi per le varie incursioni. Navi tecnologicamente avanzate e senza le quali gli "abitatori delle baie" non avrebbero avuto il successo e la fortuna che hanno avuto. La fortuna aiuta gli audaci, così recita un vecchio adagio. I vichinghi lo furono. Decisamente.

Come si diceva, proprio con il termine vichingo si denomina il periodo d'oro di queste popolazioni di lingua norrena. L'epoca vichinga viene solitamente racchiusa tra il 793 ed il 1066. Ovvero dall'anno del saccheggio dell'Abbazia di Lindisfarne fino alla battaglia di Stamford Bridge a cui farà seguito dopo qualche giorno la conquista normanna dell'Inghilterra con Guglielmo il Conquistatore. In verità una prima attestata incursione vichinga avvenne già nel 789, ma non ebbe il devastante impatto di quella avvenuta l'8 Giugno del 793 sull' "isola santa" di Lindisfarne.

Nello spazio di circa tre secoli queste popolazioni si insediarono in ampie fasce di territori assai variegati e distanti tra loro. Colonizzarono la Groenlandia, le isole Shetland, le Orcadi e soprattutto furono i primi a creare insediamenti stabili in Islanda (almeno per quanto ne sappiamo finora), la quale divenne una delle terre a cultura norrena per eccellenza. Anche l'Inghilterra già ben prima della conquista Normanna di Guglielmo il Conquistatore aveva avuto un regno vichingo nella sua parte nord-orientale. Avvenne allorquando a seguito delle numerose spedizioni militari e delle altrettanto numerose incursioni di razziatori seguì poi la migrazione di coloni dalla Scandinavia. Nei relativi stabili insediamenti i coloni portarono dalle loro terre anche tutti quei beni immateriali che tanto li caratterizzava. Portarono tutto il loro bagaglio culturale, pieno di usi e costumi. Nonché di leggi. Non per nulla questo Sato, o questo insieme di regni, era conosciuto come Danelagh o anche Danelagu, proprio perché era formato dai *Dani/Deni* (denominazione anglosassone per vichinghi) che esercitavano il potere attraverso le loro leggi dette *lagu*. Termine di origine norreno che entrò anche nel vocabolario anglosassone proprio per indicare le leggi. Non solo. Un regno vichingo si insediò stabilmente in Normandia, regione che per l'appunto deve il suo nome proprio alla dominazione degli "uomini del nord", altrimenti detti Normanni. All'epoca il riconoscimento del sovrano dei Franchi, Carlo il Semplice, fu solo un atto formale in risposta ad una dominazione di fatto. Carlo non riusciva a far fronte a quelle continue incursioni, i vichinghi razziavano incontrastati sotto la guida del loro capo Rollone. Il quale però accettò di "legalizzare" il suo dominioe di divenire quindi Duca di quelle terre attraverso un atto di vassallaggio al re Franco. Un atto puramente formale che non intaccò minimamente l'indipendenza della Normandia da cui tempo dopo partì la spedizione oltre Manica di Guglielmo il Conquistatore. Ma dominazioni vichinghe stabile si ebbero anche nel sud Italia e come detto precedentemente nell'est Europa a seguito dell'insediamento lungo le sponde del fiume Dnepr di tribù vichinghe provenienti dall'attuale Svezia e chiamate in quelle regioni, per l'appunto, Rus'. Da cui ebbe inizio la creazione del principato di Rus' o altrimenti detto Rus' di Kiev.

Il vasto raggio d'azione dei gruppi vichinghi aveva le sue cagioni non solo nella debolezza politica-militare dei regni dell'Europa del tempo, ma anche nelle tecniche d'avanguardia che tali popolazioni norrene vantavano nel campo della navigazione e che li fecero ricchi mercanti e temuti predoni. Protagonisti di viaggi e conquiste epiche, degne delle saghe che gli vennero tributate.

I vichinghi d'altronde furono anche i primi europei ad approdare in America. Una "scoperta" che avvenne per caso allorquando nel 986 Bjarni Herjólfsson, in viaggio verso la Groenlandia, si imbatté in una violenta tempesta che lo deviò verso occidente. Venne così a contatto con una terra ignota che costeggiò senza però sbarcarvi mai prima di riuscire a riprendere il viaggio verso la Groenlandia. Altri norreni successivamente lo fecero. Probabilmente a seguito della prima vera e propria spedizione esplorativa in quelle terre guidata da Leifr il Fortunato figlio di Erik. In proposito si vedano per esempio le innegabili evidenze archeologiche dell'insediamento vichingo di Anse aux Meadows sull'isola di Terranova.

Riguardo a questa "scoperta" dovremmo però domandarci cosa significhi esattamente "scoprire". La domanda ha un senso se è pur vero che allorquando Cristoforo Colombo arrivò in quelle terre queste furono dapprima scambiate per l'Asia e poi addirittura si ventilò la possibilità che si fosse in presenza del paradiso terrestre di biblica concezione. Solo successivamente esse furono riconosciute come facenti parte di un "Nuovo Mondo" e battezzate con il nome di un esploratore italiano che ne stava scrupolosamente riportando le coste su mappa. Una scoperta a livello sociale è davvero tale quando la sua conoscenza passa dallo "scopritore" agli altri suoi simili in maniera stabile e duratura. Non è una corsa a chi arriva per primo, ma un appropriarsi di un qualcosa che farà poi parte del patrimonio culturale di quel gruppo sociale e di quei gruppi umani ad esso più o meno direttamente connessi.

Ma torniamo là dove eravamo partiti. L'iniziale questione terminologica non era un mero esercizio di retorica. Le "sfumature" rilevate tra i termini norreno e vichingo, fanno sì che le due voci non dovrebbero essere utilizzate in maniera equipollente, come invece si è soliti fare. Tali "sfumature" assumono a mio parere rilevanza notevole quando si entra nel campo della mitologia. Alla luce di quanto si è detto riguardo il diverso iniziale significato dei due termini, parlare di mitologia norrena o di mitologia vichinga non può essere allora la medesima cosa. È evidente che anche partendo da una comune cultura condivisa tra tutti i norreni, essa poi acquistava sfumature e connotazioni diverse a seconda del contesto.

Se come si diceva norreno è termine che designa l'intera popolazione parlante una medesima lingua stanziata in Scandinavia e zone limitrofe, se per vichingo si intendono esclusivamente i guerrieri norreni che partivano dalle baie per le loro incursioni predatorie e/o mercantili (ma ciò vale anche se con esso si vogliano intendere tutti gli abitanti delle "baie/insenature") e se si considera che nell'ambito del politeismo norreno/germanico la venerazione di una divinità piuttosto che un'altra era dovuta ai vantaggi pratici che quel determinato individuo o ristretto gruppo umano sperava di ottenere, allora le popolazioni prettamente marittime dovevano avere preferenze assai diverse dalle popolazioni contadine dell'interno. Pur nel medesimo contesto culturale norreno.

Puntualizziamo questo concetto. Nell'ambito di una religione politeista come quella norrena in cui la venerazione degli individui andava a vantaggio di una divinità piuttosto che di un'altra a seconda delle esigenze del singolo individuo, le sfumature se non le accezioni che la religione norrena assumeva a seconda dei contesti dovevano essere se non notevoli comunque abbastanza marcate. L'accento e le preferenze che i contadini ponevano su certe divinità dovevano differire non poco rispetto a quelle invocate da coloro che andavano per mare. Ed anche la mitologia doveva divergere di conseguenza. Questo vale per qualsiasi ambito politeista, ma in ambito norreno ciò si intreccia ancor più con altre peculiarità. Queste diverse sfumature infatti si saranno adattate, o anche cristallizzate, in quei contesti ambientali di nuovo insediamento da parte dei vichinghi. Situazione da tenere in gran considerazione se si pensa infatti che le fonti della nostra conoscenza sulla mitologia norrena provengono quasi interamente dall'Islanda, terra di colonizzazione vichinga e quindi non sede "originaria" della cultura norrena. Lo specifico contesto ambientale avrà sicuramente avuto un peso sui miti tramandati alle future generazioni. Ciò detto dividere la mitologia degli abitanti della costa daquella di coloro che abitavano l'entroterra e che appartenevano alla stessa cultura espressa da una medesima lingua (almeno a posteriori), è estremamente difficile da indagare. Per questo motivo, al pari di come si è sempre fatto, designerò tale mitologia sia con il termine norreno che con il termine vichingo senza riferirmi a sostanziali differenze.

A tale problematica si aggiunga poi che le prime popolazioni germaniche insediatesi in Scandinavia (e dintorni) dovettero subire indubbiamente gli influssi culturali da parte di genti già presenti in quelle terre. Terre che solo successivamente divennero "norrene". Inoltre dobbiamo anche considerare che quasi tutto ciò che noi sappiamo della cultura norrena/vichinga deriva da un periodo storico in cui nelle terre norrene si era già diffusa ed affermata una nuova religione, quella cristiana. Ciò che **conosciamo sugli antichi dèi norreni deriva dalla mediazione di eruditi cristiani islandesi del XIII sec.**, con tutte le conseguenti problematiche esegetiche connesse a ciò. Sono loro che ci informano sulle divinità dei propri avi, sono loro che sono impegnati a sradicare le antiche divinità pagane dagli usi e costumi della popolazione.

Tutti questi dati di fatto hanno avuto indubbiamente un peso nel delinearci la mitologia norrena/vichinga. Ma è ovvio che tra tutte le influenze culturali che hanno plasmato i miti norreni, quelle attivamente presenti nel momento in cui questi racconti mitologici furono messi per iscritto dovrebbero aver avuto un peso determinante. Vediamo quindi quali sono le principali fonti letterarie su cui si basa la nostra conoscenza della mitologia norrena.

Due sono i principali manoscritti; essi condividono uno stesso titolo e sono grossomodo coevi. Entrambi si chiamano *Edda* e risalgono al XIII secolo. *Edda* non ha un significato facilmente indicabile, né vi è omogeneità tra gli studiosi nel determinarne l'etimologia. In genere però si ritiene che derivi dall'antico islandese *óthr*, che significa "poesia". D'altronde sono raccolte basate su antichi carmi memorizzati e tramandati oralmente dagli scaldi. Ovvero da quegli uomini liberi, eruditi nell'arte poetica, che si dedicavano a girovagare tra le varie corti scandinave e che hanno funto da metabolizzatori della cultura e mitologia norrena. Sono loro i creatori di questi poemi eroici e mitologici che si tramandavano oralmente e che quindi per loro natura dovevano essere soggetti ad una moltitudine di varianti legate non solo alle differenti aree geografiche ma anche ai differenti poeti. Poesie di difficile lettura. Per comprenderle bisognava (e bisogna) avere una approfondita conoscenza dell'intero corpus della mitologia norrena, oltre che delle modalità espressive tipiche di questa poetica che si concretizzavano in metafore molto elaborate dette kenningar.

La raccolta più fedele a questi poemi scaldici è la cosiddetta *Edda* poetica. Si tratta di una raccolta di autore sconosciuto attinente a poemi mitologici e carmi eroici tratti da manoscritti di varie epoche. Il titolo *Edda* gli venne attribuito successivamente, in quanto il manoscritto non aveva titolo. Fu scoperto nel 1643 in Islanda dal vescovo Brynjólf Sveinsson ma risale alla metà del XIII secolo. Fu proprio Brynjólf Sveinsson a chiamarlo *Edda* riprendendo il nome dalla famosa opera di Snorri Sturluson (l'altra *Edda*). Per distinguerla da quest'ultima fu poi caratterizzata con l'attributo "poetica" e da quel momento l'*Edda* di Snorri fu invece caratterizzata dalla dicitura "in prosa", proprio per puntualizzare la differente tipologia compositiva/letteraria. Questo manoscritto è conosciuto anche come Codex Regius in quanto Sveinsson nel 1662 lo inviò a Federico III re di Danimarca e da quel momento venne custodito nella biblioteca reale di Copenhaghen. Ciò fino al 1971, anno in cui tornò in Islanda (https://www.britannica.com/topic/Codex-Regius). Questo codice viene descritto dallo studioso Scardigli nel seguente modo:

Sull'origine, complessa ed eterogenea, dei carmi ben poco di certo si può dire. Tanto i carmi mitologici che quelli eroici sono da intendere come particolari di grandi affreschi, i cui soggetti erano noti per intero ai destinatari di questo genere poetico. È avendo presente un quadro relativamente organico che il raccoglitore cui si deve la scelta del R (Codex Regius) pare abbia proceduto nell'opera di raccordo dei singoli pezzi. Resta nonostante tutto incertezza sul disegno di insieme cui dovrebbero essere riferiti i carmi mitologici. Essi presentano forti disuguaglianze di tono: dal serio, profetico Profezia della Veggente al farsesco del Carme di Thrymr, con varie sfumature intermedie. (Scardigli 2004)

E ancora:

I carmi che sono entrati a far parte del Codex Regius non sono che una scelta rappresentativa operata non tanto con gusto artistico quanto con sensibilità di antiquario da uno sconosciuto nella seconda metà del secolo XIII. Qualcuno ha pensato di affidare alla pergamena tutta una serie di testimonianze poetiche ancora vive nella tradizione orale d'Islanda. (Scardigli 2004).

L'altra raccolta chiamata *Edda* è quindi la cosiddetta *Edda* in prosa di Snorri Sturluson (1179-1241), presumibilmente di poco anteriore e risalente grossomodo al 1220. Snorri Sturluson oltre ad essere un importante erudito del periodo, fu anche un preminente uomo politico nell'Islanda della prima metà del XIII secolo. Anch'essa è una raccolta di racconti mitologici ed eroici di fondamentale importanza per la conoscenza del mondo norreno e soprattutto (ovviamente) islandese. Molto probabilmente il motivo di questa raccolta di poemi epici e carmi era quello di preservare la cultura di un mondo che andava scomparendo e che era il mondo dei suoi avi. Se in altre opere Snorri puntò a conservare e tramandare l'arte poetica degli scaldi, in questa i carmi raccolti furono tramandati cercando di conservare più i contenuti che la forma. Da qui la predilezione per la stesura in prosa degli antichi poemi.

D'altronde questa vocazione di Snorri per la prosa e per un certo pragmatismo doveva essere proprio della sua indole. Lo vediamo in opere dall'impianto prettamente esegetico. Ma lo vediamo anche e soprattutto negli attimi immediatamente precedenti alla sua morte. Almeno se si dà credito alla leggenda che vuole che le ultime parole che disse prima di essere ucciso da dei sicari furono "Non colpirmi!". C'è poco di poetico in quell'espressione, ma tanto di tremendamente umano.

Riguardo alle versioni in prosa da lui prodotte segnaliamo per la sua grande importanza la prima parte dell'*Edda* in prosa denominata *Gylfaginning* ("L'inganno di Gylfi"). Un racconto mitologico omogeneo che è fondamentale per l'intera mitologia nordica.

Questo uso della prosa lo si deve anche ai suoi tentativi esegetici della mitologia e dell'epica norrena. A riguardo un'altra importante sua opera è la cosiddetta *Saga degli Ynglingar*. Si tratta di una saga che fa parte dell'*Heimskringla*, testo dove l'autore ripercorre la storia degli antichi re norvegesi e con essa gli eventi storici seguiti all'arrivo in Scandinavia delle popolazioni che diventeranno poi i norreni. Qua l'autore spiega la mitologia norrena da un punto di vista prettamente evemeristico. Secondo questa lettura gli dèi all'inizio non erano altro che capi militari e re che per le loro qualità non comuni vengono successivamente considerati e venerati come divinità. Odinn per esempio ci viene presentato come un condottiero giunto dall'Asia e che per le sue eccelse doti venne successivamente divinizzato andando a ricoprire quel ruolo di capo e padre degli dèi riscontrabile nella mitologia e nordica. Oppure ci spiega come fu proprio il dio Freyr (all'epoca solo un capo) a fondare la dinastia degli Ynglinga, da cui derivano i primi re svedesi. L'autore in definitiva intreccia la storia con il mito dando una spiegazione eminentemente evemeristica delle divinità norrene. Rintraccia nel mito fenomeni ed eventi storicamente avvenuti. Spiega la storia con il mito e il mito lo rende comprensibile attraverso la storia. L'intento dell'opera è pienamente esegetica.

Un'esegesi del tutto giustificata alla luce della fede cristiana di Snorri. Questa richiedeva un'interpretazione del precedente paganesimo tale da giustificarne la salvaguardia dall'oblio dei relativi miti. Un'interpretazione dalla finalità quasi apologetica che giustificasse e al contempo legittimasse la trasmissione ai posteri di quei antichi carmi. Si trattava in fondo delle tradizioni e usanze delle genti a cui lui sentiva di appartenere. Il coinvolgimento emotivo era maggiore rispetto a quei cristiani che andavano colonizzando terre lontane nello spazio e nel sentimento di appartenenza. Snorri e gli altri cristiani nordici non erano gli evangelizzatori cristiani d'America che per diffondere un nuovo credo cercavano contestualmente di distruggere ogni traccia del vecchio paganesimo maya, azteco, inca o altro che fosse. Il domenicano e futuro vescovo cattolico Bartolomé de las Casas che tanto si prodigò in favore degli indios del Nuovo Mondo, altrettanto si prodigò nel distruggere la loro cultura. Aveva intenzione di salvare le anime degli infedeli indios, non certo il loro sapere pagano. La distruzione della loro cultura era funzionale a salvarne la vita terrena da una parte e quella spirituale dall'altra. Paradossalmente quel poco che si è salvato delle culture precolombiane lo si deve più ai conquistadores come Cortez che agli evangelizzatori come de las Casa (si veda Todorov 1984, 2016). Rispetto ad evangelizzatori che venivano da luoghi lontani, Snorri e gli altri cristiani nordici dovevano essere investiti da un maggiore coinvolgimento emotivo dovuto al senso di appartenenza ed al legame genetico con quelle popolazioni da cui discendevano. Ciò li portò a prodigarsi anche per la salvezza di quel mondo culturale ormai sulla via dell'estinzione. I contesti hanno sempre un valore determinante nell'esprimere i giudizi. Non che esprimere giudizi sia sempre necessario. Ma a volte ciò va di pari passo con la ricerca di un significato che sembra esserci connaturata.

Quindi per mettere un po' ordine. La prima raccolta di poemi epici ed eroici norreni avviene con Snorri Sturluson intorno al 1220, trattasi dell'*Edda* in prosa. Successivamente un qualche altro sconosciuto autore si dedicò a raccogliere i poemi scaldici in quella che venne poi chiamata l'*Edda* poetica. Queste due raccolte costituiscono i principali corpus di miti nordici pervenutici. Entrambe le collezioni sono frutto di documenti più antichi e di raccolte di carmi tramandati oralmente. Inoltre entrambe le raccolte provengono dall'Islanda, paese colonizzato dai norreni a partire dal IX secolo. Ciò vuol dire che i miti e i carmi eroici colà raccolti non sono le saghe e le mitologie originali dei vichinghi scandinavi, ma quanto ne restava circa quattrocento anni dopo in un contesto isolato e dalla natura difficile da assoggettare.

Il contesto ambientale non va mai sottovalutato. Esso può aver influenzato il tramandare orale dei miti originariamente importati dalla Scandinavia. L'Islanda infatti sconta un isolamento ben maggiore rispetto alla penisola scandinava. Ed oltre ad affrontare una rigidità climatica notevole, è ancor più soggetta alle forze indomabili della natura. Giace infatti sopra la dorsale atlantica, in quello che in geologia viene definito un hot spot, un punto caldo. Ovvero un punto della superficie terrestre interessato dalla risalita di magma dal mantello. È questa la cagione della sorprendente giovinezza delle terre di Islanda, appena venti milioni di anni, interamente formate da rocce basaltiche frutto di una intensa attività vulcanica. Tutto ciò ha creato una scenografia tanto suggestiva quanto difficile da domare. Dove la fanno da padrone geyser, vulcani e i rigori del clima artico. Clima che seppur mitigato dalla corrente del golfo è pur sempre determinato dalle estreme latitudini. In definitiva, è plausibile supporre che una qualche "accezione" localistica islandese abbia influito nell'accentuare alcune caratteristiche della mitologia norrena, o che per lo meno abbia influito nel dar maggior peso a racconti più in linea con quell'ambiente.

In questa terra i miti rimasero a "fermentare" per circa quattro secoli prima di essere messi per iscritto. Lasso di tempo in cui la religione cristiana si era prima insinuata e poi affermata non solo tra gli islandesi ma anche (e prima ancora) tra tutte le altre popolazioni scandinave. È forse per questo che la mitologia nordica sembra essere così impregnata di cristianesimo. Come abbiamo già notato poco sopra, coloro che hanno raccolto e trasmesso per iscritto tali racconti dovevano essere soggetti ad un forte coinvolgimento emotivo a riguardo. Erano persone di fede cristiana ma provenienti dall'ambito norreno e che si prodigavano nell'opera di salvataggio della cultura dei loro avi. Una cultura che ormai anche per loro risultava distante sebbene non lo fosse per il contesto sociale nel quale vivevano (come vedremo). È difficile quindi pensare che il cristianesimo e le motivazioni specifiche che spinsero gli uomini di quelle terre a raccogliere i miti costituenti il corpus della mitologia norrena a noi pervenuti, non avessero in qualche modo influenzato i miti medesimi.

Inoltre la stessa natura politeista della religione norrena era idonea a farsi penetrare da altre divinità che venivano poi inglobate nel pantheon divino. Non fu un'opera impossibile quindi aggiungere "il bianco Cristo" al novero delle divinità tradizionali. Nell'ambito delle religioni politeiste, e specificatamente norrena, la presenza di altre divinità non costituisce un ostacolo teologico. Non si tratta di religioni "a numero chiuso", anzi sono relativamente aperte e permeabili. Quello che si valutava delle divinità di altri popoli era la "potenza", il grado di utilità che se ne poteva trarre. E questo era legato ovviamente al successo o meno delle persone che veneravano quelle stesse divinità.

Il cristianesimo si insinua in una terra in cui la natura stessa del politeismo scandinavo, che consentiva a ciascuno di adorare di preferenza un dio anziché un altro a seconda delle proprie esigenze, permise alla figura di Cristo di conquistarsi un posto fra gli altri dèi, prendendo a poco a poco il sopravvento. (Isnardi 1991)

L'altra faccia della medaglia di questa propensione ad inglobare nuove divinità fu proprio la sua altrettanto "naturale" capacità di adattarsi a nuovi contesti. Non per nulla alcuni se non molti aspetti del paganesimo nordico, sopravvissero a lungo all'interno del nuovo contesto religioso cristiano. Da un lato quindi la religione norrena si lasciava "facilmente" penetrare perché aveva un grande potere plastico nell' "accogliere" nuove divinità, dall'altro però si adattava così bene al nuovo dio entrante da risultare poi più difficile da estirpare. Le varie accezioni pagane che si andavano ad annidare nella nuove fede cristiana furono un costante problema per la chiesa. Così come furono assai persistenti i vari culti e le pratiche pagane all'interno del contesto cristiano. Come vedremo le alte sfere ecclesiastiche si lamentavano spesso riguardo alle difficoltà di sradicare queste credenze pagane così diffuse nella popolazione scandinava.

D'altronde questo non era un problema nuovo per il cristianesimo. Basta studiarne la diffusione e i relativi collegamenti a pratiche e usanze già in uso nella stessa penisola italiana. Inoltre questo non è un problema connesso al solo cristianesimo, ma proprio di qualsiasi altra religione che si diffonde in contesti territoriali sempre più ampi. Le religioni tendono ad essere conservative e a mantenere in vita in qualche modo ciò che inglobano. Proprio per questo, e non è un paradosso, le rivoluzioni religiose sono sempre così epocali. Proprio perché tendenzialmente tendono a conservare molto di ciò che inglobano ma allo stesso tempo forniscono e costituiscono esse stesse il prodotto di uno sforzo "orientativo" verso una nuova visione di insieme della sfera umana e dell'esistente. Per questo una nuova religione (etimologicamente, un nuovo "legame") è sempre un qualcosa che segna profondamente una fase della storia umana.

Dire che le religioni sono tendenzialmente conservative è però frase che sebbene troppo generica si erge indubbiamente su molti dati e quindi sarebbe frase che meriterebbe un maggiore approfondimento. Ma questa non ne è la sede. Debbo tuttavia fare una premessa che è un dovere nei confronti di chi legge. Il mio punto di vista è laico. Ciò non vuol dire che sia l'unico e accettabile modo di procedere. Qualcuno potrebbe a ragione dire che tutte le religioni hanno un fondo comune, che tutte le religioni si portano dietro un qualcosa delle altre proprio perché vi è una verità che ha sempre influenzato l'uomo fin dall'origine. E quella verità è divina. Il ragionamento ha le sue fondamenta. Io però da non credente di una religione rivelata sono portato a vedere le cose in maniera diversa. Per questo nel procedere ad analizzare i diversi contesti culturali, come quelli da cui provengono le religioni, preferisco optare per una visione storicistica dello sviluppo di un qualsivoglia concetto.

Ma usciamo da queste generalizzazioni che ci allontanano dal nucleo del nostro discorso, torniamo al caso specifico che qua ci interessa. Si può ben dire che le due religioni, quella norrena e quella cristiana, nel momento in cui entrarono in contatto si influenzarono a vicenda. Come è normale attendersi da ogni frutto di interazione umana. Certo le influenze non sono bilanciate, non pesano sempre alla stessa maniera. Ma ad ogni modo sono bidirezionali e non unidirezionali. Non dimentichiamoci poi che non sono le religioni a parlarsi, non sono i miti ad incontrarsi, non sono i popoli a contaminarsi, ma sono i singoli individui ad interagire.

Indagare le influenze di una religione sull'altra è estremamente difficile. Uno dei motivi consiste nel

302

fatto che entrambe derivano (in senso laico) da un qualcosa. In tal senso sia la religione cristiana che norrena potevano portarsi dietro ancestrali e comuni elementi di base che nel momento in cui li analizziamo a partire da un determinato momento (XIII secolo) possono dare adito ad interpretazioni di senso opposto. Mi spiego meglio. Nel momento in cui voglio attribuire l'appartenenza "originaria" di un elemento che vedo sia nel contesto A che nel contesto B, se quell'elemento fosse "in verità" comune ad entrambi i contesti potrei avere validi motivi per attribuirlo sia ad A che ad B. L'ulteriore problema è che difficilmente si potrà mai sapere se quell' "in verità" sia effettivamente un "in verità". Ciò rende il tutto altamente stimolante, affascinate e soprattutto problematico.

La mitologia norrena è densa di punti di contatto con le mitologie indoeuropee. Di conseguenza a volte non è possibile dire quanto in essa ci sia di cristianesimo rispetto ad una comune matrice indoeuropea, su cui anche il cristianesimo si basa. Precisiamo l'affermazione. Sebbene con l'attributo indoeuropeo si va generalmente a porre l'accento su ambiti linguistici più che religiosi, le religioni stesse trascendono e al tempo stesso si adattano a differenti contesti linguistici. Da qui la difficoltà di risalire ai "reali" punti di contatto, così come di risalire ai "reali" punti di divisione tra religioni che si intrecciano in comuni spazi e territori; che si intrecciano per poi allontanarsi e che poi si ritrovano intrecciate di nuovo. Si consideri che il cristianesimo nasce in un contesto linguisticamente semitico, ebraico per la precisione, ma al contempo molto probabilmente – vedere Liverani e tutti gli altri studiosi vicino orientali – il contesto ebraico a sua volta aveva subito determinanti influssi da parte della religione zoroastriana durante il periodo di cattività babilonese. Religione zoroastriana che si era imposta sui persiani di lingua indo-iranica e quindi appartenenti al più generale gruppo indoeuropeo da cui anche i futuri norreni discenderanno. Per questo anche il cristianesimo e la religione norrena potevano avere delle basi comuni indipendentemente dalle reciproche influenze che verosimilmente intercorsero con lo scorrere del tempo. Inoltre lo stesso cristianesimo si andò affermando principalmente in contesti europei a matrice indoeuropea da cui fu poi portato a diffondersi ulteriormente in spazi ben più ampi. Dire in definitiva quanto la mitologia norrena abbia in comune con il cristianesimo piuttosto di quanto il cristianesimo abbia modificato la religione dei norreni, è compito assai arduo che probabilmente non avrà mai una risposta definitiva.

Ad ogni modo gli studi riguardanti la mitologia norrena si muovono su un'ambivalente interpretazione. Da una parte si analizza la religione norrena mettendone in evidenza gli aspetti cristiani in essa presenti e dall'altra si cerca di individuare le persistenti propagazione della cultura norrena all'interno del cristianesimo scandinavo. Ovvero quegli aspetti tipicamente norreni che sono sopravvissuti all'interno del cristianesimo nordico. Sulla scia di ciò cerchiamo ora di individuare, o meglio di problematizzare, le possibili reciproche contaminazioni.

Partiamo dalle possibili influenze del cristianesimo sull'ambito religioso norreno. Primo, perché come più volte detto le prime attestazioni scritte di tale mitologia ci derivano proprio quando ormai siamo in un contesto convertito al cristianesimo, situazione che avrà avuto sicuramente un peso. Secondo, perché i compilatori di queste raccolte erano a loro volta cristiani. Terzo, perché oggigiorno mentre ancora il cristianesimo è vivo e vegeto, la religione norrena è praticamente estinta o comunque limitata a poche cerchie di adepti su cui è difficile dire quanto incida la reale convinzione teologica rispetto alle mode del momento. Inoltre è anche più logico aspettarsi che il cristianesimo abbia avuto più voce in capitolo nel modificare i culti norreni rispetto a quanto quest'ultimi abbiano trasformato il cristianesimo e rispetto a quanto le due religioni avrebbero potuto avere in comune. Ciò alla luce del prevalere senza replica del cristianesimo nelle terre norrene.

A riguardo si possono citare le seguenti attestazioni o possibili (influenzati) parallelismi. Odinn ha dodici valchirie al seguito, così come Gesù si è circondato di dodici apostoli. Nel mito di Gylfi (*Gylfaginning*) quando quest'ultimo camuffato da vecchio mendicante giunge nel Paese degli Asi, egli viene accolto da una triade divina. Sotto quella triade si cela una sola divinità, Odinn che è il capo degli dèi. Odinn in questo contesto viene concepito come dio triplice che partecipa ad ogni manifestazione della vita pur non restando imprigionato in nessuna. Inoltre Odinn viene anche spesso definito padre di tutti, degli dèi e degli uomini. Il richiamo alla triade parlando del capo degli dèi potrebbe essere uno dei tanti esiti del sincretismo operato da missionari cristiani.

Il mito della morte di Baldr sembra avere molto di cristianesimo. Si tratta del mito dell'uccisione del migliore degli dèi, Baldr per l'appunto, che è dio della luce e al contempo anche figlio del dio supremo Odinn. La figura dell'innocente dio Baldr, dio della luce e dio giusto per eccellenza, che muore senza colpe sembra avere le connotazioni e gli attributi giusti per rimandare all'ambito cristiano. Non solo. Egli muore ma tornerà in terra alla fine del mondo quando avverrà il *Ragnarok*. Il *Ragnarok* è la battaglia finale in cui tutte le divinità periranno e il mondo verrà distrutto per poi risorgere sotto nuovi auspici. Letteralmente è traducibile come "destino degli dèi", ma è forse più noto attraverso la dicitura di "il crepuscolo degli dèi", traduzione forse erronea ma portata alla fama "imperitura" dalle opere di R. Wagner. *Ragnarok* che a sua volta, sotto questa accezione, richiama molto da vicino l'apocalisse presente nel vangelo di Giovanni. Anche perché la mancanza di parallelismi di una così drammaticamente siffatta fine del mondo in altre religioni antiche europee, né romani né greci hanno una simile escatologia all'interno del loro pur consistente corpus mitologico, condurrebbe verosimilmente verso un'accezione/influenza cristiana. È anche vero però che avremmo una similare fine del mondo in altri contesti indoeuropei seppur ben più antichi, Zoroastrismo su tutti.

Questo innestarsi di elementi cristiani nella religione norrena è riscontrabile anche da vari ritrovamenti archeologici. Come ad esempio alcune pietre runiche. Le rune erano un "primitivo" sistema di scrittura utilizzato dai popoli germanici che incise su pietre servivano a veicolare alcune informazioni. La stragrande maggioranza delle pietre runiche che si sono conservate appartengono all'epoca vichinga. In molti casi ricordano solo i nomi di coloro che parteciparono alle spedizioni commerciali o ai saccheggi, e di solito hanno pochi elementi decorativi. Ma in alcune di queste pietre con incisioni di rune si riscontrano invece interessanti combinazioni di simboli cristiani e pagani. In tal senso esempi notevoli sono la pietra di Ledberg, in Svezia, e la croce di Thorwald, sull'isola di Mann. Quest'ultima sembrerebbe rappresentare il momento del *Ragnarok* dove compaiono segni simbolici cristiani.

Oppure, ancora, si consideri come sebbene Thor in epoca cristiana diventi sempre più importante in qualità di figura divina contrapposta (e da contrapporre) all'espansione del cristianesimo, allo stesso tempo egli sembra fondersi con Cristo. A riguardo è notevole ed al tempo stesso esplicativo il fatto che alcuni degli amuleti e delle monete più recenti dell'era vichinga raffigurino spesso l'elsa del martello Mjǫllnir, l'arma per eccellenza di Thor, come una croce. Nulla di nuovo se si considera che abbiamo esempi, provenienti da altri contesti, in cui il sincretismo fu utilizzato come mezzo/espediente per far entrare il cristianesimo nelle culture locali.

Tutto ciò ci delineerebbe una forte ascendenza del cristianesimo sulla mitologia nordica. Al tempo stesso però dire che la mitologia norrena sia stata "riscritta" dai sacerdoti cristiani medievali sarebbe del tutto fuorviante. D'altronde per ogni elemento considerato come frutto dell'influenza cristiana, si potrebbe al contempo trovare anche una spiegazione diversa. Si veda sia quanto si diceva su possibili elementi comuni alla base delle due religioni, sia su possibili influenze da parte di religioni di sostrato (finniche e lapponi su tutte). Inoltre è anche appurato che alcuni carmi che compongono l'*Edda* poetica risalgono a ben prima di quella stessa trascrizione avvenuta in ambito cristiano.

Ciò ci porta ad analizzare anche l'altra faccia della medaglia. Ovvero quegli elementi della religione pagana scandinava sopravvissuti all'interno del cristianesimo. Non solo. Vi sono molte fonti che ci segnalano anche una forte persistenza di riti e pratiche prettamente pagane nella Scandinavia del basso Medioevo e anche oltre. Con gran disappunto delle autorità ecclesiastiche.

In ambito scandinavo le conversioni al cristianesimo avvenivano non tanto per cambio totale di paradigma teologico (da politeismo a monoteismo) quanto piuttosto in seguito a quelle accezioni sincretistiche che la nuova figura divina di Cristo andava assumendo. Semplicemente i norreni riponevano maggiore fede sul dio che si dimostrava essere più forte. Al netto delle tendenze e motivazioni individuali si è legittimati a dire che il "bianco Cristo" proveniente da sud si imponeva per i suoi "maggiori poteri" testimoniati dalla fortuna dei suoi fedeli. Ciò è deducibile da più fatti e da più fonti.

Un esempio esplicativo è il racconto di Widukind relativo alla conversione al cristianesimo del re danese Araldo. Tutto avvenne in seguito ad una disputa a corte tra alcuni pagani ed il vescovo Poppo, disputa che si risolse in una sfida atta a sancire quale dio fosse più potente. Vinse Poppo che sottoponendosi all'ordalia del guanto di ferro rovente non riportò nessun danno apparente. "Apparente" mi sembra aggettivo d'obbligo. Il punto non è tanto credere o meno al miracolo, ma considerare come per convincere i norreni alla conversione si dovessero far circolare queste voci riguardanti prove di forza del Dio cristiano.

Riguardo alle usanze norrene che sopravvissero all'interno delle tradizioni cristiane si può citare invece la tradizionale uccisione del maiale durante la festività natalizia. Tradizione ancora in uso ovviamente. Probabilmente si tratta di una pratica che affonda le sue origini nel sacrificio rituale di un maiale per il dio Frey. Sacrificio che avveniva durante il solstizio d'inverno ovvero durante la celebrazione della festività denominata *Yule*. Si trattava di una festività di grande importanza per l'intero mondo germanico, non solo esclusivamente norreno. Alcune caratteristiche di questa festa pagana, tra cui per l'appunto l'uccisione del maiale, si sarebbero quindi conservate all'interno del Natale cristiano che cadeva proprio in prossimità del solstizio di inverno. È interessante rilevare che una simile usanza natalizia (l'uccisione del maiale a Natale) la si riscontra anche nella festa pre-cristiana del solstizio di inverno dei Daci. Rito ancora oggi in uso in Romania nella cosiddetta giornata dell'*Ignat*. Probabilmente si tratta quindi di un rito comune in un giorno comunemente reputato importante per le sue caratteristiche "astrali" sia dai germani che dai daci. Ma può anche essere che la forte influenza germanica in Transilvania ne abbia accentuato determinate caratteristiche. In sostanza, per quanto concerne questo scritto, è interessante rilevare la propagazione di un rito "pagano-norreno" all'interno di una importante festa cristiana. (riferimenti: http://culturaromena.it/natale-romeno/

http://www.blog2fete.com/natale-romania-ignat-rito-pagano-maiale-divino/   ; https://skandihome.com/skandiblog/inspiration/this-little-piggy-the-story-of-the-swedish-christmas-pig/ ;   https://en.wikipedia.org/wiki/Bl%C3%B3t   ; https://lrc.la.utexas.edu/eieol_base_form_dictionary/norol/18)

D'altronde era prassi abbastanza comune sostituire i significati pagani e idolatri delle festività più popolari con messaggi e temi cristiani. Questa pratica aveva l'obiettivo di rendere più fluido e quindi di facilitare il passaggio dal paganesimo nordico al cristianesimo. Non che fu pratica utilizzata esclusivamente dal cristianesimo né tanto meno confinata ai soli paesi scandinavi. Cercare delle similitudini da cui operare pratiche sincretistiche era ed è modus operandi assai diffuso.

In Scandinavia questo portò alla nascita di una sorta di cristianesimo nordico, particolarmente incentrato sulla regalità – anche terrena – di Gesù Cristo.

Lo testimoniano i diversi poemi e le rune a lui dedicate, risalenti all'undicesimo secolo (dopo, quindi, la conversione ufficiale ma durante il periodo di transizione religiosa, lungo almeno un secolo). [...] Le raffigurazioni rappresentano un Cristo vincitore, trionfante, molto diverso da quello sofferente e crocifisso più comune nell'Europa occidentale. Questo archetipo del re divino sembra peraltro essere ricorrente in tutta la mitologia nordica.
(https://www.thewisemagazine.it/2017/10/14/la-conversione-della-scandinavia/)

Inoltre la persistenza di riti pagani è confermata da varie attendibili fonti proprio perché proveniva da coloro che facevano di tutto per estirparla. La mistica cristiana Brigida di Svezia addirittura nella seconda metà del XIV secolo denunciava nei suoi testi la persistenza di queste credenze pagane. Ne era così preoccupata da avvertiva la necessità di limitare anche la diffusione delle storie sugli elfi, una delle specie che apparteneva al mondo mitologico norreno.

Quando ancora a fine XI secolo il teologo Adamo di Brema venne a conoscenza, con tanta sorpresa e poca felicità, della religione praticata nel tempio di Upsala dagli abitanti dell'Upland svedese, si dimostrò tanto sorpreso quanto poco felice del prolungarsi di un simile culto. Questa che segue è la descrizione che ne fece:

In quel tempio, tutto ornato d'oro, il popolo adora tre statue di dèi; Thorr, il più potente, che siede nel mezzo con Wodan alla sua destra e Fricco alla sua sinistra. Questi dèi hanno i seguenti significati: Thorr, si dice, è il signore dell'atmosfera e governa il tuono e il fulmine, i venti e le piogge, il bel tempo e le messi; Wodan, cioè il Furore, conduce le guerre e fornisce all'uomoil valore contro i nemici; il terzo è Fricco, che procura ai mortali la pace e la voluttà, e il cui idolo è munito di un fallo enorme." (Adamo di Brema, *Gesta Hammaburgensis Ecclesiae Pontificum*, IV, 26)

In questa descrizione si ritrovano molte delle tematiche connesse alla persistenza di credenze pagane all'interno di un contesto culturale ormai cristiano. Culti e credenze norrene che sembrano modificati all'interno di una visione ormai cristiana, ma che al tempo stesso sembrano tendere e piegare il cristianesimo verso loro stessi. Questo passo di

Adamo di Brema ci prova quel che poc'anzi si affermava, il sovrapporsi della figura di Cristo con quella di Thor che a sua volta spodesta Odinn dal trono di dio supremo. Lo si vede nel culto del tempio di Upsala ma lo si vede anche, da'altra parte, all'interno della concezione cristiana diffusasi in Scandinavia. Infatti la figura di Cristo contaminata da Thor causa, tra l'altro, non pochi notevoli e grossolani errori teologici, come quello che nell'ambito della trinità la figura del padre e dello spirito santo passano del tutto in secondo piano. Inoltre il Cristo "nordico" assurge su di sé compiti che erano di Odinn e diventa così sia creatore del mondo che guardiano del paradiso, ruoli che nell'ambito dell'escatologia pagana appartenevano proprio a Odinn.

Altro esempio calzante riguarda un certo Helgi il Magro che sebbene convinto cristiano non si faceva scrupoli ad invocare Thorr quando doveva mettersi in mare o quando doveva prendere delle decisioni importanti. In questo caso siamo informati attraverso il *Landnámabók*, ovvero il Libro dell'Insediamento, un medievale manoscritto anonimo islandese. Qua viene riportato anche che Helgi il Magro fu il primo colono dell'Eyjafjörður e specificatamente della regione islandese denominata Kristnes, toponimo non a caso legato al cristianesimo. Siamo nell'890 e successivamente suo figlio stabilì per primo una fattoria presso Þverá ("affluente" in islandese) che divenne poi MunkaÞverá ("l'affluente dei monaci") proprio perché vi sorse un monastero benedettino. Ma era terra dove già intorno all'anno 1000 sorgeva una prima chiesa dedicata alla Vergine Maria. Questo per dire che le ambivalenze interne al cristianesimo erano portate dagli stessi "convertiti" cristiani. Dagli stessi evangelizzatori dell'area.

Che le divinità antiche abbiano avuto lunga vita e che siano sopravvissute attraverso il sincretismo lo si vede anche da alcuni vocaboli attualmente in uso nelle lingue germaniche e in particolare da quelle scandinave. I nomi usati a designazione dei giorni della settimana sono esplicativi. Martedì, che in ambito latino deriva dal dio della guerra Marte, è detto Tuesday in Inglese, Tirsdag in Norvegese, Tisdag in Svedese, Dienstag in Tedesco. Tutte varianti che derivano dal norreno Tysdagr a sua volte derivante da "giorno" (tedesco "tag", inglese "day", norvegese "dag") dedicato al dio Týr. Mercoledì, giorno dedicato in ambito latino al dio Mercurio, è detto Wednesday in Inglese, Onsdag in Norvegese, Onsdag in Svedese, Woensdag in Tedesco, ovvero tutte forme che rimandano al

Norreno Óðensdagr che a sua volta rimanda ad Odinn anche detto Wotan. Il nostro Giovedì, dal dio latino supremo Giove, in Inglese è Thursday, in Norvegese e Svedese è Torsdag, forme derivanti dal norreno þorsdagr a sua volta legato al dio Thorr. Stesse lineari derivazioni collegano il Venerdì (Friday in inglese, Freitag in tedesco, Fredag in norvegese e svedese) alla dea Freya detta anche Frigg. Qua gli effetti e le conseguenze del sincretismo si dimostrarono davvero notevoli e persistenti. Le apparenti incongruenze che potrebbero emergere da quelle "equivalenze divine" trovano spiegazione nei differenti momenti in cui avvennero specifici sincretismi. Ovvero. Quando ormai i popoli scandinavi stavano volgendo con decisione al cristianesimo, in quel preciso momento storico si attuarono processi sincretistici differenti da quelli attesi. Thorr infatti aveva nell'ultima fase assunto gli aspetti del dio principale norreno scalzando Odinn da quella che era stata la sua posizione all'interno del pantheon nordico. Come si è visto nella precedente citazione di Adamo di Brema. A sua volta Odinn era stato paragonato a Mercurio fin dai tempi di Tacito, a causa del suo tanto viaggiare; e Tyr in ambito germanico e scandinavo era considerato anche un dio guerriero.

A riguardo non è secondario rilevare che le prime attestate conversioni al cristianesimo in terre norrene si ebbero già a partire dalla metà del VIII secolo. In Danimarca per esempio sono documentati i primi battesimi a partire dal 777. Certo però che al di là dei singoli episodi le conversioni avvenivano anche e soprattutto per decisione dei singoli capi vichinghi e dei singoli sovrani scandinavi. In quei casi infatti l'intera famiglia reale e spesso anche i guerrieri si convertivano insieme al sovrano. La religione non era materia totalmente lasciata alla libertà individuale. E le conversioni dei capi vichinghi e dei sovrani scandinavi avevano sempre un ché di politicamente conveniente. Questo lo dico senza nulla togliere alle reali vocazioni individuali su cui nessuno può dir nulla.

Lo si vede anche da uno dei primi casi di conversione, quello del capo vichingo Rollo (846-930) il quale aveva instaurato un vero e proprio dominio in Normandia. Terra che proprio dalla dominazione normanna trae il suo attuale nome. Tale conversione non dovrebbe essere stata esente da considerazioni politiche se si tiene in debito conto che il re di Francia Carlo III l'avrebbe elevato a duca di Normandia, praticamente sovrano di quelle terre, e gli avrebbe dato in sposa una sua figlia a

318

legittimazione di tale titolo, solo e soltanto in cambio della sua fedeltà alla corona e a Dio "onnipotente". Da qui il suo necessario adempimento del rito del battesimo. In queste conversioni spesso l'interesse politico non era certo meno "intenso" di quello religioso.

Si prenda anche il caso della conversione al cristianesimo dell'Islanda. Essa fu votata "dall'alto", dall'assemblea parlamentare islandese al fine di scongiurare l'invasione da parte del re cristiano di Norvegia, Olaf I. Se da un lato però la reale dedizione, che assumeva le caratteristiche della vocazione, in Olaf I sembra essere sincera, cionondimeno dall'altro lato le conversioni dei sovrani al cristianesimo avevano sempre un ché di politicamente conveniente. Questo vale anche per Olaf I a cui pur si deve un'intensa politica favorevole alla conversione al cristianesimo della Norvegia. Egli fu re tra il 995 e il 1000, ma il regno di Norvegia aveva adottato il cristianesimo già dal 947. Il regno di Danimarca lo seguì quasi a ruota e si convertì tra il 950 e il 983. Da quel momento in poi i sovrani danesi si prodigarono con grande abnegazione per la fede cristiana. Si veda per esempio quello che il re danese Knut (995-1035) fece in favore della chiesa in terra di Inghilterra.

Questi uomini del nord che avevano seminato il terrore tra le popolazioni cristiane, divennero per molti aspetti il braccio armato della chiesa e dell'evangelizzazioni in terre ancora pagane. Basti vedere l'esperienza dei Normanni in Italia che divennero i più strenui difensori e alleati del papato. Per non dire dell'impegno di molti di loro nelle crociate o nel diffondere il cristianesimo verso est.

In merito alle conversioni non è marginale sottolineare che la società vichinga si ergeva sulla schiavitù, come molte altre società antiche. In questo contesto la religione cristiana che parlava dell'uguaglianza degli uomini e che riscattava in qualche modo gli ultimi nell'aldilà, potrebbe essere stata accolta con favore dagli strati più umili di quell società con la conseguenza di una sua agevole diffusione. La religione norrena non dava molta considerazione agli strati più umili della società. Figurarsi agli schiavi che pur ne costituivano una buona percentuale. Un aldilà che nell'ambito della tradizionale religione vichinga dava ai soli guerrieri una certa importanza. Il Valhalla, ma anche il Folkvangr, era riservato a loro. A tutti gli altri individui l'attendeva un aldilà anonimo nel regno di Hel. Questo almeno stando alle informazioni che ci sono arrivate.

Quando però noi parliamo di conversioni all'interno della società norrena, noi ci riferiamo agli uomini liberi. Guerrieri o contadini che fossero. E tra questi uomini liberi poi dobbiamo per forza di cose considerare che l'accento era posto su quegli uomini armati che andavano a costituire le spedizioni vichinghe con tutte le conseguenze del caso. È quindi la contestualizzazione del loro ambito culturale che va tenuta in debita considerazione quando si parla di conversioni religiose. Un ambiente culturale poco speculativo e molto pratico, di cui la religione ne era un tangibile riflesso.

Un mondo pratico che guardava con occhi materialmente interessati alla religione da professare. Da qui la potenza del Dio cristiano così tanto esaltata dagli evangelizzatori e su cui si faceva perno per indurre alla conversione queste popolazioni nordiche. Tematiche come la "forza" divina e come le prove "ordaliche" con cui misurarla, andavano a scapito delle questioni più propriamente spirituali che erano anche quelle maggiormente rilevanti all'interno del "vero" cristianesimo. Questo lo si evince anche da ciò che ci raccontano i cronisti del tempo. Molti di loro erano assai sorpresi se non scandalizzati dalla completa ignoranza che questi cristiani nordici dimostravano riguardo alle più basilari nozioni teologiche della loro fede. Nozioni che però valevano ben poco di fronte ai "poteri" del nuovo Dio su cui si basavano quelle stesse conversioni.

Per fare un esempio il monaco benedettino Noktero il balbuziente (840-912) pur lodando la velocità con cui quelle popolazioni nordiche si stavano convertendo, allo stesso tempo si lamentava fortemente della totale ignoranza che questi nuovi "cristiani" avevano riguardo agli aspetti dogmatici. A posteriori tale mal predisposizione della società vichinga non ci sorprende più di tanto. Chi aveva seguito una religione così fortemente naturalistica e che poi l'aveva rinnegata così velocemente in vista di maggiori vantaggi "terreni" ed in virtù di un pragmatismo insito in quel contesto culturale sviluppatosi in un ambiente così difficile da domare, non poteva improvvisamente porre in primo piano tematiche che non erano mai state al centro delle sue attenzioni. Non ci può meravigliare che i vichinghi cogliessero poco gli aspetti più propriamente teologici e spirituali quando fino al giorno prima avevano venerato (e continuavano a farlo sotto molti aspetti) divinità che avevano martelli per difendersi e che richiedevano riti orgiastici e sacrifici umani. Come molte altre religioni pagane di società prevalentemente agricole, i norreni veneravano dèi rappresentati da falli (si veda il tempio di Upsala e la precedente citata attestazione di Adamo di Brema) mentre in ambito cristiano si venerava la Vergine Maria. La castità in ambito cristiano era un valore fondante e da salvaguardare che mal si conciliava con i riti orgiastici pagani testimoniati dai cronisti del tempo. Nondimeno tale ignoranza sui principi basilari della fede sorprendeva i molti evangelizzatori che dedicavano la loro intera vita a diffondere la "parola del Signore". Lo stesso Noktero in virtù di questa manifesta ed appurata ignoranza arrivava a bollare quelle medesime conversioni come inutili e false.

In definitiva, se da un lato è assai probabile l'influenza esercitata dalla religione cristiana sulla mitologia norrena, al tempo stesso sono tante anche le considerazioni che andrebbero nel senso di una persistenza del paganesimo in Scandinavia e di un duraturo e forte influsso che questa persistenza avrebbe avuto nel caratterizzare il cristianesimo nordico. Appurate quindi queste finali contaminazioni, concentriamoci ora sulla iniziale discendenza e sui principali influssi che avevano reso la religione e la mitologia norrena quello che era. Parlare di ciò significa avere ben chiara in testa l'immagine di cosa sia la religione norrena al fine poi di procedere ad analizzare questo "determinato insieme di credenze ben definito" per ricostruirne i singoli influssi/stimoli. Va da sé che tale obiettivo è pretesa più che ambiziosa oltre che essere obiettivo del tutto speculativo. Intendiamoci, è un obiettivo che ha le sue ragioni di essere, ma ribadisco che è obiettivo del tutto speculativo e pretenzioso. Non si arriverà mai ad una conclusione definitiva a causa della natura stessa (estremamente composita) di una qualsivoglia "determinata" cultura.

Quando noi analizziamo una determinata cultura ne facciamo una fotografia che in realtà non esiste. Che non è mai esistita. Le culture sono tutte in movimento. Sono per natura in movimento. Il fermarle per analizzarle ne deturpa l'essenza. Un'essenza variegata. È come studiare un fiume fermandone le acque. Ciò che si analizzerà non sarà più un fiume ma qualcos'altro. In questo ambito sottolineo anche che la religione e mitologia norrena la si può definire tale solo nel momento in cui questa continua fusione di ambiti diversi avviene. I norreni non sono norreni in Germania, i norreni sono norreni in Scandinavia. Sembra affermazione banale, ma non lo è.

In linea generale la religione dei Vichinghi pare essere la diretta discendente di quella dei germani, di cui conserva le strutture generali collegabili ad una più ampia matrice indoeuropea. Particolare è il fatto che nell'ambito delle mitologie germaniche, proprio la mitologia norrena è di gran lunga quella meglio descritta. Ma se la base di provenienza era indubbiamente germanica, essa fu anche il frutto (la risultante) delle interazioni avvenute con i popoli di sostrato già presenti in Scandinavia all'epoca dell'arrivo delle prime popolazioni germaniche.

Queste migranti popolazioni germaniche hanno interagito con altre popolazioni autoctone, indoeuropee e non. La loro cultura ne sarà risultata arricchita in certi aspetti, impoverita forse in altri, sicuramente modificata. Ribadisco che già la "cultura" di queste popolazioni migranti germaniche era un qualcosa di costantemente in fieri. Indagare quindi gli ambiti in cui le influenze del sostrato scandinavo abbiano maggiormente inciso sul contesto germanico risulta difficile. Lo risulta ancor di più se si considera anche la nostra scarsa conoscenza a riguardo. Poche sono le fonti dirette che ci parlano di queste religioni e riti pregermanici scandinavi. Non è che le fonti dirette o indirette siano poi così numerose nemmeno riguardo alla religione dei germani. D'altronde lo stesso apporto successivo della religione cristiana è difficilmente indagabile proprio perché poco conosciamo riguardo alla religione germanica propria della Germania continentale.

Inoltre il mondo dei germani è facilmente identificabile solo in apparenza. In realtà infatti con "germani" si definisce un insieme magmatico di comunità migranti e agglomerati di etnie legate da una medesima facies linguistica. È dimostrato come queste tribù fossero altamente permeabili e che gli individui provenienti da più parti venissero poi da loro assorbiti. Contesti culturali che proprio per questi continui "movimenti" e "fusioni" possiamo definire magmatici. È vero che le varie tribù definite germaniche si presentano con una matrice culturale condivisa, ma non dimentichiamoci che la loro descrizione ci deriva fondamentalmente da una sola parte, quella romana. E le fonti a riguardo non sono nemmeno copiose, tutt'altro.

Le fonti romane che ce ne parlano in maniera più dettagliata sono Cesare e Tacito. Soprattutto quest'ultimo ce ne dà una monumentale descrizione nella sua opera *Germania*. Tutto sommato però le informazioni sono ben lontane dall'essere esaustive. A paragone il materiale relativo al mondo strettamente nordico-norreno è ben più ricco e variegato. Vi è però una intrinseca difficoltà nel tentare di separare gli elementi tipicamente norreni dal contesto più generale germanico

Non sappiamo quanto in riferimento alla religione e alla mitologia vichinga ci sia di specificatamente norreno piuttosto che di derivazione germanica o ancora di proveniente da religioni di sostrato non indoeuropee. Questo è il motivo per cui una delle avvertenze più ricorrenti negli studi attinenti alla religione e alla mitologia norrena è che sebbene i dati relativi alla cultura germanica sono ovviamente tenuti in gran considerazione, si deve altrettanto ovviamente evitare di cadere in facili generalizzazioni che accumunino tutto il mondo germanico in uno stesso calderone. In particolare non si può quindi considerare come norreno tutto ciò che è germanico, né germanico tutto ciò che è norreno.

Ovviamente però essendo le popolazioni norrene "imparentate" con le popolazioni germaniche, gli dèi hanno nomi e tratti comuni sebbene calati in differenti contesti. Come si era visto parlando dei comuni nomi dei giorni della settimana in ambito germanico. I differenti contesti e anche il filtro degli osservatori esterni ce ne danno delle letture un po' diverse. Tacito per esempio paragona Odinn a Mercurio sebbene secoli dopo in ambito norreno tale paragone sarebbe stato ben più difficile, nonostante l'apparente collegamento tra le due divinità dovuto ai continui viaggi intrapresi sia da colui che è il dio capo del pantheon norreno, Odinn, sia da colui che è il messaggero degli dèi latini, Mercurio.

Riguardo la religione dei germani i riferimenti non sono numerosi, a parte il solito Tacito. Non abbiamo testi liturgici a cui riferirci e questa è una grossa pecca. Mancanza condivisa anche dall'ambito norreno sebbene qua abbiamo alcune informazioni riguardante i riti provenienti da resoconti di autori cristiani. Soprattutto riguardanti il culto funerario, che inequivocabilmente comprendeva anche il rito del sacrificio umano. Sui sacrifici umani connessi ai riti funerari siamo ben informati. Oltre a chiare evidenze archeologiche ce ne parlano diverse e variegate fonti. Snorri Sturluson riporta tali riti in una cronaca sui re scandinavi, l' Heimskringla. Ma le fonti non sono di esclusiva provenienza cristiana. Sul rito funebre vichingo abbiamo anche una dettagliata descrizione in un resoconto di un viaggiatore arabo del X secolo, Ahmad ibn Fadlan. In questo interessante resoconto denominato *Risala* egli descrive minuziosamente il rito funerario a cui

328

ha assistito in seguito ad un suo fortuito incontro con un gruppo di vichinghi lungo il Volga. Entrambi i resoconti poi hanno un riscontro quasi puntuale nel mito della morte di Baldr. Indubbiamente il culto e la memoria funeraria sembrano essere stati fondamentali per la religione vichinga.

Questa presenza di sacrifici umani documentati ed anche archeologicamente attestati potrebbero essere anche interpretati attraverso l'ottica dell'antropologo R. Girard. Visti quindi come un ponte tra il rito e il mito da una parte, ed un reale evento storico dall'altro. Come tangibili echi di eventi realmente accaduti ma che dovevano essere metabolizzati. Una metabolizzazione che nell'ottica di Girard passa attraverso il racconto "mitizzato". In questo senso la mitologia norrena offre molti spunti e punti di contatto per una lettura a sostegno delle tesi "girardiane" dove il mito assume un ruolo fondamentale nella sua teoria del "capro espiatorio". Il mito visto come il momento finale di sistematizzazione narrativa di un dramma avvenuto all'interno di una determinata comunità. Non so se sia possibile ricondurre la mitologia di ogni dove e di ogni quando ad una stessa lettura-motivazione come Girard propone. Ovvero alla teoria del "capro espiatorio" e quindi del sacrificio umano come base del racconto mitico. Sinceramente ne sono dubbioso sebbene il fascino di tali antropologiche teorie sia enorme.

In linea generale la mitologia norrena è caratterizzata da un indissolubile intreccio con la natura. Tutte le mitologie hanno un simile "legame", ma in quella norrena - germanica questo legame è ancora più stretto ed evidente. A partire dall'albero cosmico Yggdrasill che sorregge i nove mondi dell'universo norreno. È una simbiosi, un riflettersi costante che non lascia molto adito alla speculazione teologica - spirituale. Tutte le mitologie antiche sono "concrete". Le mitologie e le religioni antiche sono concentrate sulla vita in terra e il mondo divino appare sovente come un riflesso di quello umano. Allo stesso tempo però anche all'interno di questa generale e condivisa impostazione, la mitologia norrena vichinga appare ancor più "materialistica" delle altre. Sembra tender ancor più verso una fisicità che lascia pochissimo spazio alle speculazioni teologiche o di tipo esoterico. Per questo poi le questioni dogmatiche prettamente cristiane risultavano essere così distanti dalle masse, ma anche dalle élite scandinave. Per questo si ha la percezione che le interpretazioni quasi fossero inutili per un abitante delle terre norrene dell'VIII – IX secolo. Per questo la religione dei vichinghi sembra (!) essere così "vera". Così "autentica". Così "pura".

All'epoca dell'espansione cristiana nelle terre pagane dell'impero romano la situazione non era affatto così. Il dibattito sulla natura della trinità era centrale, non secondario o assente come nel contesto norreno. In questo l'orizzonte culturale norreno si differenziava molto anche da quello germanico. Durante la cristianizzazione in ambito germanico si affermarono e diffusero anche visioni diverse da quelle accettate a Roma, per esempio l'arianesimo. È vero che era anche un po' lo spirito del tempo che spingeva in tal direzione, ma ad ogni modo una vivacità speculativa è dimostrata e diffusa. Forse il lungo e prolungato contatto con il mondo romano, così ammirato dai germani tanto da volerne prolungare l'uso del nome fin dentro l'età moderna, aveva fatto passare queste tendenze più propriamente speculative all'interno del loro mondo. In ambito politeista greco-romano poi le speculazioni filosofiche-religiose erano una caratteristica della società. Si hanno cronisti che ci informano che ad Alessandria "se chiedi del pane ti rispondono parlando del dogma della trinità", tanto per sottolineare come queste questioni spirituali fossero diffuse in tutti gli strati della società. La società greca-romana era assai differente da quella norrena. D'altronde ai suoi albori il cristianesimo molto si era plasmato su ambiti platonici; filosofie che all'opposto sarebbero state difficilmente digeribili dal mondo vichingo. Ma questa è tutta un'altra storia.

Come poc'anzi si riportava, la mitologia scandinava è sicuramente la meglio descritta, spesso potremmo dire la sola descritta tra le mitologie germaniche. Che non ce ne voglia Tacito. Nonostante ciò ovviamente le nostre ricostruzioni e/o interpretazioni sono di gran lunga difficoltose. Non solo riguardo alla posizione da tenere sulla maggiore o minore influenza cristiana, ma anche riguardo ad una delle caratteristiche più peculiari della stessa mitologia norrena, la divisione delle divinità colà presentate in due ben distinti gruppi: Asi (Æsir) e Vani (Vanir). Due gruppi ben distinti di divinità la cui coesistenza nella stessa mitologia costituisce forse la problematica maggiore per antropologi, storici, studiosi delle religioni e qualsivoglia altro cultore che si avvicini alla mitologia norrena.

Non si tratta di una divisione tra divinità del bene e divinità del male, ma di una divisione più peculiare per l'ambito divino. Sembrerebbe trattarsi di una divisione che potremmo definire quasi "etnica", senza nessun riferimento ai giusti o ai malvagi. Anzi l'opposizione tra le forze divine del bene e le forze oscure e mostruose che lotteranno per la distruzione del mondo, seppur è ben presente all'interno della mitologia norrena, assume caratteristiche peculiari per il semplice fatto che quest'ultime saranno guidate da una delle divinità degli Asi, Loki. In questo si possono scorgere dei punti di contatto con il cristianesimo. Specificatamente con la figura di Lucifero, letteralmente il "portatore di luce", in quanto ex angelo che è stato relegato agli inferi proprio per la sua ribellione a Dio.

Diverse sono state e sono le spiegazioni su cui si sono arroventati gli studiosi riguardo tale suddivisione divina. Del resto si tratta di una situazione del tutto peculiare anche per i più disparati contesti mitologici. Inoltre se è pure vero che non abbiamo testi che ci illustrino le differenze tra i due gruppi divini, allo stesso tempo la mitologia è assai chiara nel circoscriverne le pratiche.

Non esiste alcun testo che ci dia, in modo didattico, la definizione generale e differenziale dei due gruppi divini. Si può tuttavia caratterizzarli facilmente mediante l'esame dei loro rappresentanti principali. La distinzione è così netta che, almeno in linea di massima, gli esegeti di tutte le scuole si trovano

Le divinità che ci vengono dette appartenere al novero dei Vani hanno interessi molto più omogenei rispetto agli Asi. Questa omogeneità mi pare sia idonea a tratteggiare un gruppo descritto dall'esterno e di cui si mettono in evidenza, generalizzandoli, gli elementi più tipici. Un'omogeneità quindi frutto di un punto di vista esterno a quella comunità. I Vani risultano specificatamente legati alla fertilità e alla magia, oltre ad avere usanze assai lontane se non addirittura "deprecabili" dagli Asi. Vedasi le unioni tra consanguinei, usanza tipica dei Vani ma ritenuta ignobile tra gli Asi. Asi che all'opposto si presentano come assai più variegati nei loro ambiti di competenza, proprio come se fosse società descritta da un punto di vista interno.

Ai Vani poi si ricollega un'altra peculiarità della mitologia norrena rispetto a quelle germaniche, il grande ruolo attribuito alla magia. Al contrario delle altre religioni germaniche quella prettamente norrena è anche indubbiamente caratterizzata da una forte componente magica. E ciò ha una notevole ricaduta nella relativa mitologia. Magia che ci viene presentata come inestricabilmente connessa ai Vani.

Il principale testo che ci parla di questa divisione tra dèi è il cosiddetto *Völuspâ*, traducibile come "la profezia della veggente". Si trova interamente riportato nel *Codex Regius*, ma anche in più parti dell'*Edda* in prosa nonché in un manoscritto medievale scandinavo denominato *Hauksbók*. Si tratta di uno dei poemi più famosi della mitologia nordica, per me anche uno dei più belli, in cui una veggente ripercorre la storia degli dèi e della creazione del mondo. Altra fonte riguardante la divisione tra Asi e Vani è la *Saga degli Ynglingar* dell'erudito Snorri (testo assai differente dagli altri e dal chiaro intento esegetico, come abbiamo visto). Abbiamo poi un rifacimento "poco abile" all'interno dell'opera *Gesta Danorum* di Saxo Grammaticus risalente al XIII secolo, oltre che tutta una serie di passi inseriti in tanti altri poemi eddici che seppur non esplicitando tale guerra iniziale tra i due diversi gruppi divini, al tempo stesso la sottendono in maniera nemmeno troppo velata.

Da questi documenti si evince che in un passato lontano, i due gruppi divini vivevano separati ma vicini. La convivenza pacifica si tramutò in aperta guerra a causa della condanna a morte di una maga appartenente ai Vani che si era macchiata di gravi colpe all'interno della comunità degli Asi. La guerra fu lunga e cruenta ma né gli Asi né i Vani riuscirono a prevalere in questo estenuante conflitto. Così i due contrapposti gruppi divini ormai stremati convennero di stipulare un trattato di pace in cui non vi erano né vinti né vincitori. Un accordo di pace in cui si stabilì che i più ragguardevoli tra i Vani dovevano essere inviati come ostaggi agli Asi e viceversa. Ciò a garanzia e suggello della futura pace. Gli ostaggi inviati dagli Asi si dimostrarono però deludenti e non di primo piano come gli accordi avrebbero voluto. Ciò ci fa propendere nel considerare che in una qualche maniera nel conflitto abbiano prevalso proprio gli Asi. Inoltre la mitologia si concentra esclusivamente sugli Asi, mentre del "popolo" dei Vani lo si dice sussistere da qualche parte ma senza ulteriori dettagli o narrazione di eventi. Si deduce solo che continuarono a vivere indipendenti e liberi di professare la loro magia (dopo aver ucciso i deludenti ostaggi …). Gli unici Vani che si conoscono con delineate e specifiche caratterizzazioni infatti sono quelli inizialmente inviati come ostaggi e che vivono tra gli Asi perfettamente (almeno all'apparenza) inglobati.

Su queste mitologiche vicende si muovono grosso modo le esegesi degli studiosi. Fondamentalmente gli studiosi si possono classificare in due gruppi dalle visioni contrapposte. Il primo tende a ricondurre i due gruppi divini a due specifici raggruppamenti etnici (umani) entrati in lotta tra loro. Una tale lettura affascina e ha attirato l'attenzione di più studiosi che sono andati a indicare ambiti cronologici ed etnici sempre più ristretti. Tutto partì da quanto già proposto a suo tempo da Snorri nel XIII secolo.

Nell'opera *La Saga degli Ynglingar* Snorri, come si diceva, diede della mitologia norrena una visione accentuatamente evemeristica e contestualmente ricostruì in termini storicistici il conflitto tra i due gruppi divini. Effettivamente come si rilevava sopra, la mitologia sembrerebbe caratterizzare questi due gruppi di divinità proprio come due gruppi etnici. La mitologia è esplicita a riguardo. Per esempio il dio Loki durante un celebre banchetto accusa le divinità provenienti dai Vani di aver praticato usanze "barbare" come le unioni sessuali tra consanguinei. Puntando così a far leva sul senso di disgusto che presumibilmente gli altri déi Asi avrebbero provato. Oppure l'uso e la provenienza della magia è esplicitamente riferita ai Vani e da loro trasmessa agli Asi. I due gruppi sono delineati in maniera così netta che è sembrato legittimo proseguire nell'esegesi di Snorri anche a studiosi contemporanei.

La lotta tra questi due gruppi divini conserverebbe quindi il ricordo di grandi e delineabili avvenimenti storici da rintracciare in uno scontro tra un popolo autoctono scandinavo ed un popolo alloctono proveniente dalla zona immediatamente a nord del Mar Nero. Anche per Snorri il gruppo alloctono doveva essere di provenienza asiatica. Molti autori sono di questo avviso, tra gli altri E.A. Philippson basandosi su H. Güntert. I due popoli in questione che vennero allo scontro, secondo questa teoria, avrebbero adorato divinità diverse: gli Asi gli uni, i Vani gli altri. Una guerra che come narra la tradizione trasponendo l'evento dagli uomini agli dèi, o piuttosto confondendo gli dèi e i loro adoratori, si era poi conclusa con un compromesso che aveva portato ad una qualche fusione. Una fusione da cui sorse la società norrena.

C'è addirittura chi colloca questo conflitto etnico in maniera cronologicamente precisa, ovvero intorno al IV secolo. Come fece a suo tempo B. Salin ad inizio '900. Mentre per altri sarebbe da far risalire addirittura ad un periodo ben più antico, quello dell'invasione degli indoeuropei. In una simile disputa ovviamente l'archeologia ha grande voce in capitolo, da qui l'identificazione dei protagonisti di questo grande duello, dapprima storico, poi leggendario e mitico, con i rappresentanti di due culture che gli scavi dell'Europa del Nord permettono di identificare come "Megalithenvölker" e "Streitaxtvölker" (o "Schnurkeramiker"). Ecco come si esprime un sostenitore di tale teoria:

La religione dei Vani era la più antica, autoctona, prodotto della civiltà agricola. La religione degli Asi era la più recente, espressione di un'epoca più virile, guerriera, ma anche più spirituale. (Philippson 1953 p.19)

Questa interpretazione storicizzante però con il passar del tempo sta perdendo sempre più consensi. Altri esegeti cronologicamente più vicini a noi hanno infatti sviluppato un differente punto di vista. Tra questi troviamo J. De Vries e G. Dumèzil. A riguardo proprio di quest'ultimo studioso cito un lungo e altamente delucidativo passo:

Non intendiamo negare , certamente, i cambiamenti materiali, le invasioni, le fusioni di popoli, la dualità di civiltà che si osserva, archeologicamente, in suolo germanico tra quel che vi era prima degli

Indoeuropei e quel che è venuto dopo la loro invasione. Né contestiamo che le religioni germaniche, e in particolare scandinave, si siano evolute nel corso dei secoli. Ma noi pensiamo che la dualità degli Asi e dei Vani non sia un riflesso di tali avvenimenti, né un effetto di quella evoluzione; pensiamo che si tratti qui dei due termini complementari di una struttura religiosa e ideologica unitaria, di due termini di cui l'uno presuppone l'altro e che sono stati portati entrambi, già articolati, da quegli Indoeuropei che sono divenuti poi i Germani; che al guerra iniziale degli Asi e dei Vani non faccia che rendere manifesta, in modo spettacolare, come è funzione del mito, e in forma di conflitto violento, la distinzione, e per certi versi l'opposizione concettuale, che giustifica la loro coesistenza; insomma, che l'indefettibile associazione succeduta alla guerra, e che la guerra non fa che preparare, significhi che l'opposizione è anche complementarità, solidarietà, e che gli Asi e i Vani si accordano e si equilibrano per il maggior bene di una società umana che prova un egual bisogno di protettori di un tipo e dell'altro.
(Dumèzil 1974 - 2017p.29)

Effettivamente l'analisi di Dumèzil oltre che essere plausibile pare anche condivisibile. Inoltre lo stesso autore rileva che:

Nella realtà religiosa, Asi e Vani vivono in perfetto accordo, senza dispute né gelosie, e questa intesa permette agli uomini di associarli senza precauzione nelle preghiere e, in generale, nel culto; permette inoltre ai poeti di dimenticare che i Vani sono Vani e di designare con il nome di Asi una comunità divina di cui si apprezza prima di tutto l'unità. (Dumèzil 1974-2017 p.15)

Non a caso nel precedentemente ricordato tempio di Upsala la triade che vi veniva venerata ci è utile, oltre che per rilevare il predominio di Thorr in quel determinato periodo, anche per illustrare un altro aspetto. Quello che vede il dio Fricco, divinità appartenente ai Vani, sedere con pari dignità assieme alle altre due divinità Thorr e Wodan (Odin) da sempre appartenenti al gruppo degli Asi. Qua si tenga in considerazione anche che nella venerazione dei fedeli non si rilevano differenze o distinzioni di sorta. Queste divinità quindi appartengono pienamente alla stessa élite divina indipendentemente dalla loro origine "etnica".

Tuttavia se è pur vero che è difficile interpretare lo scontro tra Asi e Vani in senso prettamente storico, allo stesso tempo scartare in toto la possibilità di contaminazioni culturali provenienti da ambiti molto diversi è altrettanto arduo. I due gruppi divini sono così specificatamente caratterizzati che devono presumibilmente affondare le loro radici in qualche differente influsso culturale. Certo è che sebbene la certezza non navighi nelle ricostruzioni storiche, in termini probabilistici riconoscere apporti culturali differenti per i diversi gruppi divini sembrerebbe circostanza altamente probabile. Per questo si è cercato di connettere i Vani a qualche influsso derivante da popolazioni indigene scandinave che non necessariamente dovevano essere entrate in uno specifico conflitto con le nuove venute popolazioni germaniche. Questo sarebbe potuto accadere anche per la natura "magmatica" e inclusiva delle tribù germaniche.

Per riassumere quindi si può dire che le peculiari caratteristiche di uno dei gruppi divini attestato nella mitologia nordica deriverebbero dall'influenza di popolazioni di sostrato preindoeuropee e pregermaniche, probabilmente da ricercare dietro le figure delle divinità dei Vani. La mitologia norrena ce ne fornisce quasi una descrizione puntuale. In esa si parla esplicitamente di una guerra tra due gruppi ben distinte di divinità. Non è uno scontro tra divinità che condividono una medesima "cultura", ma è uno scontro tra due mondi divini estremamente diversi. Anche quando la pace è stata ristabilita, seppur vi è una fusione degli ostaggi Vani nel nuovo contesto di appartenenza degli Asi, sul modello di quanto presumibilmente avveniva proprio all'interno delle varie tribù germaniche, a volte trapelano comunque dei polemici richiami ad antiche usanze proprie del gruppo dei Vani e che mal si conciliavano con quelle degli Asi. Questo rimproverare da parte di un gruppo le usanze tipiche dell'altro gruppo ci rende noto quali erano le relative specifiche usanze. Sono usanze che non rimandano ad un contesto culturale indoeuropeo e per questo è stato facile attribuirle a divinità venerate in differenti ambiti culturali da quelle germaniche. Da qui l'associazioni a divinità del sostrato non indoeuropeo della antica Scandinavia.

Probabilmente avvennero davvero occasionali scontri tra varie tribù, ci sarebbe da meravigliarsi del contrario. Ma non necessariamente dovevano trattarsi esclusivamente di scontri tra tribù autoctone e alloctone. Queste contaminazioni avrebbero portato ad una "fusione" e alla creazione del nuovo contesto norreno, il quale potrebbe essere così il risultante non tanto di una guerra tra gruppi etnici differenti quanto piuttosto delle stesse modalità tramite cui le tribù germaniche andavano a formarsi con l'acquisizione e l'inglobamento di individui di diversa provenienza. Essendo però le divinità in questione divinità caratterizzate da usanze ben diverse da quelle in uso tra i germani, si è reputato più probabile che affondassero la loro origine su sostrati culturali indigeni della Scandinavia e contestualmente diversi da quelli di matrice indoeuropea da cui gli stessi germani provenivano.

In questo contesto il ruolo dei lapponi potrebbe essere stato fondamentale. Si tratta di un popolo di sostrato già presente in Scandinavia durante le ondate migratorie indoeuropee. La matrice linguistica delle lingue lapponi o altrimenti dette sami, così come delle lingue ugrofinniche a cui il lappone non appartiene ma di cui è parente, è la famiglia linguistica delle lingue uraliche che non ha nulla a che fare con il contesto linguistico indoeuropeo. E quindi con il suo relativo contesto culturale.

Il loro importante ruolo in proposito ci è testimoniato da resoconti del XVII e XVIII secolo in cui si attestano e documentano usanze intatte di pratiche magico-religiose di tipo naturalistico. Queste potrebbero avere avuto attinenza con quelle che nella mitologia sono dette le arti magiche dei Vani. Su questo c'è abbastanza consenso tra gli studiosi. In genere si rileva infatti un certo rapporto se non addirittura una forte connessione tra la pratica magica definita *seið*, una pratica magica assai diffusa nella Scandinavia vichinga, e la magia tipica dei Finni e dei Lapponi attestata e documentata fin dal XVII secolo. A riguardo vi è una notevole biografia, tra tutti si faccia riferimento ai lavori di Isnardi. In ambito vichingo il *seiðr*, letteralmente traducibile con "fermento" o con "bollente", è una tipica magia sciamanica che consentiva di assurgere il *Fjölkungi*, ovvero "il più grande dei poteri". Questa specifica pratica magica *seiðr* secondo la mitologia norrena era propria delle divinità dei Vani e passò agli Asi dopo la stipula della pace tra i due gruppi divini. Specificatamente fu la dea Freya, proveniente dai Vani, a passarla ad Odinn, il dio supremo degli Asi. Se da una parte la guerra tra gruppi divini è poco probabile che sia da ricondurre ad una versione drammatizzata nel mito di una reale guerra etnica umana, dall'altro lato la costante e continua compenetrazione tra culture diverse che si ritrovavano a condividere medesimi territori sembra essere all'opposto abbastanza probabile.

SINTESI Per riassumere il tutto si può dire che quando la mitologia vichinga è stata messa per iscritto la sua parabola storica stava già volgendo al termine. Era in una fase di profonda trasformazione che l'avrebbe portata a dissolversi nella nuova società nordica di stampo cristiano. Tanto è vero che tutti i miti e racconti tramandatici e che compongono la mitologia norrena sono stati trascritti da autori di discendenza norrena ma ormai convertiti al cristianesimo. Molto probabilmente questi eruditi compilatori cristiani avevano tra i loro obiettivi sia quello di cercare di conservare quanto più possibile della cultura dei loro padri, sia quello di dargli una qualche interpretazione esegetica che ne "scusasse" la salvaguardia dall'oblio. In tal senso è probabile che possono aver apportato più o meno volontariamente alcune modifiche ai miti originari; o comunque possono aver dato un accento maggiormente cristiano a ciò che andavano raccogliendo. Ad ogni modo la cultura norrena e la relativa mitologia erano già da lungo tempo in contatto con il mondo cristiano. Da questo punto di vista non sapremo mai se gli elementi della religione e mitologia norrena associabili al cristianesimo fossero già inerenti a quella stessa mitologia o se all'opposto derivino esclusivamente dalle trascrizioni fatte in epoca cristiana da esegeti cristiani.

Altra importante precisazione è che sebbene le genti norrene e vichinghe venissero dalla Scandinavia, le principali raccolte dei miti norreni provengono dall'Islanda. Una terra colonizzata dagli scandinavi a partire dal IX secolo e che per le sue caratteristiche geografiche è assai "lontana" in molti sensi. In questo caso la nota "legge delle aree laterali" che tanto bene funziona in linguistica potrebbe altrettanto bene essere applicata agli elementi culturali. Al tempo stesso in quel contesto isolato e dalle difficili condizioni fisico-climatiche, la mitologia vichinga potrebbe essersi evoluta in maniera autonoma dal resto delle popolazioni norrene e potrebbe quindi essersi modificata seguendo determinate caratteristiche e peculiarità tipicamente islandesi piuttosto che comuni ad una più ampia platea norrena. Cultura norrena che prese avvio da gruppi umani di matrice germanica che emigarrono in Scandinavia dove risentirono degli influssi di più culture di sostrato e che solo da quelle loro interazioni è sorta con una sua individuale caratterizzazione. Influssi lapponi e finnici su tutti.

In definitiva i condizionamenti che devono aver messo sotto stress la cultura norrena e che ce l'hanno consegnata così come noi oggi la conosciamo, devono essere stati molteplici. Dagli elementi culturali di sostrato, ai specifici gruppi umani che emigrarono; dall'ambiente fisico, al cristianesimo e tanto altro ancora. Ma la cultura norrena che noi conosciamo è tale solo per essere passata attraverso questi "stress", attraverso questi culturali "colli di bottiglia". Una mitologia che desta particolare interessa per il suo indissolubile intreccio con l'ambiente naturale e per il suo essere così tipicamente umana.

Ad ogni modo i miti qua esposti rimangono autentici nel senso che sono stati presi dalle più attendibili traduzioni di emeriti studiosi in materia (su tutti Scardigli, ma tra gli altri un grazie speciale va anche all'opera di Isnardi). Si è cercato di mantenerne quanto più possibile l'attinenza ai testi originari che ci sono pervenuti. Ho aggiunto i "pensieri" di Loki, ho ricamato su alcuni aspetti, ho modificato alcune parti, ho aggiunto dettagli, il tutto al fine di rendere il più possibile "commestibile" l'essere del mito. I racconti però sono autentici, come autentico ho cercato di mantenere il tono del narrare di Loki e delle figure che qua compaiono.

Nello sviluppo omogeneo del mito collego in senso unitario la tragedia della morte di Baldr con le premesse del *Ragnarok*, "il crepuscolo degli dèi", di cui non parlo ma che funge da sfondo manifesto al parlare di Loki e dell'intera mitologia norrena. Per me il mito è del tutto lineare in tal senso seppure tal collegamento non è mai esplicitato. Nel ricostruirlo in maniera siffatta però sono legittimato (oltre che dalle traduzioni letterarie dei miti medesimi) dall'ampiezza e regolarità della concordanza tra il *Mahâbhârata* e l'*Edda*. Non è quindi solo basandomi sulla ricostruzione "a posteriori" di Snorri che si può vedere una certa strutturata intelaiatura attorno alla mitologia norrena. Questi due poemi nonostante siano così distanti nello spazio e nel tempo (almeno stando a quando e a dove sono stati messi per iscritto), presentano altresì una medesima struttura. Vi si può scorgere un forte parallelismo che porta a vedere senza soluzione di continuità la tragedia di Baldr (che coinvolge anche il dio Hodhr), il dramma del mondo (il *Ragnarok*), il dio Loki. Dello stesso avviso è l'antropologo Dumézil che a sostegno di ciò nel 1959 proponeva il parallelismo tra il mito di Loki e Baldr da una parte e la leggenda osseta di Syrdon e di Sozryko dall'altra. Questo mito osseto ricorda molto da vicino il racconto della morte di Baldr e collega quel racconto a quello che potrebbe essere il parallelo osseta del *Ragnarok*. Tra l'altro essendo gli Osseti, almeno così sembrerebbe, gli ultimi discendenti dei popoli sciti (da non confondersi ovviamente con il ramo islamico diffusosi principalmente in Iran), tale parallelismo assume ancor più significato. Gli sciti sono un insieme di popoli che hanno occupato per un lungo lasso di tempo vasti territori nel sud della Russia attuale, dove furono attestati già a partire da un'epoca anteriore agli scritti di Erodoto e fino ben dentro al Medioevo. Queste genti potrebbero quindi fungere così da collegamento anche spaziale tra la mitologia nordica e quel contesto mitologico proprio dei popoli indoiranici a cui si faceva riferimento citando il *Mahâbhârata*. Si pensi che già Snorri proponeva come terra di migrazione dei popoli germanici giunti in Scandinavia la zona immediatamente a nord del Mar Nero. E comunque si tratta di zone da cui provengono molte delle culture materiali connesse con l'espansione dei primi indoeuropei. Inoltre le tribù germaniche si creavano per aggregazione e inglobamento dei più disparati elementi, alcuni dei quali provenienti anche da quest'area, come sottolineano molte monografie su questi popoli. Questi collegamenti potrebbero aver svolto un ruolo fondamentale sotto il profilo culturale. Gli sciti infatti costituivano un ramo del tronco iranico, che si era staccato ben presto e (presumibilmente) non aveva subito influenza dallo zoroastrismo. Religione nata nell'altopiano iranico e che secondo molti studiosi, cito tra gli altri M.

350

Liverani (Storia del Vicino Oriente Antico), aveva influenzato il credo degli ebrei durante il periodo di cattività babilonese e che quindi di conseguenza si sarebbe conservata anche all'interno del successivo cristianesimo.

Questo solo per accennare alla complessità e alla difficilmente districabile questione sull'origine di quegli aspetti interni alla mitologia norrena di cui difficilmente si saprà mai incontrovertibilmente se derivanti da un comune nucleo indoeuropeo-indoiranico o se derivanti dai successivi apporti cristiani. A mio parere i tanti ed evidenti parallelismi potrebbero indicare come questa narrazione e contestualizzazione di Baldr e della sua tragedia sia ben più radicata nella cultura scandinava-norrena di quanto potrebbe essere stata "rimescolata" o "proposta" dall'incipiente nuova religione cristiana.

Come tutte le introduzioni che si rispettino anche questa serviva ad uno scopo ben preciso. Ad illustrare a posteriori la complessità della mitologia norrena e al tempo stesso la sua estrema e naturale semplicità. Una introduzione da leggere a posteriori, almeno così vi consigliavo nelle premesse, che non ha la pretesa di essere esaustiva né di procedere analiticamente sulle tematiche messe in evidenza, ma quello di illustrarvi (a posteriori!) la complessità di un approccio a questo tipo di racconti. Per chi invece non abbia ancora letto l'opera e abbia preferito seguire il consueto iter, in fin dei conti c'è sempre un qualcosa di rassicurante nel fare le cose così come le si sono sempre fatte, spero che questa introduzione possa esservi utile per meglio assaporare la mitologia norrena su cui ora vi immergere.

GLOSSARIO DELLE DVINITÀ PRINCIPALI

Baldr: il migliore degli dèi. Così viene spesso definito sebbene compaia raramente al di là del carme che narra la sua morte che è forse il mito più toccante della mitologia norrena. Ritornerà assieme al suo involontario uccisore alla fine del mondo, quando inizierà un nuovo ciclo.

Bragi: è il dio della poesia e dei bardi. È indubbiamente figlio di Odinn, all'opposto i miti sono contradditori nell'indicarne la madre. Condivide con il padre questa sua propensione all'arte poetica e questa ispirazione divina. Abilissimo anche nel parlare viene spesso definito come sommamente saggio. È sposato con Iðunn.

Freya: figlia di Njordhr e di sua sorella, discende quindi in tutto e per tutto dalle divinità dei Vani ma allo stesso tempo è a tutti gli effetti una divinità annoverata tra gli Asi. È una divinità lasciva che non ha tutti i tratti positivi di suo fratello gemello Freyr. È divinità collegata alla bellezza ed alla fertilità ma anche alla lussuria. È spesso associata/connessa ai gatti per le "qualità" magiche di quest'ultimi. Freya è infatti una maestra di magia. Magia, fertilità, lussuria e incesto (di cui è frutto) sono tutte caratteristiche tipiche dei Vani; caratteristiche di cui Freya sembra essere la più tipica incarnazione. Ciononostante Freya compare a pieno titolo e senza ambiguità nel novero delle divinità degli Asi.

Freyr: è il fratello gemello di Freya. Vale per lui quanto detto per Freya. Freyr è una delle divinità più amate tra i norreni che sembra non portarsi dietro alcune delle accezioni negative di sua sorella. Non per nulla è venerato nel grande centro politico-religioso di Uppsala. Forse il più importante centro religioso svedese. Nel santuario di Uppsala viene raffigurato con immagine fallica ed il suo culto comporta riti orgiastici e sacrifici umani.

Frigg: è la sposa legittima di Odinn con cui condivide il trono. È la madre di Baldr per la cui salvezza tanto si prodiga. Inutilmente. Il suo nome significa letteralmente "amata" o "sposa" ed è divinità legata all'amore e alla fertilità. Tanto trascurata dal marito, solito a viaggiare per lungo tempo, che giacque con i fratelli di lui suoi cognati. Dimora in Fensalir, "la dimora paludosa" ed al suo servizio vi è la fedele ancella Fulla.

Heimdallar: è il dio guardiano dei cicli su cui veglia per garantirne la corretta successione, di loro conosce sia l'inizio che la fine. È il dio antagonista di Loki. Dalla sua dimora situata presso il ponte dell'arcobaleno Bifrost, egli sorveglia l'accesso al mondo divino prevenendo così gli attacchi dei giganti del ghiaccio e delle montagne. È definito il dio "bianco" dalla vista acutissima e dall'udito finissimo, appellativi degni del guardiano degli dèi. Possiede un corno portentoso, denominato Gjallarhorn, con cui avverte le altre divinità di imminenti pericoli. Viene descritto come una divinità che ha ridotto il sonno all'inmaginabile per meglio svolgere il suo ruolo di guardiano degli dèi.

Höðr: è il dio cieco che involontariamente uccide il dio della luce Baldr, di cui è fratello. Assieme a Baldr si dice che tornerà alla fine dei tempi allorquando inizierà il nuovo ciclo. Non molto altro si dice di questa divinità. Ma il suo status di cieco probabilmente gli conferiva una maggiore presenza nella mitologia norrena di quella concessagli all'epoca della sua messa per iscritto.

Iðunn: è la sposa di Bragi accusata da Loki di essere lussuriosa (come d'altronde ha accusato di esserlo tutte le altre divinità femmine). La sua caratteristica principale è di essere la custode delle mele dell'eterna giovinezza. Mele che custodisce in uno scrigno di frassino e che garantiscono agli dèi la loro eterna, per l'appunto, giovinezza.

Kvasir: il dio frutto del trattato di pace tra gli déi Asi e Vani. Dio dalla grande sapienza e saggezza che finì ucciso da due nani.

Loki: il dio che non riceveva culto e a cui non venivano consacrati templi. Al tempo stesso è una delle divinità più presenti nella mitologia norrena. La sua presenza è a volte contraddittoria, altre volte addirittura grottesca, non per nulla a volte compare come buffone. Figura divina che ridicolizza e dissacra ogni cosa, ogni divinità e perfino se stessa. Al tempo stesso è l'artefice della distruzione degli Asi e del mondo. Un dio degli Asi che nel Ragnarok combatterà proprio contro gli Asi assieme ai suoi figli avuti dalla gigantessa Angrboða, ovvero il lupo Fenrir, il serpente Miðgarðsomr, e la dea degli inferi Hel. Un dio profondamente ambiguo, non a caso l'ho scelto come voce guida della narrazione.

Njörðr: è un importante dio dei Vani mandato come ostaggio tra gli Asi in seguito alla stipula del trattato di pace. Qua assurge a grande prestigio ed è pienamente inserito nel pantheon di Ásgarðr. È una divinità profondamente connessa con il mare, diffatti gli uomini lo invocano principalmente durante i loro viaggi per mare. Come tutte le divinità appartenenti ai Vani è anch'essa una divinità legata al culto della fertilità, come ci attesta già in epoca romana Tacito descrivendoci nell'ambito del pantheon germanico una certa divinità denominata Nerthus. Nerthus è etimologicamente connesso con Njörðr. In questa veste Njörðr è spesso in posizione interscambiabile con suo figlio Freyr.

Odinn: è il dio che assieme ai suoi fratelli creò il mondo sulle spoglie del gigante primordiale Ymir. Figlio del dio Borr e della gigantessa Bestla. È il capo degli dèi Asi definito come "padre degli dèi" e come "padre di tutto". È il signore delle rune, della poesia e della conoscenza. È anche un dio della guerra che chiama a raccolta i più valorosi tra i guerrieri caduti in battaglia. Un dio estremamente complesso e variegato. Un dio peculiare in cui confluiscono probabilmente più figure intrecciatisi nel corso del tempo. Il suo culto era particolarmente radicato nell'area che attualmente grosso modo coincide con la Danimarca, come ci attesta la toponomastica. Vedasi ad esempio la città danese di Odense. Ha sacrificato un occhio ed è stato nove giorni tra la vita e la morte al fine di assurgere alla conoscenza. Conosce i nove mondi e le stirpi che lo compongono, oltre che il destino degli uomini e dello stesso universo. Per questo è figura centrale nell'escatologia norrena. Ha molti appellativi, il principale è Wotan. Ha una lancia chiamata Gungnir e possiede Sleipnir, il cavallo dalle otto zampe incredibilmente veloce e resistente. Si manifesta come viandante.

Sif: è la sposa di Thorr. Divinità bellissima e dalla chioma dorata. Gli originali meravigliosi capelli biondi le furono tagliati da Loki. Come conseguenza di ciò, per lei i nani forgiarono una particolarissima parrucca dorata. Una parrucca d'oro che cresce come i capelli naturali. È divinità associata alle messi e al grano.

Thorr: figlio di Odinn e della gigantessa Jörðr. Quest'ultima è la personificazione della Terra non civilizzata chiamata anche Fjorgyn. Thorr è il Dio del tuono, colui che si sposta in cielo su un carro trainato da due capri. È il possessore del martello divino che protegge gli dèi Asi, Mjöllnir, e tra le altre cose possiede una cintura magica che una volta allacciata gli raddoppia la forza. Anche a prescindere da tale cintura, la sua peculiarità che sempre riecheggia nei miti è la sua straripante forza fisica. Ha due servitori al seguito: þialfi e Röskva. È il più forte tra gli dèi ed è principalmente impegnato a combattere i giganti. Nella mitologia norrena gli vengono attribuiti molti nomi ed appellativi, tra cui Hlorridhi e "uccisore di giganti". Nell'epoca "terminale" della religione norrena Thorr assurge a divinità preminente dell'intero pantheon norreno, come dimostra il santuario di Upsala. Va detto che anche prima del cristianesimo i suoi attributi di divinità che si sposta in cielo e di dio del tuono lo accomunavano già al sovrano del pantheon greco (Zeus) e di quello latino (Giove). Non per nulla già al tempo romano veniva associato a "Juppiter".

Tyr: nell'ambito religioso e mitologico norreno è una divinità poco delineata ma forse è una delle divinità più antiche del pantheon scandinavo. Il suo nome deriverebbe dal protogermanico (Tiwaz) che significherebbe semplicemente dio, cosa che farebbe ancor più propendere verso una sua antica origine e venerazione. È infatti etimologicamente imparentato con molte altre divinità di popoli di matrice indoeuropea, addirittura fino alle divinità attestate nei primi documenti scritti in tali lingue: ittita e luvio. Probabilmente in origine era un dio supremo. Nella mitologia norrena è un dio guerriero, sebbene abbia perso una mano per imprigionare il lupo

cosmico Fenrir. Al tempo stesso è dio della legge e
per questo della giustizia.

BIBLIOGRAFIA DI BASE

AA.VV., Cieli e Terre nei Secoli XI-XII, Orizzonti, Percezioni, Rapporti, Casa Editrice Vita e Pensiero, 1998

Battaglia, M., I Germani. Genesi di una cultura europea, Carocci, 2013

Boyer, R., La Vita Quotidiana dei Vichinghi (800-1050), BUR 2017

Brink, S. – Price, N. (a cura di), The Viking World, Routledge 2011.

Clements J., A Brief History of the Vikings, Constable & Robinson Ltd, Londra 2005.

Dumézil, G., Gli Dèi dei Germani, Adelphi, Milano 2017 (I ediz. in italiano).

Fischer-Fabian, S., I germani, Garzanti, 1997 (I ediz. in italiano 1985).

Girard, R., Delle cose nascoste sin dalla fondazione del mondo, Adelphi, 1996.

Girard, R., Miti d'origine, Feltrinelli, Bergamo 2005.

Hall R. A., Exploring the World of the Vikings, Thames & Hudson, New York 2007.

Haywood, J., The Penguin Historical Atlas of the Vikings, Penguin Books, Londra 1995.

Heath, I., Guerrieri del Nord: i Vichinghi, RBA, Milano 2012.

Isnardi G. C., I Miti Nordici, Longanesi, Padova 1991.

Magnusson, M., The Vikings, The History Press, 2016 (prima edizione New York 1980).

Marillier, B., I Vichinghi, L'età dell'Acquario, Torino 2017.

Pagani, I (a cura di), Adamo di Brema, Gesta Hammaburgensis Ecclesiae Pontificum (Storia degli arcivescovi della chiesa di Amburgo), Unione tipografico-editrice torinese, Torino 1996

Philippson, E. A., Die Genealogie der Götter in germanischer Religion, Mytologie und Theologie, Illinois Studies in Language and Literature, 3-37, Urbana, 1953.

Salin, B., Die Altgermanischer Thierornamentik, Stoccolma 1904 e 1935

Scardigli, P., Il Canzoniere Eddico, Garzanti, Milano 2004.

Snorri Sturloson, Edda, Adelphi, Milano 2003.

Tacito, Germania, BUR, 1990

Todorov, T., La conquista dell'America. Il problema dell'altro, Einaudi, 2014 (I edizione 1984)

SITOGRAFIA DI BASE

https://vichinghi.weebly.com

https://bifrost.it/Miti/Germani.html

https://bifrost.it/Indice/GermaniScandinavi.html

https://www.britannica.com/topic/Codex-Regius

Si vedano anche le relative voci su https://en.wikipedia.org/ (la versione in inglese è da preferire), ponendo però molta attenzione alle fonti da cui sono tratte le singole informazioni.

https://www.thewisemagazine.it/2017/10/14/la-conversione-della-scandinavia/

http://culturaromena.it/natale-romeno/

http://www.blog2fete.com/natale-romania-ignat-rito-pagano-maiale-divino/

https://skandihome.com/skandiblog/inspiration/this-little-piggy-the-story-of-the-swedish-christmas-pig/

https://en.wikipedia.org/wiki/Bl%C3%B3t

https://lrc.la.utexas.edu/eieol_base_form_dictionary/
norol/18

AUTORE

Leonardo Massi, storico, ittitologo, geografo. Due lauree magistrali, una in Storia Antica (Ittitologia), una in Studi Geografici ed Antropologici (Sistemi Informativi Territoriali), un dottorato di ricerca in "Civiltà del Mondo Antico" presso l'Università di Firenze; pubblicazioni su riviste accademiche internazionali attinenti alla Storia del Vicino Oriente Antico (da "Altorientalische Forschungen" a "Studi Epigrafici e Linguistici sul Vicino Oriente Antico" del CNR). Già autore de "La Genesi. Tiamat e il Signore del Sogno".

www.ingramcontent.com/pod-product-compliance
Lightning Source LLC
Chambersburg PA
CBHW051432250726
48655CB00001B/16